本书得到了国家社科基金项目"《基于全要素生产率提升的我国传统制造业数字化转型机制与路径研究》"（21BJY107）的支持

光明社科文库
GUANGMING DAILY PRESS:
A SOCIAL SCIENCE SERIES

·经济与管理书系·

顾客参与企业价值共创研究

张惠恒　杨路明　赵先志 | 著

光明日报出版社

图书在版编目（CIP）数据

顾客参与企业价值共创研究 / 张惠恒，杨路明，赵
先志著 . --北京：光明日报出版社，2023.5
ISBN 978-7-5194-7271-9

Ⅰ.①顾… Ⅱ.①张… ②杨… ③赵… Ⅲ.①顾客—
影响—企业创新—研究 Ⅳ.①F273.1

中国国家版本馆 CIP 数据核字（2023）第 096174 号

顾客参与企业价值共创研究
GUKE CANYU QIYE JIAZHI GONGCHUANG YANJIU

著　　者：张惠恒　杨路明　赵先志			
责任编辑：史　宁		责任校对：许　怡　乔宇佳	
封面设计：中联华文		责任印制：曹　净	

出版发行：光明日报出版社

地　　址：北京市西城区永安路 106 号，100050

电　　话：010-63169890（咨询），010-63131930（邮购）

传　　真：010-63131930

网　　址：http://book.gmw.cn

E-mail：gmrbcbs@gmw.cn

法律顾问：北京市兰台律师事务所龚柳方律师

印　　刷：三河市华东印刷有限公司

装　　订：三河市华东印刷有限公司

本书如有破损、缺页、装订错误，请与本社联系调换，电话：010-63131930

开　　本：170mm×240mm

字　　数：332 千字　　　　　　　　印　　张：18.5

版　　次：2024 年 3 月第 1 版　　　印　　次：2024 年 3 月第 1 次印刷

书　　号：ISBN 978-7-5194-7271-9

定　　价：98.00 元

前　言

在数字经济时代，数字技术的发展给企业经营管理和价值创造带来了很多变化。一方面是客户需求发生了变化，顾客需求越来越个性化和多样化，顾客需求从标准化向定制化转变。同时，顾客对产品和服务的购买行为也逐渐从线下转向线上。另一方面是企业增长乏力。传统由企业单独创造价值，通过市场交换，将价值传递给客户的价值创造模式已经不能适应新的市场发展要求，而如何联合顾客和价值链上多方主体进行价值共创是企业面临的焦点问题。

价值创造从过去的企业单一创造发展到多个参与者通过网络平台互动创造。为了深入分析价值共创的影响因素以及他们之间的关系和作用，更好地理解企业开展价值共创的内在机理，同时给服务企业开展价值共创提供理论指导，本研究在文献研究的基础上，结合企业经营的实际，对价值共创的影响因素和内在联系进行了研究，得出服务主导逻辑下顾客参与企业价值共创作用机理的相关结论。首先，从理论角度，聚焦影响价值共创的关键因素，以服务主导逻辑、顾客参与、网络嵌入和平台能力为自变量，价值共创为因变量，平台能力为中介变量，构建了价值共创的理论模型，提出了影响价值共创的 10 个研究假设。同时，对服务主导逻辑、顾客参与、网络嵌入和平台能力之间的关系以及对价值共创的作用机理进行了分析和探讨，提出价值共创作用机理为：在企业价值共创中，遵循"理念-行动-结果"的逻辑，服务主导逻辑是理念，顾客参与和网络嵌入是行动。其中顾客参与是微观基础，网络嵌入是关键行动，平台能力是核心，它们之间紧密联系、相互促进，最终促进顾客价值、企业价值和伙伴价值的共同创造和实现。其次，利用 SPSS 软件和结构方程模型，通过问卷调研对理论模型和研究假设进行了检验分析，检验结果表明，服务主导逻辑、顾客参与和网络嵌入都不直接影响价值共创，但它们都对平台能力有显著影响，并都通过平台能力的中介作用对价值共创产生影响。最后，在问卷调研的基础上，对企业提升价值共创的策略和建议做了进一步探讨，指出：企业要通过服务创新和服务设计，构建共赢的价值共创商业模式、建立鼓励顾客参与的机制和流程、为参与者提供价值共创的环境和条件、提升价值共创的平台能力、建立价值共创的评估体系等路径和方法进一步提升价值共创。

本书的贡献主要包括以下三个方面：

一是从研究视角上，实现多学科交叉研究方法的突破。本书应用哲学、管理学、经济学、人力资源管理和电子商务管理等多学科理念和方法，以多学科交叉研究的方法对企业价值共创的机理进行研究。推动价值创造从"企业单独创造""企业-顾客二元创造"到"企业、顾客和合作伙伴等多元化主体"参与创造的转变，通过多学科研究视野和方法的交叉，一定程度上弥补了以往价值共创研究成果中缺乏多元化主体的思考，丰富了价值共创的研究视角。

二是从理论上，实现对价值共创理论的突破和创新。一方面，本书按照"理念-行动-结果"逻辑，构建了企业价值共创的理论模型，该理论模型把服务主导逻辑、顾客参与、网络嵌入和平台能力等关键要素纳入企业价值共创的影响因素框架中，并分别对他们影响价值共创的机理作用进行了研究和分析，使价值共创的影响因素从单一因素扩展为多个因素，丰富了价值共创的研究维度。另一方面，创新提出了平台能力在价值共创中的中介作用。平台能力在过去价值共创的研究中比较少见，本书通过问卷调查检验和企业案例实证结果验证了平台能力在价值共创中的中介作用，这是价值共创研究领域中的重要突破。在当前复杂的外部环境下，企业要赢得竞争实现增长，需要转变观念，从竞争走向合作和协同，从企业单独创造价值向联合顾客和多方利益相关者共同创造。企业需要从顾客参与文化引导、顾客参与机制建立、平台能力建设、合作伙伴运营支撑等方面积极行动，打破原有组织边界，鼓励价值共创主体之间开展合作，通过构建价值共创的统一平台，在平台上实现相互之间的信息共享和资源整合，并从价值主张、组织能力和技术创新等方面提升和完善平台能力，最终实现顾客、合作伙伴和企业价值的共同创造和提升。

三是从实践中，对企业开展价值共创活动提供了理论和实践的指导。运用本书的研究结论，可以帮助企业开展价值共创，对于提升客户体验感知、提升顾客价值、帮助企业获得最优绩效提供了有价值的指导。一是帮助企业了解和掌握影响价值共创的关键要素，通过对影响价值共创关键要素的现状和问题进行分析，提出具体的提升建议和措施；二是指导企业通过建立合理的机制和制度促进价值共创主体之间的积极参与；三是为企业建设平台、打造平台能力开展价值共创提供了指导，尤其是针对企业在商业模式、组织能力和技术创新等方面建设和打造平台能力提供了清晰的指导。

2022 年 3 月

目　录
CONTENTS

第一章

绪　论

第一节　研究背景

在数字经济时代，数字技术的发展给企业经营管理和价值创造带来了很多变化，具体体现在以下几个方面：一是顾客需求的变化。向顾客提供标准化的产品和服务的传统模式已经不能满足市场发展的需要，顾客的需求越来越多样化和个性化。同时，顾客对产品和服务的获取方式也大量从线下转向线上，通过线上进行产品的购买已经逐渐成为主流，线上与线下的协同和融合是发展的趋势。二是企业的生产方式也发生了变化。传统大规模集中生产的模式已不能适应发展需要，传统的企业单独生产再线性传递给顾客的模式也不能适应市场的竞争，顾客参与企业的生产和销售成为可能，集中化和标准化的生产模式逐渐向分散化和个性化的模式转变。三是技术创新不断加快，新技术加速从支撑发展向引领发展转变。连接、互动和协同是互联网时代的本质特征，随着连接不断扩展，在线化不断加强，互动越来越丰富，网络协同越来越频繁，数字化技术成为企业发展的核心引擎。物联网、大数据、人工智能、5G 等新技术将加快引领服务方式与服务模式的变革。四是企业的组织形态加速从管理型组织向平台型、赋能型组织转变。五是产业生态加速从竞争逻辑向共生逻辑转变。基于开放的生态整合能力是数字化时代竞争制胜的关键，未来的竞争是平台的竞争及生态的竞争，强强联盟的生态构建是企业实现强劲增长的必由之路。

以上变化给企业的经营管理带来了诸多问题，如顾客流失严重、企业增长乏力等。企业单独创造价值，通过市场交换，传递给客户的传统价值创造模式已经不能适应新的市场发展需求，而联合顾客以及价值链上多方主体进行价值共创是企业赢得增长的唯一出路。因此，价值共创是当前理论界和企业界关注的焦点问题。

一、价值共创是企业实践中关注的焦点问题之一

（1）宏观层面：C2B 模式兴起，价值共创成为一种新的商业模式

C2B 即从顾客到企业的模式，由顾客提出需求，企业根据顾客需求选择产品生产或服务提供的模式。曾鸣（2018）指出，C2B 模式是顾客驱动的模式，将过去顾客被动接受商品改变为主动参与商品生产，顾客成为产品和服务的参与者和决策者。C2B 模式颠覆了过去的传统工业模式，促使商业网络走向网络协同模式。很多行业和公司纷纷采取 C2B 模式。C2B 模式的兴起，使得企业价值创造模式发生变化，从过去的以企业为中心的价值创造模式转变为基于顾客和供应商等多元化利益主体共同创造的生态系统模式，价值共创成为一种创新的商业模式，是企业构建新的核心竞争力的重要战略选择。

（2）中观层面：共生型组织的出现，价值创造模式从价值链向价值网络演变

一方面，传统组织模式面临挑战，价值创造方式出现新变化。陈春花（2018）对①数字化时代组织管理面临的挑战进行了分析，并提出了"共生型组织"概念。数字化时代环境变得越来越不确定，技术的变化给顾客在产品、服务和工作方式上带来了很大的变化，技术的进步也使得组织的价值创造方式发生了变化。具体体现在：一是企业的绩效从内部转向外部。外部因素（如环境的不确定性、技术的不断变化以及未知对手和合作伙伴等）对企业的绩效带来较大的影响。因此，企业要提升绩效，不仅要关注内部价值链活动，更要关注外部价值链活动，只有整体价值链上的活动都创造价值才能赢得竞争。二是企业之间的关系从竞争转向合作共生。企业单靠自身的能力已无法适应竞争的需要，而是要不断与企业建立合作，企业之间的竞争需要转变为基于合作的竞争，以更好地发挥企业优势，实现资源和能力互补，更好地为顾客服务。一种全新的组织模式出现，即"共生型组织"。共生型组织是一种新型的组织形态，即如何与更多的伙伴建立合作，更好地为顾客创造价值，实现互惠共赢和共生。三是价值创造主体从单个企业向多个网络成员构成。共生型组织强调价值是由顾客、利益合作伙伴等网络成员共同创造的，因此，价值创造主体从过去的单个企业变成了价值网络成员互为主体的形式。

另一方面，C2B 模式需要通过 S2B 模式来过渡。曾鸣在《智能商业》中②

---

①　陈春花，赵海然. 共生：未来企业组织进化路径[M]. 北京：中信出版社，2018.
②　曾鸣. 智能商业[M]. 北京：中信出版社，2018.

提出了 S2B2C 模式，他认为，S2B2C 是 C2B 的一个过渡，S 是指供应平台，供应平台为小 b 提供支撑，小 b 为 c 提供服务。本研究中，S 是指 Service Plat，是一个服务平台，除了发挥供应作用外，更重要的是要提供服务，既向上游的供应商提供服务，同时也向下游的小 b 提供服务。因此 S 是一个连接多方的服务平台。S 一方面向供应方提供服务，通过集成供应方的资源，为下游的分销伙伴和顾客提供更丰富的产品和服务；另一方面为小 b 赋能，包括平台能力支撑、工具赋能和运营支撑等，通过小 b 再向 c 提供服务。S2B2C 模式的本质是通过 SaaS 工具、产品的整合提供、服务的品质保证、资源的网络协同和数据的智能运用等实现对小 b 的赋能，共同做好对 c 的服务。S2B2C 是一个过渡性的模式，发展到一定的阶段会进入 C2B 模式。国内外多个企业利用该模式进行了成功实践，如苹果、携程、云集、大家中医、大搜车等。另外，本研究中选择的案例企业，也对 S2B2C 模式进行了探索和实践。

因此，为了适应数字经济时代的变化，企业需要构建价值共创平台，支撑多方利益主体的连接和互动，实现价值共创。

（3）微观层面：顾客个体价值崛起，顾客参与价值共创成为趋势

在数字经济时代下，企业通过与顾客和合作伙伴建立合作去获得增长空间。具体体现如下：一是数字经济时代，唯一不变的只有顾客。顾客是相对"明确"存在的群体，因此满足顾客需求、甚至超越和创造顾客需求是企业新的增长空间。二是技术使企业和顾客能够实时互动。通过先进的移动通信技术（如 QQ、微信等），能够方便地连接顾客并与顾客互动，当企业与顾客建立了连接和互动后，企业能够及时了解顾客的需求，企业可以根据顾客的需求和反馈，及时优化和完善产品和服务，并实现产品和服务的快速到达，有效促进企业产品竞争力和企业服务能力的提升。三是顾客消费和行为数据能让企业更好地了解顾客。顾客使用产品过程中所产生的所有行为痕迹都会被记录下来，沉淀为企业的数据信息，企业可以通过顾客的消费和行为数据来分析顾客的需求。如滴滴出行的服务是以顾客发出的行车路线需求为起点的，美团的订餐系统是根据顾客的点餐来帮助顾客快速获得美食的。消费者参与到企业的产品生产和服务过程中，这样的参与感容易让消费者对产品产生认同，甚至对企业本身都会有一种归属感。

二、价值共创是理论界研究的主要理论问题之一

传统观点认为，顾客是价值的消耗者，价值是由企业单独创造的，而如今消费者越来越多地参与定义和创造价值的过程。Prahalad & Ramaswamy（2004）

认为①，以个体为中心，由消费者与企业共创价值，是企业未来获取竞争优势的来源。另外，Vargo 和 Lusch（2004）从服务主导逻辑视角对价值共创进行了研究。通过对文献的分析，价值共创理论的发展和变化体现在以下三个方面：价值共创概念的多视角认知、价值创造方式的变化和价值创造主体角色的变化。

（1）价值共创概念的多视角认知

通过对文献的梳理，价值共创的概念可以分为三个视角。一是基于体验的视角。Prahalad 和 Ramaswamy（2000 和 2004）认为②，竞争的未来在于建立基于消费者和公司之间以个人为中心的共同价值创造的全新价值创造方法。两位学者有关价值共创的观点：①共创体验是价值创造的基础。价值是由消费者和公司共同创造的，个人客户与公司共同创造独特体验的高质量互动是释放新的竞争优势来源的关键。②市场是共同创造体验的论坛。需求和供应是在消费者与公司在市场论坛的互动中形成和实现的。③交互成为价值创造的源泉。公司与客户之间互动被视为是创造价值的来源（Normann & Ramirez，1994；Wikstrom，1996）。二是基于服务主导逻辑的视角。服务主导逻辑理论（Service Dominant Logic）是 Vargo 和 Lusch（2004）提出③的，该理论对服务交换和使用价值等进行了研究和讨论。服务主导逻辑强调，一方面顾客拥有一定的知识和技能，因此顾客是操作性资源，通过对操作性资源的利用可更好地实现价值创造；另一方面，价值不是通过市场交换体现的交换价值，而是消费者在使用中感知到的使用价值，使用价值体现的是消费者使用过程中的情境和过程。三是基于社会建构理论的视角。Edvardsson 等（2011）④从社会建构理论角度，扩大了对服务交换和价值共创的理解。他认为，服务交换和价值共同创造都受到社会力量的影响，价值共同创造发生在社会系统中，受社会系统中参与者的角色和定位的影响，并且服务交换和参与者的角色是动态的。

总体来看，三种价值共创认知视角都认为顾客参与了价值创造，价值是顾客与企业在互动中共同创造的。三种价值共创认知视角的比较。（如表 1-1 所示）

---

① C. K. 普拉哈拉德，文卡特拉马斯瓦米（著），王永贵（译）. 消费者王朝——与顾客共创价值［M］. 北京：机械工业出版社，2005.

② Prahalad C K，Ramaswamy V. Co-Opting Customer Competence［J］. Harvard Business Review，2000，78，（1）：79—87.

③ Vargo S L，Lusch R F. Evolving to A New Dominant Logic for Marketing［J］. Journal of Marketing，2004，68，（1）：1-17.

④ Edvardsson B，Tronvoll B，Gruber T. Expanding Understanding of Service Exchange and Value Co-Creation：a Social Construction Approach［J］. Journal of The Academy of Marketing Science，2011，39，（2）：327-339.

（2）价值创造方式的变化

价值创造的方式从单向的、线性的变成双向的、互动的，进而向网络化和平台化发展和演变。数字化平台的出现，使企业和消费者之间的连接和沟通更加便利，价值创造融入了更多的关系和体验。

通过对文献的分析发现，价值创造方式发生了以下变化。在关系上，从企业的单向发展到企业和顾客的双向关系，进而发展成为利益相关者的多方关系；在互动上，也从企业到顾客的单向维度，发展到企业与顾客、顾客与企业的双向维度，进而发展到企业与顾客和利益相关者的多维互动；在体验上，从过去的强调产品体验，发展为顾客的服务体验，进而发展为联合代理体验；在融入上，从过去的顾客与企业是分离的，发展到顾客的融入，进而发展为高度整合的多方融入。在授权上，从过去的企业控制，到企业给消费者授权，再到社交媒体等数字平台授权。国内学者朱良杰等（2017）[①] 对价值创造方式的变化进行了比较。（如表1-2所示）

表1-1 价值共创概念的三个认知视角

认知视角	基于体验的视角	基于服务主导逻辑的视角	基于社会建构理论的视角
概念提出者	Prahalad & Rama-swamy	Vargo & Lusch	Edvardsson
代表作	Co-creation experiences: the next practice in value creation（2004）	Evolving to a new dominant logic for marketing（2004）	Expanding understanding of service exchange and value co-creation（2011）
核心构想	体验和互动创造价值	操作性资源和使用价值	社会情境价值
对价值共创的理解	价值变为体验，共创体验是价值共创的基础，互动是价值创造的焦点	消费者是操作性资源，是价值的共同创造者，价值不再是交换价值，而是消费者在使用中与生产者或他人互动产生的价值	操作性资源和使用价值不能完全解释价值的意义。价值的意义以社会情境来决定。价值共创是一个社会化视角的概念，受社会结构、社会系统、参与者的角色和定位的影响

---

① 朱良杰，何佳讯，黄海洋. 数字世界的价值共创：构念、主题与研究展望［J］. 经济管理，2017，39（1）：195-208.

续表

认知视角	基于体验的视角	基于服务主导逻辑的视角	基于社会建构理论的视角
理论的出发点	竞争战略	经济基础（服务是一切经济的基础）	社会学

（资料来源：作者根据相关文献整理）

（3）价值创造主体角色的变化

价值创造主体角色的变化，一方面是顾客角色的变化。顾客从被动到主动，Prahalad 和 Ramaswamy（2000）认为，顾客通过使用购买的资源（产品、服务和信息等）而创造使用价值，控制着使用价值创造过程，而使用价值决定着交换价值，所以顾客才是真正的价值创造者（Creator）。另一方面是企业角色的变化。首先，企业不仅负责产品的生产和服务的提供，而且还主动与顾客建立联系，积极了解顾客需求，生产顾客需求的产品并提供顾客所需的服务。其次，在顾客消费、使用产品和服务过程中，企业还想方设法提供良好的体验环境，充分与顾客进行互动（Hoyer, et al, 2010)[1]。随着数字技术的不断发展，价值共创主体从以企业为单一主体，向企业和顾客为共同主体，以及向企业、顾客以及利益相关者为多方主体转变。

表 1-2　价值创造方式比较

	传统价值创造方式	价值共创方式	数字技术下的价值共创方式
价值创造关系	传递价值（单向的、线性的）	共创价值（双向的、互动的）	共创价值（多向的、网络化的）
价值创造的互动方式	企业到消费者单向维度	消费者和企业之间的双向维度	消费者、企业、相关利益者等之间的多向维度
价值创造的体验	强调产品	强调体验（消费者服务体验）	强调体验（联合代理服务体验）
价值创造的融入程度	消费者和企业是分离的	消费者的卷入	高度整合的多方融入

---

[1]　Hoyer, et al. Consumer Co-creation in New Product Develpoment [J] . Journal of Service Research, 2010, 13 (3): 283-296.

	传统价值创造方式	价值共创方式	数字技术下的价值共创方式
价值创造的控制权或授权	企业控制	企业给消费者授权	社交媒体等数字平台授权
消费者角色	消费者是"被捕食者"	消费者是"狩猎者"	消费者是"筛选者"

（资料来源：根据朱良杰等［2017］参考文献整理）

虽然企业界和理论界对价值共创都进行了很多的探索和研究，发展出了很多核心构想，形成了多视角的价值共创理论，为未来的研究奠定了很好的基础，但在当前我们面对的多种不确定的数字环境下，企业价值共创研究还处于成长阶段，还有很多需要进一步探索的问题。如影响价值共创的因素有哪些？实现价值共创的路径和机制如何？价值共创主体之间需要什么样的平台来支持价值创造活动的开展？从宏观上看，在价值共创主体从单一的企业发展成企业、顾客和利益相关者多个主体中，价值共创主体应该遵循什么样的共同理念和价值观，通过怎样的商业模式来促进多方达成共识开展价值共创；从中观上来看，需要构建怎样的一个平台，该平台要具备什么样的能力才能有效连接各方、支撑各方开展价值创造活动；从微观上看，顾客为何愿意参与价值共创，顾客参与价值共创的机制如何，顾客参与行为如何管理；等等。

因此，本书通过对文献的研究，以及对相关企业案例的分析，结合作者所在企业的实践，从数字时代的共生视角，对影响企业价值共创的因素、路径和机制进行研究，尤其是针对平台能力的打造等进行了重点研究，以平台能力作为中介变量，对价值共创的影响机理进行了研究。本研究不仅丰富了价值共创理论的研究成果，更是为当下数字经济环境下，企业如何把握时代机遇，与外界建立很好地连接，实现更好的增长提供了实践指导。

第二节 研究对象和研究目标

一、研究对象

本书是以通信行业服务企业为主要研究对象，构建价值共创理论模型，对服务企业顾客参与价值共创的开展进行了研究，提出服务企业顾客参与价值共创的影响因素和作用机理，使服务企业价值共创的工作更有针对性、系统性和实效性。

二、研究目标

在已有的理论基础和相关数据的分析基础上，本书试图实现以下四个目标：

（1）分析影响价值共创的关键因素；

（2）分析价值共创影响因素之间的关系；

（3）试图构建价值共创理论模型和机制；

（4）探寻服务企业价值共创的内在机理。

三、适用范围

本书的研究对象是以电信运营商通信服务企业为例，本书研究对象的选择决定了本书的研究结论适用范围是有限的。下面对本书研究结论的适用范围进行界定和说明。

（1）适用行业。本研究结论主要适用于第三产业服务业，本书的研究主要是针对第三产业服务业来开展的，对第一产业工业和第二产业农业的研发、生产和制造等环节不适用。本书的研究对象为国内某电信运营商企业（以下简称"通信企业"）。本书的研究结论适用于服务业，尤其是适用于电信运营商通信行业，适用于该行业在市场营销和客户服务的工作中。研究结论也可应用于电商平台中，如淘宝、京东、天猫等电商平台业务销售和客户服务中。

（2）适用企业。本研究结论适用电信运营商企业、电商平台企业、互联网企业等等。适用于产品或服务能够通过电子商务平台进行传播和销售的企业。电信运营商企业，如国内的中国移动、中国电信和中国联通等。电商平台企业，如阿里巴巴、京东、云集、有赞等。

（3）适用环节。顾客参与企业价值共创的行为包括产品研发设计环节、产品生产环节以及产品销售和服务环节等，本书的研究主要是针对产品销售和服务环节来开展的，属于价值传递环节。顾客参与产品的销售和服务过程中，利用顾客自身的社群和人脉资源等，参与企业产品销售和服务的过程，并在其中收集反馈顾客的需求到企业，促进企业与顾客之间的信息互动，为企业开发满足顾客需要的产品提供决策依据，最终实现 C2B 模式。因此，本书研究结论主要适用于能够通过电商平台进行信息分享传播和销售服务的商品，如信息服务类，食品、服装、日化等生活用品，也适用于部分家用电器等商品。适用于对顾客技术门槛低的产品销售环节。

第三节 研究意义

一、理论意义

从市场营销学、管理学、电子商务等相关理论出发，服务主导逻辑理念、顾客参与和网络嵌入行动、平台能力对价值共创的影响，尤其是针对平台能力对价值共创的中介作用以及它们之间的关系进行了研究，构建企业价值共创的理论研究框架，从理念层面、行动层面和能力层面对价值共创进行系统化地研究，为进一步丰富和完善价值共创理论做出有益的探索。

（1）对相关概念进行重新概念化。对服务、交换、资源、价值等概念进行重新界定，使其更能体现价值共创的相关内涵。

（2）建立了价值共创的系统性理论框架。本书基于服务主导逻辑理论，对顾客参与价值共创，同时对顾客、企业、价值共创主体之间通过网络嵌入实现资源整合和服务交换。通过平台能力作为中介变量对价值共创的影响，建立了价值共创的理论框架，揭示各要素间的作用机制，打开了服务主导逻辑视角下价值共创过程的黑箱，丰富了价值共创的相关研究。

（3）提出了平台能力的概念，并将平台能力作为中介变量进行研究。本书创造性地提出了平台能力的概念，并把平台能力作为中介变量，通过实证研究，剖析平台能力这一核心要素在提升价值共创过程中的作用机理，论证了服务主导逻辑、顾客参与、网络嵌入对平台能力的影响，将平台能力作为中介间接影响价值共创，进一步丰富了价值共创的理论，为服务企业开展价值共创实践提供了理论支撑。

二、实践意义

本书在国内外学者价值共创研究的基础上，从企业实践应用的需求出发，构建和论证影响企业价值共创的关键要素、各要素之间的相互作用机制，提出企业价值共创的理论模型和作用机理，为服务企业各级管理人员和市场营销部门开展企业价值共创的相关工作提供支持。本书的现实意义包括：

（1）提出了价值共创的作用机理。研究结果为企业在服务主导逻辑下的价值共创提供了完整的理论框架，对影响价值共创的要素分析全面，深化了企业对价值共创过程的理解。在当前复杂的外部环境中，企业需要转变观念，建立顾客参与机制，引导顾客积极参与。构建价值共创统一平台，并从价值主张、组织能力和技术创新等方面提升和完善平台能力。企业需要打破原有组织边界，激发顾客和利益相关者积极参与，促进价值提升，提升顾客价值和企业绩效。本研究为企业开展价值共创提供了很好的指导、借鉴和参考。

（2）为企业提供可操作的实施方案。研究结果为服务企业开展价值共创提供了具体的指导。运用本书的研究结论，可以帮助企业开展价值共创，对于提升客户体验感知、提升顾客价值、帮助企业获得最优绩效提供了有价值的指导。一是帮助企业了解和掌握影响价值共创的关键要素，通过对影响价值共创关键要素的现状和问题分析，以便提出具体的提升建议和措施；二是指导企业通过建立合理的机制和制度促进价值共创主体之间的积极参与；三是为企业建设平台、打造平台能力开展价值共创提供了指导，尤其是针对企业从商业模式、组织能力和技术创新等方面建设和打造平台能力提供了清晰的指导。

第四节　研究内容和技术路线

一、研究内容

本研究是按照"问题提出——理论构建——假设实证——结论总结"的步骤进行的，分为七个章节。研究内容共分为七个方面，具体内容如下：

模块一：问题的提出

（1）绪论。第一，对价值共创的选题背景进行阐述，对价值共创在实践界和理论界的研究现状和存在的问题进行分析；第二是分别从理论意义和实践意义阐述了本书的选题意义；第三，明确了文章的研究内容；第四，介绍了文章所采用的研究方法；第五，对文章的技术路线进行阐述。

模块二：相关理论和文献综述

（1）对涉及的相关概念进行界定。包括服务、交换、资源、价值等概念。

（2）对所应用的理论基础进行阐述。包括资源基础理论、社会网络理论和动态能力理论等理论。

（3）对相关变量进行国内外文献综述。包括服务主导逻辑、价值共创、顾客参与、网络嵌入和平台能力等。

广泛搜索和阅读相关变量的国内外文献，通过对相关变量开展国内外研究综述，了解和掌握前人的研究成果和贡献，找出以往研究的不足。结合本书研究的实际需要，提出进一步开展研究的内容和可能的创新点（如平台能力概念的提出、平台能力中介作用的变量设计、价值共创理论框架和作用机理的提出和验证等）。

模块三：作用机理分析、理论框架和研究假设

模块三的内容包括变量设计、作用机理、研究假设和理论框架等四部分。

（1）变量设计：根据前文的理论基础和文献综述，结合文章研究需要，分析并提出自变量、因变量和中介变量。

（2）作用机理：在文献综述的基础上，分析影响价值共创因素之间的关系以及它们对价值共创的作用机理。

（3）理论框架：基于理论基础和变量设计，根据影响价值共创的关键因素和作用机理分析，按照"理念——行动——结果"的逻辑，提出价值共创的理论框架。

（4）研究假设：根据价值共创的理论框架，提出本文的十个研究假设。

模块四：问卷设计与小样本测试

模块四是分析问题的部分，根据研究假设进行问卷开发与设计，对数据分析方法进行介绍，并进行小样本测试和分析。

模块五：假设检验与验证分析

模块五是在模块四小样本测试分析的基础上，对问卷优化后，开展大样本数据调研和收集，基于问卷信度和效度分析结果，对问卷调研结果进行验证分析，包括对理论假设的检验和分析，验证分析结论提出服务企业价值共创提升的路径和方法。

模块六：提出价值共创的策略和建议

该模块是基于假设检验分析的结论，进一步提出企业价值共创的提升策略和方法，丰富价值共创理论，同时为企业开展价值、共创实践提供理论指导和具体参考等。

模块七：研究结论与展望

（1）研究结论。对文章的研究过程进行系统回顾，并对文章的主要结论、亮点和不足进行总结和归纳。

（2）展望。针对本书研究的不足，提出今后进一步研究的重点和方向，为未来的研究进行展望。

二、研究方法

（1）文献分析法

关于价值共创的文献资料非常丰富，本书是在对前人价值共创文献大量检索、阅读和学习的基础上，借鉴并运用前人价值共创的研究成果，结合企业开展价值共创活动实践中所面临的现实问题和需要，提出了本书的理论框架。

（2）问卷调研法

本选题是在文献分析的基础上，借鉴现有成熟调研问卷，并结合企业的实际需要来进行问卷设计。选取国内一家典型的电信运营商服务企业为研究对象，对企业的员工、合作伙伴以及顾客开展调研，回收调研问卷 1000 余份。

（3）实证分析法

本文运用 SPSS22.0 对问卷信度和效度进行分析，确定各变量的关键影响因素。利用结构方程模型 AMOS21.0 分析影响价值共创的关键因素，对理论框架进行论证。利用 Mplus8.0 分析平台能力的中介效应，通过问卷调研分析提供实证数据支持，在此基础上构建出服务企业价值共创的理论框架，为提出有针对性的服务企业价值共创措施提供数据依据和参考。

（4）案例研究法

案例研究是一种经验性研究，本研究是以国内电信运营商下属的服务企业作为案例研究对象，通过开展向其顾客、分销商和合作伙伴开展问卷调研的方式，以及结合该企业的价值共创实践研究，进一步验证价值共创理论模型和研究假设，研究结论认为，本书假设的价值共创影响因素和机制在企业实践中是有作用的，价值共创的理论框架在理论层面和实践层面都是可行且有效的。

（5）跨学科研究法

本文运用管理学、经济学、电子商务等学科知识以及各学科理论在价值共创领域的相关研究成果，多视角对价值共创主题进行分析和研究。

三、技术路线

本书的研究技术路线图。（如图 1-1 所示）

研究方法	研究内容和框架

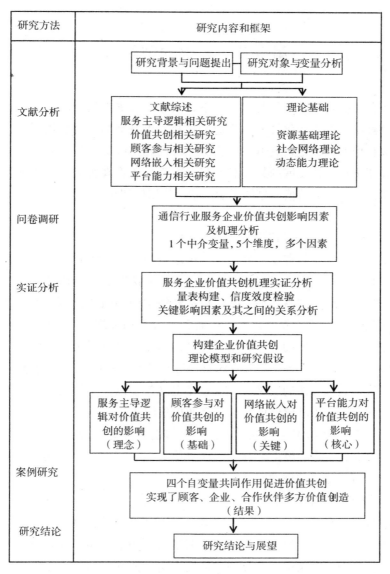

图 1-1 研究技术路线图

（资料来源：作者绘制）

第五节　本书的创新点

在当前数字经济转型的时代背景下，企业面临更加复杂的竞争环境。如何把握数字经济下技术变化带来的机遇和挑战，更好地为顾客提供服务，实现顾客与企业价值共创，是企业当前面临的主要问题。因此，基于此背景，本研究的特色在于把握时代发展的趋势和变化，围绕企业管理实践中价值共创的难点问题，深入探讨企业价值共创的影响因素、作用机理和提升策略。

本书的创新点如下：

（1）基于多学科交叉研究方法上的突破

本书应用哲学、管理学、经济学、市场营销、人力资源管理和电子商务管理等多学科理念和方法，以多学科交叉研究的方法对企业价值共创的机理进行研究。本研究的相关文献和理论基础包括经济学中的服务营销和价值创造等市场营销理论以及电子商务方面的电子商务平台等相关理论。从经济学的角度，充分讨论了服务与营销的关系；从管理学的角度，讨论了价值共创多主体突破企业边界，通过开展服务交换和资源整合等活动，提升价值共创的路径和方法。多学科研究视野和方法的交叉，一定程度上弥补了以往价值共创研究成果中缺乏的多元化思考，推动价值创造从"企业单独创造""企业-顾客二元创造"到"企业、顾客和合作伙伴等多元化主体"参与创造的转变，通过多学科研究视野和方法的交叉，一定程度上弥补了以往价值共创研究成果中缺乏的多元化主体的思考，丰富了价值共创的研究视角。

（2）构建了企业价值共创理论模型

文章按照"理念-行动-结果"逻辑，构建了企业价值共创的理论模型，该理论模型把服务主导逻辑、顾客参与、网络嵌入和平台能力等要素纳入企业价值共创的影响因素框架中，并分别对他们影响价值共创的机理作用进行了研究和分析，使价值共创的影响因素从单一因素扩展为多个因素，丰富了价值共创的研究维度。一是构建服务企业价值共创的理论模型。以服务主导逻辑为理念指导，提出了价值共创的影响因素，构建服务企业价值共创的理论框架模型。二是分析影响服务企业价值共创关键因素之间的相互作用机制。通过理论模型框架的构建，设置模型中各变量，根据各变量的关系，用定量研究的方法分析影响服务企业价值共创的关键因素之间的相互作用机制。

（3）提出平台能力在价值共创中的中介作用。平台能力在过去价值共创的研究中比较少，本书的研究对价值共创的研究是有益的补充，本研究创新提出了平台能力的概念，并将平台能力作为价值共创中的中介变量进行了研究和实证。本书通过问卷调查检验和企业案例实证结果都验证了平台能力在价值共创中的中介作用，这在价值共创研究领域中是重要的创新和突破。

（4）对服务企业开展价值共创提供理论指导和实践探索。本选题选择通信行业的服务企业为案例，针对企业管理实践中的真实问题，运用相关理论，对顾客参与企业价值共创进行了研究。同时，理论指导实际开展了大量的实践活动，对价值共创的内在机理进行了尝试探索，对理论模型进行了验证。该研究成果为其他服务企业实施价值共创提供了理论指导。

总之，本书从研究方法、理论层面和实践层面对价值共创进行了突破性的研究，既是对以往研究者大量研究成果的学习和继承，也是对以往研究成果的进一步深化认识，对推动价值共创理论和实践的发展具有重要作用。

第二章

文献综述和相关理论

本章内容首先是对本书涉及的相关主要概念进行界定，其次对研究变量国内外研究情况进行文献综述，最后对本研究涉及的相关理论进行阐述。本章的文献综述和相关理论的阐述，为后面章节的研究提供了理论基础。

第一节　概念界定

一、服务

简言之，服务包括为他人或自己谋利的资源。这种思维方式适用于商业组织、政府组织、非营利组织、家庭和个人。它也特别地与 IT 服务概念一致，例如面向服务的体系结构、软件作为服务以及可以更广泛地说为服务计算（赵等，2007）。SD 逻辑使用单数术语"服务"来反映为某个实体或与某个实体一起做有益的事情的过程，而不是输出非物质商品的单位——正如复数服务所暗示的那样。

二、交换

为什么行动者要交换，或者交换的基本基础是什么？所有个体（或其他经济行为体）都有两种基本的操作资源，即身体技能和心理技能。个人发展和应用这些技能的目的都是为了变得更好。这两种技能在人口中的分布不均，使个人有可能从中受益。每个人的技能不一定是他或她的生存、幸福的最佳选择。很大程度上是因为人们专注于特定的技能，他们（或其他经济行为体）实现了规模效应。也就是说，他们通过专业化来提高自己的幸福感，因为通过专业化，然后与他人交流，他们拥有的比没有专业化的人或是多面手更多（Vargo 和 Lusch，2004）。在以商品为中心和以服务为中心的优势点之间，交换的观点可能有很大的不同。在以商品为中心的观点下，专业活动的产出（通常是实物）正在被交换。在以服务为中心的理念下，专业活动的绩效正在进行交换。

三、资源

历史上，资源被视为人类用来支持的有形事物，通常是固定或受限的自然资源（Constantin and Lusch，1994）。此外，它们可以是内部的参与者，在他们的控制下或外部的参与者，但能够吸引支持。资源是人类评价的函数，因此经常是动态的、潜在的和无限的；资源是一种事物（有形的或无形的），或是可以被使用的函数，而不是事物本身的功能（Constantin 和 Lusch，1994；DeGregori，1987；Zimmerman，1951）。SD 逻辑区分了操作数资源（又称对象性资源）和操作性资源。最基本的操作性资源是知识和它所培养的技术（CAPON 和 Glazer，1987）。技术是知识的实际应用，因此，技术、创新和服务是相互关联的。SD 逻辑强调的是专门的知识和技能的应用，为另一个参与者或参与者本身的利益。服务创新是技术（以操作性资源为基础），但也经常创造新的操作资源。

四、价值

根据史密斯（1776）的观点认为，"价值"一词具有两种不同的含义，有时表示物品的效用，被称为"使用价值"；有时表示购买该物品的所有权或所需的其他产品的权力，被称为"交换价值"。有些使用价值很大的事物通常很少或根本没有交换价值（如空气和水等）。另外，有些具有最大交换价值的商品使用价值很少或没有（如钻石）。传统观点认为，价值是在交换过程中通过交换价值体现的。而服务主导逻辑认为，一个公司的产品没有嵌入价值（交换价值），而是当产品对客户或受益人有用（使用价值）时，价值才发生，而这总是在特定的情境中产生的。情境总是在变化，价值体验是动态的。因此，根据服务主导逻辑观点，价值是"由客户根据使用价值确定的"（Vargo 和 Lusch，2004）。SD 逻辑认为，价值是通过客户感知并确定的或是通过资源整合共同创造的。

五、共创

共创是指公司与客户共同创造价值（Prahalad 和 Ramaswamy，2004）。价值共创性在很大程度上取决于买卖双方之间的个人互动，而互动是"价值创造的场所"（Prahalad 和 Ramaswamy，2004）。共创是组织充当"资源整合者"的过程，它将自身的资源和知识与其他合作伙伴的资源和知识相结合，从而创建资源网络（Vargo 和 Lusch，2004）。因此，价值共创会影响不同的各方进行协作，并产生相互重视的结果，这是一种深思熟虑的整体管理策略（Black&Veloutsou，2017）。在这种情况下，客户被视为价值创造过程中的关键资源（Cossío-Silva，Revilla-Camacho，Vega-Vázquez，Palacios-Florencio，2016）。对话和互动是共同创造的要素。作为价值创造的基石（Payne，Storbacka 和 Frow，2008），通过互动，当事方共同为自己和彼此创造价值时，就可以共同构想个性化的服务体验（GRÖNROOS，2008 年）。也就是说，价值是互动过程以及组织及其客户之间以及之间持续不断互动的函数。因此，相互依赖和互惠互利是提供服务和创造价值的重要基石（Vargo 和 Lusch，2008）。

六、顾客参与

"顾客参与"（CE）在共同创造客户体验和价值中的作用正受到越来越多的商业从业人员和学者的关注（Brodie 等人，2011）[①]。参与的客户通过向他人提供对特定产品、服务或品牌的推荐，在病毒式营销活动中发挥关键作用。参与的客户能够共同创造体验和价值（Brakus，Schmitt 和 Zarantello 2009；Prahalad 和 Ramaswamy 2004）。客户价值共创行为一词用于描述客户在价值创造过程中的实际参与，包括在物理、虚拟和心理过程中的积极行为（Gong，Choi，& Murdy，2016）。关于客户在共同创建过程中所采取的特定行为，已经提出了多维视图（Navarro 等人，2016 年），包括客户参与行为和客户公民行为。客户参与行为是指为成功创造价值而发生的必要行为或角色行为（Revilla-Camacho，Vega-Vázquez 和 Cossío-Silva，2015）。这包括信息搜索、信息共享、负责任的行为和个人互动（Yi 和 Gong，2013）。客户公民行为成功捕获了进行价值创造并非必需的自愿行为，但可以为组织增加价值做出贡献（Groth，2005）。这可能以反馈、倡导、帮助和宽容的形式存在，这不被视为客户的主要责任（Yi & Gong，2013）。总的来说，研究提供了证据，表明客户价值创造行为可提高服务质量、客户满意度和忠诚度（Yim 等，2012）。本章将顾客参与定义为：关注品牌或公司产品和活动的客户行为表现形式，发生在客户对公司和客户对客户之间的互动中，并且由心理因素（态度、动机和社交）引起。

七、平台

平台的概念受到工业组织（IO）经济学家、战略学家和技术管理专家的极

[①]　Brodie R J, Hollebeek L D, Juri B, et al. Customer Engagement: Conceptual Domain, Fundamental Propositions, and Implications for Research [J]. Journal of Service Research, 2011, 14, (14): 252-271.

大关注。IO 经济学从市场动态角度来理解和认识平台。从 IO 角度来看，平台即接口或"管道"，用于连接双方或多方开展交易，如买卖双方的网络（例如eBay）或补充者和用户。战略管理观从企业动态角度来理解和认识平台。战略管理研究学者通过研究平台如何与先行竞争者竞争，如何通过平台的建设来保持竞争优势（Schilling，2002；Sheremata，2004；Eisenmann，Parker 和 Van Alstyne，2011）。技术管理观从公司与市场整合的角度认识和理解平台。平台的早期概念化将其视为可以通过添加和删除功能进行修改的系统（Wheelwright 和 Clark，1992）。也有研究人员引用工程设计的原理（Simon，1962）将平台描述为模块化平台（如 Gawer，2007，2009，2014 等）。Ramaswamy and Ozcan（2018）将平台进一步概念化为交互式平台，并将交互式平台定义如下："交互式平台是由各种工件、流程、接口和人的异类关系组成的、不拘礼节的组合的实例，提供了多种交互式系统环境"。在交互式平台的定义中，工件包括物理和数字化的事物，包括数字、文本、图片、音频和视频形式的数据；流程包括数字化和更常规的交互业务流程；接口包括实体与另一实体进行交互的物理方式和数字化方式；人员包括作为客户、员工、合作伙伴和任何其他利益相关者的个人。本章综合了上述视角的观点，将平台定义为是连接供应方、需求方、互补方以及其他利益相关者的具有动态能力的结构或组织。

第二节 文献综述

一、服务主导逻辑文献综述

1. 服务主导逻辑的提出和内涵

服务主导逻辑是基于经济学学者 Frederic Bastiat 提出的一个基本思想。根据巴斯夏（1964）提出的伟大的经济法则是："服务被交换为服务……这是微不足道的，非常平常的；然而，它却是经济科学的开始、中间和结束。"

巴斯夏认为，交易所中的所有参与者在向对方提供服务时，都会运用技能和能力。这一定义表明，服务不应被视为与商品或设备的对立，而应被视为所有交换的一个更广泛的和一个超脱的概念，经济科学都应该建立在这个概念之上。

（1）服务主导逻辑的提出

Vargo 和 Lusch（2004）提出了新的主导逻辑，即服务主导逻辑，他们认为，在新的主导逻辑中，服务是经济交换的基础。市场营销已从以商品为主导的视图（以有形产出和离散交易为中心）转变为以服务为主导的视图（以无形、交换过程和关系为中心）。Vargo 和 Lusch（2004）对营销理论的发展和演变进行了总结。（如表2-1所示）

以商品为主导的逻辑（GD）和以服务为主导的逻辑（SD）主要差异是集中在对象性资源和操作性资源的差别上，SD 逻辑专注于诸如知识和技能之类的可操作资源（对其他资源起作用的资源）的动作，而 GD 逻辑则专注于操作数资源（对诸如商品执行操作）的交换（Constantin 和 Lusch，1994；Vargo 和 Lusch，2004）。以商品为主导的逻辑和以服务为主导的逻辑的对比见表2-2。

表 2-1　思想流派及其对营销理论与实践的影响

时间线和文学流	基本思想或主张
1800-1920：古典和新古典经济学 马歇尔（1890）；说（1821）；肖（1912）；史密斯（1776）	经济学成为第一门达到自然科学定量化的社会科学。通过制造将价值嵌入物质中（增值，效用，交换价值）；货物被视为标准化产出（商品）。社会财富是通过获取有形的"东西"创造的行销活动。
1900-1950 年：早期/形成性营销 *商品（Copeland 1923） *机构（Nystrom 1915；Weld 1916） *功能性的（Cherington 1920；Weld 1917）	早期的市场营销思想高度描述了商品，机构和市场营销职能为：商品流派（商品特征），机构流派（市场营销机构在价值嵌入过程中的角色）和职能流派（市场营销者执行的职能）。主要重点是交易或产出以及履行营销职能的机构如何为商品增值。营销主要提供时间和地点的效用，而主要目标是拥有权（创建所有权和/或销售的转移）。但是，对功能的关注是识别操作资源的开始。
1950 年至 1980 年：营销管理 *业务应以客户为中心（Drucker 1954；McKitterick 1957） *市场上"确定的"价值（Levitt 1960） *营销是决策和解决问题的功能（Kotler 1967；McCarthy 1960）	企业可以使用分析技术（大部分来自微观经济学）来尝试定义营销组合，以实现最佳的企业绩效。在市场上"确定"的价值；"嵌入"值必须具有有用性。客户不买东西，但需要或想要实现。公司中的每个人都必须关注客户，因为公司的唯一目的是创建一个满意的客户。识别对不断变化的环境的功能响应（通过差异化提供竞争优势）开始转向使用价值。

时间线和文学流	基本思想或主张
1980-2000 年及以后：市场营销作为一种社会经济过程 * 市 场 导 向 （ Kohli 和 Jaworski 1990； Narver 和 Slater 1990）服务营销 （ Gronroos 1984； Zeithaml， Parasuraman 和 Berry 1985）关系营销 （ Berry 1983； Duncan and Moriarty 1998； Gummesson 1994； 2002； Sheth）和 Parvatiyar 2000） * 质量管理 （ Hauser and Clausing 1988； Parasuraman， Zeithaml 和 Berry 1988）价值和供应链管理 （ Normann 和 Ramirez， 1993； Srivastava， Shervani 和 Fahey， 1999） * 资源管理 （ Constantin and Lusch 1994； Day 1994； Dickson 1992； Hunt 2000； Hunt 和 Morgan1995）网络分析 （ Achrol 1991； Achrol and Kotler 1999； Webster 1992）	一种占主导地位的逻辑开始出现，该逻辑在很大程度上将营销视为一个持续的社会和经济过程，其中操作资源至关重要。这种逻辑将财务结果视为最终结果，而不是对价值主张的市场假设的检验。市场可以伪造市场假设，这使实体可以了解其行为并找到更好地为其客户提供服务并改善财务绩效的方法。这种范例开始统一主要领域（例如客户和市场定位，服务市场营销，关系营销，质量管理，价值和供应链管理，资源管理以及网络分析）中不同文献流。 新兴范式的基本前提是： （1）技能和知识是交换的基本单位； （2）间接交换掩盖了交换的基本单位； （3）货物是提供服务的分配机制； （4）知识是交换的基础。竞争优势的基本来源； （5）所有经济体都是服务经济体； （6）客户始终是联合生产者； （7）企业只能提出价值主张，并且以服务为中心的观点本质上是面向客户的和关系的。

资料来源：根据 Vargo 和 Lusch （2004）研究文献整理

表 2-2 对象性和操作性资源有助于区分以商品和服务为中心的视图逻辑

	传统的以商品为中心 主导逻辑	新兴的以服务为中心 主导逻辑
主要交换单位	人们交换商品。这些货物主要用作对象性资源。	人们进行交流以获取专业能力（知识和技能）或服务的好处。知识和技能是可操作的资源。
商品的作用	货物是对象性资源和最终产品。营销人员会处理问题并更改其形式、地点、时间和财产。	货物是操作资源（嵌入式知识）的传递者；它们是中间"产品"，其他运营资源（客户）将其用作价值创造过程中的工具。
客户的角色	顾客是货物的接收者。营销人员为客户做事，他们对客户细分、渗透、分销和推广。客户是对象性资源。	客户是服务的共同生产者。市场营销是一个与客户互动的过程。客户主要是操作性资源，仅偶尔充当对象性资源。

续表

	传统的以商品为中心 主导逻辑	新兴的以服务为中心 主导逻辑
价值的确定和 意义	价值由生产者决定。它嵌入在对象性资源（商品）中，并根据"交换值"定义。	价值是消费者在"使用价值"的基础上感知和确定的。价值是操作性资源的有益应用的结果，有时通过对象性资源传递。公司只能提出价值主张。
企业与客户的 互动	客户是对象性资源。客户被用来创建具有资源的交易。	客户主要是一个运营资源。客户是关系交流和合作生产的积极参与者。
经济增长的 来源	财富来自有形的剩余资源和商品。财富包括拥有、控制和生产对象性资源。	财富是通过专业知识和技能的应用和交流获得的。它代表了未来使用操作性资源的权利。

（资料来源：根据 Vargo 和 Lusch（2004）研究文献整理）

以服务为中心的营销观将营销视为一个持续的学习过程（旨在改善运营资源）。以服务为中心的视图可以说明如下：①确定或发展如知识和技能等核心竞争力。②确定可以从核心能力中受益的其他实体（潜在客户）。③建立与客户的关系，以开发定制的、具有竞争力的价值建议以满足特定需求。④通过分析交易所的财务绩效了解市场反馈，根据市场反馈来改善公司的产品和绩效。

服务主导逻辑自 2004 年提出后，Vargo 和 Lusch 于 2006 年、2008 年和 2016 年对命题进行了不断修订和完善，命题数量从 2004 年的 8 个扩展到 2016 年的 11 个。服务主导逻辑命题的发展见表 2-3。

表 2-3　服务主导逻辑命题的发展

命题	2004 年	2006 年	2008 年	2016 年
FP1	专业技能和知识运用是交换的基本单位	无变化	服务是交换的根本基础	无变化
FP2	间接交换掩盖了交换的根本单位	无变化	间接交换掩盖了交换的根本基础	无变化
FP3	产品是服务提供的分销机制	无变化	无变化	无变化

命题	2004 年	2006 年	2008 年	2016 年
FP4	知识是竞争优势的根本来源	无变化	操作性（operant）资源是竞争优势的根本来源	操作性资源是战略利益的根本来源
FP5	所有经济都是服务经济	无变化	无变化	无变化
FP6	顾客始终是共同生产者	顾客通常是价值的共同创造者	无变化	价值是由多个参与者共同创造，总是包括受益人
FP7	企业只能提供价值主张	无变化	企业不能传递价值，而只能提供价值主张	参与者不能传递价值，能够参与创造和提供价值主张
FP8	以服务为中心的观点是以客户为导向和关系性的	无变化	服务中心观点必然是以顾客为导向和关系性的	服务中心观点必然是以受益人为导向和关系性
FP9	—	企业存在是为将其他成员的专业能力整合、转化成市场所需的复杂服务	一切社会和经济参与者都是资源整合者	无变化
FP10	—	—	价值总是由受益人独特地用现象学的方法决定	无变化
FP11	—	—	—	价值共创通过参与者创造的制度和制度安排来协调

（资料来源：根据 Vargo 和 Lusch（2004，2006，2008，2016）相关文献整理）

（2）服务主导逻辑的内涵

服务主导逻辑命题的假设（李雷等人，2013）① 可分为四个方面，一是强调操作性资源的作用，二是突出服务的重要性，三是提出价值共创模式，四是

---

① 李雷，简兆权，张鲁艳. 服务主导逻辑产生原因、核心观点探析与未来研究展望[J].外国经济与管理，2013，35（4）：2-12.

认为服务生态系统是归宿。服务主导逻辑命题归类和逻辑关系如图 2-1 所示。

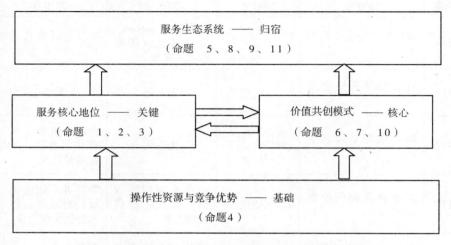

图 2-1 服务主导逻辑命题归类和逻辑关系

（资料来源：根据相关参考文献整理）

操作性资源的作用。Constantin 和 Lusch（1994）① 将操作数资源与操作性资源进行了对比，他们认为，操作数资源（又称为"对象性资源"）是可以对其进行操作并产生效果的资源，操作性资源是对操作数资源进行操作的资源。操作数资源（对象性资源）一般是有形的、静态的资源。在大多数文明时期，人类活动主要涉及对土地、动物、植物、矿产和其他资源的作用。

Barabba（1996）认为，基于营销的知识和决策制定可提供"使企业具有竞争优势"的核心能力。以服务为中心的观点认为主要的流动是信息。服务是在有或没有随附设备的情况下，将信息提供给需要该信息的消费者（或为该信息使用）。Normann 和 Ramirez（1993）认为，价值是通过"与供应商，业务伙伴，盟友和客户共同生产"来创造的。Webster（1992）和 Day（1994）强调了营销对于跨职能业务流程的重要性。为了更好地管理流程，Moorman 和 Rust（1999）建议公司从职能营销组织转向营销过程组织。服务主导逻辑强调了操作性资源的作用，通过操作性资源在企业关键环节中的运用，实现价值的共同创造。

服务的核心地位。商品主导逻辑认为，市场交换的是有形商品，而服务主导逻辑认为市场交换的是服务。亚当·斯密在《国富论》中指出，市场交易的

---

① Constantin J A and Lusch R F. Understanding resource management [M]. Oxford, OH：The Planning Forum, 1994.

基础是人类对于知识的应用。

以服务为中心的观点是基于资源优势理论和核心能力理论提出的。核心能力是"一束技能和技术"（Hamel 和 Prahalad，1994），并且经常是隐性的、因果不明确和特质的例行动作或操作（Nelson 和 Winter，1982；Polanyi，1966）。Hunt（2000）将核心能力称为高级资源，因为它们是基础资源的捆绑。Teece 和 Pisano（1994）提出，公司的竞争优势是在于动态能力，而动态能力是嵌入到公司流程中，在发展过程中沉淀并受历史制约的能力。哈默尔（Hamel）和普拉哈拉德（Prahalad）（1994）讨论了"竞争能力"，即因能力"对客户感知价值的贡献不成比例"而产生的竞争优势。

市场营销对核心能力的关注将市场营销置于业务功能和学科集成的中心。这种跨职能的组织内部边界跨越也适用于垂直营销系统或网络的组织间边界。渠道中间人和网络合作伙伴代表了核心能力，这些能力被组织成通过执行专门的营销职能来获得竞争优势的手段。这些公司只有与其他渠道和网络合作伙伴一起学习并与之合作，才能具有长期生存能力。

价值共创模式。在商品主导逻辑中，公司通常通过交换商品和货币来创造（制造）价值并将其分配到市场中。从这个角度来看，"生产者"和"消费者"的角色是不同的，价值创造通常被认为是公司所进行的一系列活动。商品是为消费者提供服务并与消费者共同提供服务的器具。但是，要交付这些服务，客户仍然必须学习如何使用、维护、维修设备，并使之适应其独特的需求、使用情况和行为。总之，在使用产品的过程中，客户需继续营销、消费、价值创造和交付过程。

Prahalad 和 Ramaswamy（2000）指出，市场已成为客户主动参与的场所，他们主张在价值创造过程中选择让客户参与。总之，根据服务主导逻辑，客户主要成为一个操作性资源（联合生产者），而不是对象性资源（"目标"），但可以参与整个价值链和服务链中对对象性资源的操作。

以服务为中心的观点表明，知识和技能在市场中无处不在，并由所有参与者提供。SD 逻辑 FP9 中指出：所有经济和社会参与者都是资源整合者（Vargo 和 Lusch，2008）。价值是企业充分利用自身资源，并整合从各种服务系统获得的资源而创造的。Vargo 和 Lusch（2006）认为，价值创造通常需要公司和客户之外的资源，通常涉及公司、客户、供应商、员工、股东和其他网络合作伙伴。公司在价值创造中的角色，即价值主张和服务提供。价值最终是由受益人（通常是客户）通过在获取、使用和处置过程中的使用（通常称为"消费"）参与并确定的（Holbrook，1987）。

服务生态系统观点。服务经济中有多个主体和组织，包括企业、顾客、供应商和其他合作伙伴等，多个主体通过资源整合，共同完成价值创造过程。在服务主导逻辑中，所有经济和社会参与者都是资源整合者（Vargo 和 Lusch，2008，FP9），这意味着服务提供中使用的资源至少部分来自其他参与者。同时，Vargo 和 Lusch（2008）提出命题 FP8，"服务中心观点必然是顾客导向和关系性的"，2016 年将"顾客导向"修改为"受益人导向"，说明受益的不只是顾客，还包括其他参与者。

SD 逻辑以资源集成和服务交换为驱动力，专注于关系、协作、系统性地进行价值创造，指出需要从动态服务生态系统角度进行思考（Lusch 等，2010；Vargo，2009）。服务生态系统是在服务主导逻辑的基础上，不断演变和发展起来的。服务生态系统是指提出价值建议的社会和经济参与者，通过共同建立的制度和技术相互作用，相互提供服务，共同生产产品，最终共同创造价值。

2. 服务主导逻辑的演进与发展

通过文献的研究和分析，服务主导逻辑主要分为两个发展阶段，第一阶段是服务主导逻辑早期，即 Vargo 和 Lusch 在 2004 年至 2008 年对服务主导逻辑的研究。第二个阶段是服务主导逻辑的拓展阶段，包括服务逻辑、服务科学和服务生态系统等阶段。国内外研究学者[①]对服务主导逻辑的发展进行了大量的研究，服务主导逻辑的研究进展见表 2-4。

3. 服务主导逻辑下价值共创能力

（1）服务主导逻辑与服务主导方向

服务主导（SD）逻辑（Vargo 和 Lusch 2004、2006、2008）将服务描述为交换的核心目的，并提供了关于公司、客户和其他市场参与者如何通过彼此之间的服务交互共同创造价值的理论理解。从服务主导逻辑的角度来看，促进和增强价值创造过程的能力是组织竞争优势的核心战略能力。SD 方向代表了一组战略能力，使组织可以与服务主导逻辑文献称为"价值网络合作伙伴"（例如客户、中介、供应商或员工）通过服务交换共同创造价值。

研究者把 SD 方向解释为一种创造能力，从 SD 逻辑走向 SD 方向的战略考虑。共同创造价值的概念是指协助客户共同构建和参与卓越的体验。每个价值网络合作伙伴都将自己独特的资源访问和适应纳入该流程（参见 Vargo 和 Lusch 2008）。这种概念化对于公司的角色以及随后与作为核心价值网络合作伙伴的客户之间的互动具有至关重要的意义。

---

① Vargo S L, Lusch R F. The Four Service Marketing Myths: Remnants of a Goods－Based, Manufacturing Model [J]. Journal of Service Research, 2004b, 6 (4): 324-335.

表 2-4 服务主导逻辑研究进展（1）——早期的服务主导逻辑

序号	发展过程	代表学者	主要观点
1	早期的服务主导逻辑	Vargo 和 Lusch（2004）	将商品主导逻辑下分开的产品和服务统一，认为一切经济都是服务经济，顾客积极参与关系交换和共同生产，价值由顾客决定并共同创造。由此，服务主导逻辑成为价值共创的主要研究视角，并被众多学者发展和完善，服务逻辑、服务科学和服务生态系统视角都是在此基础上的拓展。
2		Vargo 和 Lusch（2004b）	此研究建立在服务的四大特点：无形性（intangibility）、不可分离性（inseparability）、异质性（heterogeneity）和易逝性（perishability），这是对已有的产品主导逻辑进行扩展。
3		Lusch，Stephen 和 Vargo（2006）	服务主导逻辑基本的假设是通过开放的、协作式的努力实现的。本文注意澄清了服务主导逻辑中五种争议的问题：为什么提倡服务主导逻辑，资源整合中企业和顾客的角色、价值创造和价值共同生产的异同、价值的创造和交换中互动的角色、S-D 需要不断地完善。
4		Vargo 和 Lusch（2008）	对 Vargo and Lusch（2004）服务主导逻辑的研究进行了补充和完善。认为一切社会和经济参与者都是资源整合者，指明了服务主导逻辑的发展方向，为服务主导逻辑拓展服务科学和服务生态系统视角奠定了基础。

（资料来源：作者根据相关文献整理）

表 2-4 服务主导逻辑研究进展（2）——服务主导逻辑的拓展（服务逻辑）

序号	发展过程		代表学者	主要观点
5	服务主导逻辑的拓展	服务逻辑	GRÖNROOS（2008）	服务逻辑是从早期服务主导逻辑发展的新逻辑，强调服务是顾客日常实践中促进价值创造的互动过程，供应商进入顾客实践实现互动。将服务逻辑区分为顾客服务逻辑和供应商服务逻辑，且供应商服务逻辑以顾客服务逻辑为主导。根据供应商在价值创造中的不同角色，存在价值促进和价值实现两种模型。在价值促进模型下，顾客是价值创造者，供应商是价值协助者；在价值实现模型下，顾客是价值创造者，供应商有价值促进者和价值合作者两种角色，供应商积极参与顾客价值创造过程，通过直接互动可成为价值创造者。

序号	发展过程		代表学者	主要观点
6	服务主导逻辑的拓展	服务逻辑	GRÖNROOS（2011）	进一步指出，供应商价值创造的是潜在价值，顾客价值创造的使用价值才是真实价值，通过企业和顾客的直接互动将有助于企业成为真实价值的共同创造者。
7			GRÖNROOS 和 Helle（2010）	将服务主导逻辑应用到生产行业的商业关系中，并指出供应商和顾客的资源、能力以及过程如果能够相互补充与匹配，供应商可能更好地为顾客创造价值，同时顾客也可以充分地参与到渐进价值的创造过程中，与供应商共享价值。
8			GRÖNROOS 和 Ravald（2011）	提出服务逻辑的五个价值创造命题："命题 1：营销的目标是支持顾客价值创造；命题 2：商业的根本是创造相互价值；命题 3：顾客是价值创造者；命题 4：企业的基本角色是价值促进者，但企业与顾客的互动过程中，可以成为价值共同创造者；命题 5：服务提供者不仅提供价值主张，在与顾客显著的互动中，也有助于价值实现。"
9			GRÖNROOS 和 Voima（2013）	提出价值创造存在供应商、联合和企业三个区域。在供应商区域围内，供应商和顾客间接互动创造潜在价值，在顾客区域内，顾客和供应商间接互动创造使用价值，在联合区域内供应商和顾客可以实现直接互动创造使用价值，由此可见，服务逻辑强调直接互动对价值共创的作用。
10			GRÖNROOS 和 Gummerus（2014）	基于服务逻辑的理论基础，系统地比较了服务逻辑和主导逻辑之间的异同，深刻分析了两种价值创造理论的本质。
11			FitzPatrick 等人（2015）	基于价值创造的三个区域（GRÖNROOS 和 Voima，2013），特别研究了互动关系，呈现了建立在服务逻辑特殊性上不同关系的概念，采用"我、他人和我们"三个范围的互动提出的"关系性"概念。

（资料来源：作者根据相关文献整理）

表 2-4 服务主导逻辑研究进展（3）——服务主导逻辑的拓展（服务科学）

序号	发展过程		代表学者	主要观点
12	服务主导逻辑的拓展	服务科学	Spohrer 等（2007）	提出服务科学研究的服务系统是由人、组织和技术构成的动态的价值共创结构，奠定了服务科学的理论视角。
13			Maglio 和 Spohrer（2008）	将服务系统的概念修订为由人、技术、价值主张连接内外部服务系统和分享信息实现价值共创，指出服务科学结合商业和技术逻辑对存在的多个不同类型的服务系统、服务系统互动和价值共创的演化进行分类和解释。由此，确定服务科学的基本分析单元是服务系统，并将价值主张作为服务科学的主要研究内容。服务科学关注服务系统之间的演进、互动和相互的价值共创。
14			Spohrer 等（2008）	认为服务科学是研究服务系统和资源整合的复杂系统内的价值共创，强调服务系统是开放的系统，个体、团体、家庭和政府都是系统的成员，一方面，能够通过共享或应用自身的资源改善另一个系统的状态；另一方面，通过获取外部资源能够改善自身的状态，服务系统通过提议、协商和实现三个主要活动形成服务互动。与此同时，提出了包含互动、服务、提议、协商和认识五个内容的 ISPAR 标准模型来识别不同类型的服务系统。
15			Vargo 等（2008）	指出服务系统的资源包括私有资源、市场资源和公共资源，通过整合现有服务系统和其他服务系统的资源，实现服务系统内和服务系统之间资源互动而共创价值。系统可以是个体或群体通过与其他系统交换和应用资源（特定的知识和技能）生存、适应和演进，通过与其他服务系统互动来增强适应性生存能力，为自己和其他成员共同创造价值。
16			Maglio 等（2009）	在 Spohrer 等（2008）的研究基础上深入分析了服务系统的结构和成分，认为服务系统的资源至少包括一种操作性资源能够作用于其他资源创造价值，服务系统之间的交换是自愿的，服务系统是动态地随着时间不断构成、分解和重组，在服务系统中存在联合和采纳的机制。
17			Vargo 等（2010）	对服务科学植根于服务主导逻辑中的服务、服务体验、情境价值、价值主张和系统等关键概念详细分析，以此澄清服务科学植根于服务主导逻辑的关系。

（资料来源：作者根据相关文献整理）

表 2-4 服务主导逻辑研究进展（4）-服务主导逻辑的拓展（服务生态系统-1）

序号	发展过程		代表学者	主要观点
18	服务主导逻辑的拓展	服务生态系统	Vargo 和 Lusch（2010）	提出服务生态系统视角超越了服务科学视角下服务系统和服务系统之间的互动范畴，强调复杂网络系统下的资源互动，在服务生态系统中供应商和受益人、生产者和顾客等所有要素的区别都将消失，并将服务生态系统定义为：不同的社会和经济行为主体基于自发感知和响应，根据各自的价值主张，通过制度、技术和语言为共同生产、提供服务和共同创造价值而互动的松散耦合的时空结构。
19			Vargo 和 Lusch（2011）	指出服务生态系统以 A2A 为导向的资源整合和服务提供的互动而共创价值，强调制度或社会规范（Williamson，2000）是价值共创和服务系统的核心推动力。突出服务生态系统是 A2A 导向的松散耦合时空结构，强调资源整合、服务提供的互动和制度在价值共创中的重要性，奠定了服务生态系统价值共创的理论基础。
20			Chandler 和 Vargo（2011）	提出通过微观、中观和宏观三个层次的互动实现价值创造，奠定了服务生态系统价值共创的结构基础。微观层是个体的二元结构和活动，企业和顾客是核心；中观层是中等范围结构和活动，关注组织、产业和品牌社群；宏观层是广泛的社会结构和活动，关注整个社会参与者，三个层次结构和活动不固定和绝对独立，相关层次的互动会随着时间而演进和变化。
21			Ramaswamy 和 Ozcan（2013）	以洛克汽车（Local Motors）和乐高（LEGO）为例，提出企业可作为生态系统的节点企业，提供智能领导并公开设计和开发链接的参与平台，同时控制生产、交付后活动等核心要素，通过"众包"实现全球资源、知识和技能的整合并与利益相关者共同创造价值。
22			Ramaswamy 和 Chopra（2014）	以马恒达汽车（Mahindra）为例，强调在企业生态系统中加强价值共创的影响和传播，强调共同创造需要利益相关者的创造性合作、增强交流和协调。
23			Lusch 和 Vargo（2014）	将 A2A 导向的服务生态系统重新定义为：一个由资源整合者通过共享的制度安排和服务交换的相互价值创造而连接的相对独立的、自我调节的系统。将服务主导逻辑的过程描述为：所有参与者通过资源整合和服务交换，共同创造价值并在特定情境下决定价值。

（资料来源：作者根据相关文献整理）

表 2-4 服务主导逻辑研究进展（4）——服务主导逻辑的拓展（服务生态系统-2）

序号	发展过程		代表学者	主要观点
24	服务主导逻辑的拓展	服务生态系统	Vargo 和 Lusch（2016）	将服务主导逻辑的过程描述为：所有参与者通过资源整合和服务交换，由制度和制度安排的约束和协调，在嵌套和重叠的服务生态系统体验中共同创造价值。更强调制度和制度安排在服务生态系统的价值共创和服务交换过程中的重要作用。
25			Akaka, Vargo 和 Lusch（2013）	从服务交换、资源整合、价值共创和情境价值四个方面研究国际营销，强调将简单微观层的行动和互动嵌入更复杂的中观和宏观层的系统和结构。制度驱动多层次的互动，包括微观、中观和宏观层次的资源整合和服务交换，在动态的复杂情境中，通过多个层次互动和制度影响价值共创。
26			Frow 等（2014）	超越"企业-利益相关者"系统，以 A2A 导向作为生态系统视角的根本，从微观、中观和宏观三个层次的服务生态系统的结构组合分析价值主张。
27			Akaka 和 Vargo（2014）	强调技术作为服务生态系统的动态性操作性资源，能够在服务生态系统结构的多个层次（微观、中观、宏观）促进互动实现价值共创，从而研究技术、制度和互动实践之间的相互影响的关系。
28			Akaka 和 Vargo（2015）	将使用价值和情境价值都看作为服务体验，提出包括服务接触、服务场景和服务生态系统三个层次构成的服务情境，从企业和顾客之间二元互动的服务接触拓展到考虑物理和社会环境的服务场景，并进一步拓展到关注 A2A 网络互动和强调社会历史和多样性制度情境影响的服务生态系统。
29			McColl-Kennedy 等（2015）	基于服务生态系统的三个层次研究价值共创中的服务体验实践，认为服务体验是动态、互动、群体和不断发展的，指出顾客通过与其他顾客、企业员工、朋友和家人的互动而拥有广泛的资源，提出了共创服务体验实践的 CSEP 模型，将实践分为交流实践、规范化实践和典型性实践三个层次。

序号	发展过程		代表学者	主要观点
30	服务主导逻辑的拓展	服务生态系统	Lusch 和 Nambisan（2015）	提出由服务生态系统、服务平台和价值共创三个内部相关要素构成的服务创新理论架构，服务生态系统作为一个 A2A 网络，提供了参与者服务交换和价值创造的组织逻辑，服务平台通过增强资源密度和资源流动性而增强服务交换的效率和效果，而服务提供者和服务受益人通过资源整合和机制而共同创造价值。

（资料来源：作者根据相关文献整理）

当客户被视为价值创造不可或缺的一部分时，公司的角色将变成价值的促进者，支持者和共同建构者，而不是价值的提供者（如 Vargo 和 Lusch，2008）。反过来，公司的战略重点转向了解如何更好地帮助个人客户从其直接服务活动和/或服务平台中获得更多收益，从而以有意义的方式改进他们的日常工作、流程和经验（参见 Payne，Storbacka 和 Frow，2008；Prahalad 和 Ramaswamy，2004）。因此，价值网络合作伙伴之间的交流是对话式的，这丰富了一起学习的过程（Ballantyne 和 Varey 2006）。总体而言，公司优先考虑有价值的互动经验和互惠资源整合工作的成果，而不是专注于产品本身，从而为未来的成功战略奠定了基础。战略文献，特别是基于资源的观点流（RBV），一直将资源的价值潜力和客户价值创造过程作为组织绩效的主要驱动力（Bowman 和 Ambrosini，2000；Mol 和 Wijnberg，2010；Priem，2007）。从 SD 逻辑的角度来看，策略是选择与网络合作伙伴（例如客户）如何更好地促进和增强价值创造，以实现共同和长期的改善。也就是说，优化相互依存的资源集成过程以利用优越的价值主张和价值潜力实现。

价值创造的这种协作性和相互关联性突出了需要一种更面向网络的战略方法（Gummesson，2006），为所有价值网络合作伙伴寻求利益，Gummesson（2008）称之为"平衡的中心性"。根据前人以前提出的建议（如 Day，1994；Foley 和 Fahy，2009；Kanddemir，Yaprak 和 Cavusgil，2006；Ramani 和 Kumar，2008），公司的战略定位是指能够表现为组织行为的能力或技能组合。根据（Karpen 等人，2012）的观点，图 2-2 说明了 SD 逻辑和 SD 方向之间的概念关系。

SD 逻辑提供了服务驱动的前提，这些前提反映在 SD 思维中。相比之下，SD 导向将公司的注意力转移到驱动服务并体现在组织行为中的战略能力上。现在，我们转向确定这些战略对应于 SD 逻辑前提的能力以及下面指定的相关战略主题。

（2）与服务主导逻辑相关的战略主题

Vargo 和 Lusch（2004）强调"互动性、集成性、定制性和共同生产是以服务为中心的视图的特征，它固有地关注于客户和关系"。其他人则强调了 SD 逻辑侧重于"交流互动，互惠服务，资源共享，解决方案导向和价值的共同创造"（Ballantyne 和 Aitken，2007）。总体而言，SD 逻辑强调了"对与客户、合作伙伴和员工进行协作流程的承诺"（Lusch，Vargo 和 O'Brien，2007）。

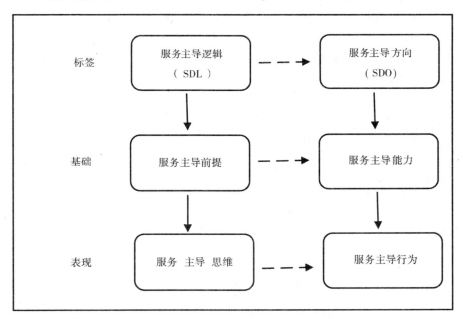

图 2-2 服务主导逻辑和服务主导方向之间的概念关系

（资料来源：根据 Karpen 等人（2012）参考文献整理）

根据 SD 逻辑文献综述，表 2-5 列出了 6 个具有规范战略意义的 SD 主题。该表还将确定的主题与相应的 SD 逻辑为前提，战略含义和潜在的客户结果相关。6 个战略主题反映了这样的理解，即与作为价值网络合作伙伴的客户进行有意义的交互和相互资源的整合需要：①情境中的价值焦点——将价值理解为由单个客户确定的情境和现象学结果；②关系焦点——将客户理解为社会关系的合作伙伴，而不是孤立的目标，并且对他们之间的合作关系有利；③价值观的焦点——了解客户的互动和资源整合，以从长期合作的道德考虑中受益；④以协同生产为焦点——将客户理解为具有效果的资源，能够为服务流程做出贡献以提高结果；⑤以操作资源为焦点——将自定义的可访问操作资源理解为有效资源整合和价值实现的基础；⑥以流程流为焦点——将服务理解为客户参与其中的价值网络之内和之中的资源整合的相互关联的过程。每个主题都具有战略意义，因为它涉及有意义和互利的资源整合的条件，从价值主张到价值实现，均参考 SD 逻辑前提。

（3）服务主导逻辑下价值共创能力

在将服务概念化为价值创造过程（Vargo 和 Lusch，2008b）时，互动成为资源整合工作和随后的价值驱动体验的决定性方面（Prahalad 和 Ramaswamy，2004）。也就是说，通过关系过程在互动体验中共同实现价值（Berthon 和 John 2006；Gummesson，2008b；Kowalkowski，2011；Schembri，2006）。互动的重要性要求"以互动为中心的功能启用并支持所有共同创造的管理流程"（Ramaswamy，2009）。

表 2-5　与 SD 逻辑相关的战略主题

战略主题	基本前提（FP）	战略意义	客户结果
情境中的价值（grönroos 2006b；Vargo and Lusch 2004，2008；Wikstrm 1996）	价值是由单个客户唯一且在现象学上确定的（请参阅 FP 7、10）	了解单个客户的资源整合过程，情境和需求	可以更好地预期，理解个人情况，并更好地提供所需的经验
关系（Ballantyne 和 Varey 2006；Gronoros 2007；Gummesson 2008b；Lusch，Vargo 和 Malter 2006；Tuli，Kohli 和 Bharadwaj 2007）	客户是社会关系合作伙伴，而不是孤立的目标，而合作关系有利于他们（请参阅 FP 6、7、8）	与个人客户沟通并与其联系，以促进社会情感的舒适	对话和社交互动可帮助客户与公司建立联系并相互认同
价值观（Abela 和 Murphy 2008；Lusch 和 Vargo 2006；Williams 和 Aitken 2011）	互动的道德标准支持与客户的可持续透明交易，以实现长期利益（请参阅 FP 1、10、11）	以公平和非机会的方式与个人客户互动	个人客户可以建立对公司的更大信任和参与度

战略主题	基本前提（FP）	战略意义	客户结果
协同生产（Cova 和 Salle，2007、2008；Lusch，Vargo 和 O'Brien，2007；Prahalad 和 Ramaswamy，2004）	客户是可操作的资源，能够为改善资源和所需的解决方案做出贡献（请参阅 FP 6、9）	使个人客户能够影响服务流程和结果	协同生产的潜力，增强了所需功能，目标和含义的实现
操作资源（Moller 2006；Normann 和 Ram'rez 1993；Vargo 和 Lusch 2008b）	客户共同创造价值的能力取决于他们自己获得知识和技能的能力（请参阅 FP 4、6、9）	帮助个人客户提高能力和知识	个人客户可以更好地了解如何使用该产品，从而从他们的使用/交互体验中获得更多收益
工艺流程（Flint 和 Mentzer 2006；Lambert 和 García-Dastugue2006；Vargo 和 Lusch 2004，2008b）	服务体现在客户所参与的网络内部和网络之间的相互关联的价值创造过程中（请参阅 FP 1、6、9）	协调和整合针对单个客户的服务流	由于价值创造群的运作顺畅，个人客户的价值流失更少
总体重点：服务经验（Flint 2006；Prahalad 和 Ramaswamy 2004；Vargo 和 Lusch 2008b）	服务意味着协助合作伙伴实现共同进步（见 FP 1—11）	促进和增强直接/间接交互过程，为有效和高效的资源整合奠定基础	个人客户可以实现与资源和交互体验相关的全部价值潜力

（资料来源：根据 Karpen（2012）相关研究整理）

"在 SD 逻辑中，服务被定义为通过行为、流程和绩效为另一实体或实体本身谋取利益的专业能力（操作性资源-知识和技能）的应用"（Vargo 和 Lusch，2008c）。反过来，SD 方向则指定了组织可以优先考虑的能力，以通过优质的服务和相互改善来获得竞争优势。基于前面的分析，我们将 SD 方向定义为组织能力的组合，通过个性化、关系化、道德化、发展性、授权化和协调一致的互动，促进和加强资源的相互整合。本质上，SD 方向代表了一组操作性资源，这些资源可帮助客户和其他价值网络合作伙伴通过所产生的交互和资源集成过程实现更大的情境价值。我们将 SD 方向解释为由以下 6 个低阶交互能力构成的高阶创造能力。

如图 2-3 所示，与 SD 逻辑前提相关联的战略主题有助于我们理解交互能力的类型，这些交互能力有助于促进和增强与客户的价值创造。通过对 SD 逻辑文献的分析，确定了以下相互作用的 6 个能力。

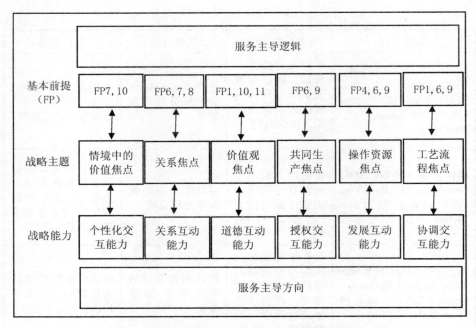

图 2-3 与服务主导逻辑相关的战略主题和战略能力

（资料来源：根据 Karpen（2012）相关研究整理）

个性化的互动能力。个性化交互能力是指组织了解资源整合过程、环境以及单个客户和其他价值网络合作伙伴的预期结果的能力。SD 逻辑将重点从交换价值转移到情境及价值（Vargo and Lusch 2008b），也就是说，从内含价值和可分配价值到价值网络合作伙伴之间共同努力实现的潜在价值。

关系互动能力。关系互动能力是指组织增强与客户和其他价值网络合作伙伴之间的社交和情感联系的能力。根据 SD 逻辑，交换就其本质而言是存在关系的（Vargo 和 Lusch 2004）。但是，关系的质量和强度将取决于人际关系和价值网络合作伙伴之间的努力。

道德互动能力。道德互动能力是指为组织以公平和非机会主义的方式对待其客户和其他价值网络合作伙伴的能力。SD 逻辑表明，在价值创造过程中，客户被视为公平的合作伙伴（Lusch，Vargo 和 Malter，2006）。Williams 和 Aitken（2011）在 SD 逻辑领域明确地将价值创造与基于价值的行为联系起来，强调了道德决策和相应商业行为在充满价值的社会环境中的重要作用。

授权的交互能力。授权的交互能力是指组织使客户和其他价值网络合作伙伴能够塑造交换的性质和内容的能力。将客户视为操作性资源会对营销实践产生进一步的影响，因为通过这种方式，客户被概念化为服务系统内的效果驱动，而不是线性价值链末端的被动接收者（Vargo 和 Lusch 2008b）。客户掌握和拥有一定程度的知识和技能，可以有效、高效地整合资源以及对服务流程做出贡献（GRÖNROOS，2008）。实际上，客户提供的不仅仅是财务资源，他们具有思想、能力和劳动，使他们能够利用其他资源采取行动，并为合作伙伴提供收益。从策略的角度来看，关键是要通过互惠互利的方式来吸引和激活客户，从而释放这些资源（Normann 和 Ramírez 1993）。如果公司可以利用客户提供的资源（如他们的想法和努力）来增强竞争地位，那么协作生产将成为一种有吸引力的选择。

发展互动能力。发展互动能力是指协助客户和其他价值网络合作伙伴的知识和能力发展的组织能力。在 SD 逻辑中，公司的运营资源是获得竞争优势的基础（Vargo 和 Lusch 2008b）。知识和能力使公司能够提出价值主张，并在客户实现价值方面发挥重要作用。可以将相同的逻辑应用于客户，他们的知识和技能组合决定了资源整合和价值实现的有效性和效率。也就是说，随着更高的运营资源密度（如更多的积累知识）和利用它们的能力，客户具有更大的潜力来实现期望的结果（Bell 和 Eisingerich 2007；Moller 2006）。Norman 和 Ramírez（1993）强调了企业所发挥的支持作用，并指出这些可以增强价值创造的价值。"不仅使他们的产品变得更加智能，而且他们的客户（和供应商）也变得更加智能"。因此，SD 公司分享他们自己的专业知识和知识资源，以提高其合作伙伴的技能。授权的交互能力是指能够吸收和适应来自外部的输入，而发展性的交互能力则是开放与内部合作伙伴内部和外部共享专业技能和知识。

协调的互动能力。协调的交互能力定义为组织促进与客户和价值网络合作伙伴进行协调和集成的服务流程的能力。SD 逻辑强调了价值网络内和价值网络之间有效和高效的服务流程的重要性，即价值创造伙伴独立并相互协作地部署他们的能力（Vargo 和 Lusch，2008b）。从 SD 导向的角度来看，要实现这种有效性和效率，公司必须能够协调价值网络成员之间的互动和由此产生的服务流（Flint 和 Mentzer，2006）。同样，公司需要能够设计和同步商品或网页等服务平台，使客户能够以最小的努力与资源进行交互和整合。通过这样做，公司可以更好地适应客户的价值创造活动并与之保持一致。

4. 研究述评

服务主导逻辑理论是价值共创的重要基础，揭示了价值共创主体之间开展价值共创的过程，对价值共创理论的发展具有重要的意义。现有研究更多的是从理论上进行的，对企业在具体实践中如何运用服务主导逻辑理念，促进各价值共创主体开展价值共创活动的研究较少。

因此，本章在服务主导逻辑理论的基础上，将服务主导逻辑作为企业开展价值共创共同遵循的逻辑，统一了参与者的认知，并将该逻辑运用在具体实践中，将该逻辑对价值共创的相关要素的影响作用进行了研究，更进一步深化了服务主导逻辑与价值共创作用机理之间的关系，具有一定的社会意义和经济意义。

二、价值共创文献综述

本章从价值共创的商业模式、服务主导逻辑下价值共创模式以及服务生态系统与价值共创等方面对价值共创的相关研究进行综述。

1. 价值共创的商业模式

随着企业价值创造的方式从企业单独创造向顾客参与共同创造的转变，商业模式创新和价值共创机制研究也在不断深入发展中，相关研究体现在三个方面：①早期关注商业模式创新带来的价值理念变化（Vargo 和 Lusch，2008）[①]；②形成价值共创的服务主导逻辑（Vargo 和 Lusch，2008）[②]；③最新的研究热点是价值共创的服务生态系统理论（乔晗等，2020）[③]。价值共创的研究路径如图 2-4 所示。

---

① VARGO S L, LUSCH R F. From Goods to Service（s）：Divergences and Convergences of Logics［J］. Industrial Marketing Management，2008，37（3）：254-259.

② VARGO S L, LUSCH R F. Service-dominant Logic：Continuing the Evolution［J］. Journal of the Academy of Marketing Science，2008，36（1）：1-10.

③ 乔晗，胡杰，张硕兰，舒琳，张思，吕本富. 商业模式创新研究前沿分析与评述 ＊——平台生态系统与价值共创［J］. http：//kns. cnki. net/kcms/detail/11. 5286. G3. 20200320. 1615. 004. html，2020-03-23.

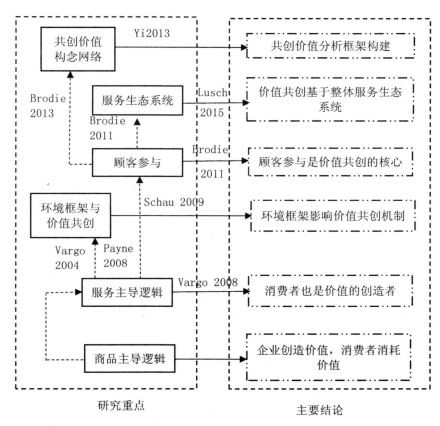

图 2-4 价值共创研究路径和主要结论

（资料来源：根据姜尚荣等（2020）研究文献整理）

（1）商业模式创新

商业模式是参与主体的一种交易结构，顾客、企业与合作伙伴的商业模式如图 2-5 所示。

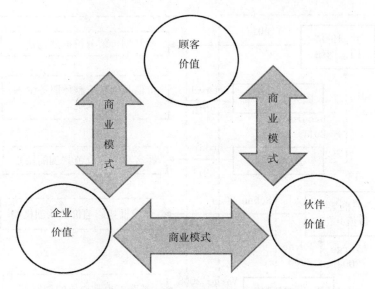

图 2-5　顾客、企业与合作伙伴的商业模式

（资料来源：作者绘制）

商业模式的核心是明确价值主张，需要回答以下四个问题，即向谁（目标客户定位是什么），提供什么价值创造（提供的产品或服务是什么），利用什么资源或能力（有什么独特的能力或资源），实现如何赚钱（盈利模式如何）。商业模式要素模型如图 2-6 所示。

创新的商业模式有助于企业提高战略灵活性以应对快速变化的市场、获取竞争优势并提高财务绩效，企业通过商业模式创新也可以更好地实现技术商业化。

商业模式创新被视为企业成功的关键驱动力。乔晗等人（2020）通过对商业模式创新领域引文网络聚类的发现，商业模式的内涵和机制逐渐演化为可持续商业模式创新，商业模式创新呈现数字化和服务化趋势。一方面，数字化是商业模式创新的关键驱动因素。传统企业的组织形式和商业模式受到数字技术的冲击，寻求数字化转型，平台经济和共享经济成为研究热点。另一方面，"服务化"也是驱动商业模式创新的关键因素之一。"服务化"指将服务部分整合到企业的活动中，通常反映在从销售产品到销售集成产品和传递使用价值服务的转变。"服务化"代表了价值创造机制的变化，价值创造机制从企业单独创造转

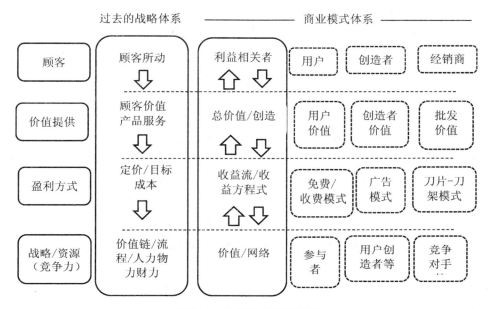

图 2-6 商业模式要素模型

（资料来源：根据三谷宏治（2015）文献整理）

变为顾客和企业共同创造（Vargo 和 Lusch，2016）①。

企业提供平台，顾客通过平台参与企业的产品设计、研发、生产和销售等企业价值创造的各个环节，得到符合预期的产品，甚至还可获得额外的收益。因此，很多企业纷纷向平台化和生态化转型。通过平台生态系统建立价值共创机制是重要研究方向。

（2）平台型价值共创的商业模式

平台型价值共创的商业模式成为创造企业价值和顾客价值的战略工具。为客户提供新产品和新服务，在满足客户需求的同时，为企业价值创造提供了新的增长空间，促进了经济增长。

广泛的管理学科都将商业模式视为企业价值创造过程的决定因素（Benson-Rea 等，2013；Nenonen 和 Storbacka，2010 年；Zott 和 Amit，2008 年）。如Wirtz，Pistoia，Ullrich 和 Göttel 的（2016）广泛的文献综述，商业模式通常包括与价值主张相关的组件（如 Demil 和 Lecocq，2010；Osterwalder 等，2005）和核

---

① VARGO S L, LUSCH R F. Institutions and Axioms：an Extension and Update of Service-dominant Logic ［J］. Journal of the Academy of Marketing Science, 2016, 44 (1)：5-23.

心业务活动，包括资源整合过程（例如 Armistead 和 Clark，2006；Mateu 和 March-Chorda，2016）中客户和合作伙伴关系（如 Osterwalder，2004；Osterwalder 和 Pigneur，2003，2010；Dubosson-Torbay 等人，2002），采购（如 Hedman 和 Kalling，2003）和财务流程（如 Demil 和 Lecocq，2010；Osterwalder 和 Pigneur，2010）。

商业模式涉及利用网络的公司构成了全球经济中增长最快的组织的大多数（沃顿，2016；财富，2016）。在当今网络时代，通过平台逐渐产生战略利益，使各种参与者能够相互参与（Breidbach 等，2014；Breidbach 和 Maglio，2016）。平台业务模式不仅仅局限于"独角兽"公司和科技初创公司（财富，2016 年）。越来越多行业的成熟企业处于这样一种环境中，即它们要么需要作为平台提供商进行运营，要么需要整合到由平台控制的业务生态系统中（Altman，2015）。零售商正在从销售产品的分销渠道转变为整合各种参与者资源的平台生态系统。诸如 eBay，Etsy 和 Amazon 之类的在线零售商处于领先地位，现在传统零售商和制造商正在效仿。快速发展的企业展示了平台的特性并促进了协作实践，参与者之间可以通过协作实践来改变信息、知识、服务和产品（Breidbach 和 Brodie，2017）。

（3）不同网络结构下的商业模式逻辑

现存的商业模型文献是通过识别与不同网络结构相关的三种不同设计来构建的，即以企业为中心的网络、解决方案网络和开放式网络，如图 2-7 所示。

一是以企业为中心的网络。以企业为中心进行商业模式设计是传统的策略方法，该方法遵循波特的结构、行为和绩效方法（Porter，1980）。Timmers（1998）为了发展他对 11 种电子商务模式进行了分类，他解构并重建了 Porter（1985）的价值链，并确定了沿价值链整合信息的可能方法。同样，Chesbrough（2007）建立在价值链结构上，解释价值创造和价值获取。与绝大多数商业模式文章一样，Timmers（1998）和 Chesbrough（2007）认为与利益相关者或合作伙伴的关系是商业模式概念的核心（如 Osterwalder，2004；Dubosson-Torbay 等人，2002）。但是，大量的商业模型文献将活动系统的重点放在垂直集成过程上，而不是网络集成上。Applegate（2001）提到①了价值网的重要性，这些网络或联网业务结合了多种商业模式，这些商业模式基于垂直整合，跨多个价值链网络

---

① Applegate，L. M. "Emerging networked business models: lessons from the field. HBS No. 9-801-172"，Harvard Business School，Boston，MA. 2001.

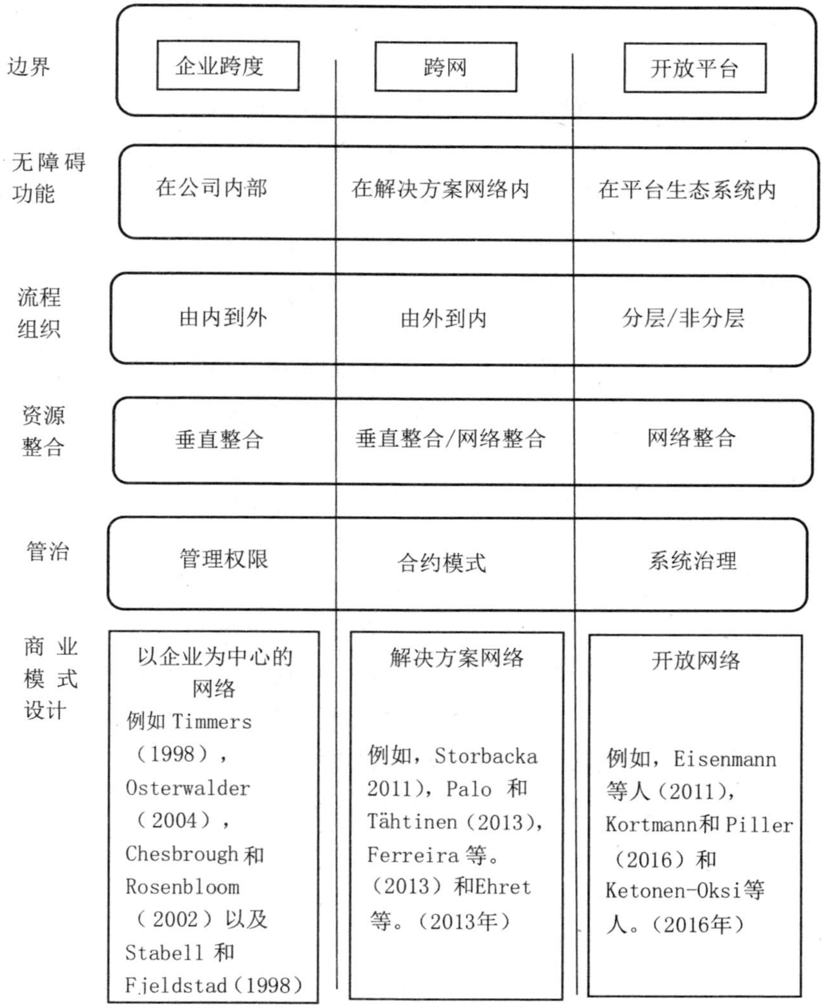

边界	企业跨度	跨网	开放平台
无障碍功能	在公司内部	在解决方案网络内	在平台生态系统内
流程组织	由内到外	由外到内	分层/非分层
资源整合	垂直整合	垂直整合/网络整合	网络整合
管治	管理权限	合约模式	系统治理
商业模式设计	以企业为中心的网络 例如 Timmers（1998），Osterwalder（2004），Chesbrough 和 Rosenbloom（2002）以及 Stabell 和 Fjeldstad（1998）	解决方案网络 例如，Storbacka 2011），Palo 和 Tähtinen（2013），Ferreira 等。（2013）和 Ehret 等。（2013年）	开放网络 例如，Eisenmann 等人（2011），Kortmann和 Piller（2016）和 Ketonen-Oksi等人。（2016年）

图 2-7 不同网络结构下的商业模式逻辑

（资料来源：根据 FEHRER 等人① （2018） 参考文献整理）

相互链接，由于它们使用的是相同的基础结构，因此导致了收入流。Chesbrough 和 Rosenbloom （2002）指出，商业模式首先要阐明新技术中潜在的价值主张。它要求说明产品以及潜在客户如何使用这些产品。传统的 Porterian 观点基于合理的，可量化的可持续竞争优势和盈利能力（Benson-Rea 等，2013），而当代商

---

① FEHRER J A, WORATSCHEK H, BRODIE R J. A Systemic Logic for Platform Business Models [J]. *Journal of Service Management*, 2018, 29 （4）: 546-568.

业模式逻辑则强调价值创造。这导致了公司边界和界面的不断重绘，以响应其动态生态系统（Ehret 等人，2013）。

二是解决方案网络。工业市场营销，特别是工业市场营销与采购小组（如 Hakansson 和 Prenkert，2004）一直处于发展理论的最前沿，这些理论解释了网络中的价值创造。这些理论已应用于 B2B 环境中的解决方案或供应链网络。针对合作伙伴之间的价值以及价值创造，这些文献都认为价值是在供应商、分销商、促进机构和客户之间创造的（Vargo 和 Lusch，2011）。最近的工业营销文献已经在密集的商业服务（Aarikka-Stenroos 和 Jaakkola，2012），项目网络（Mele，2011）和复杂的解决方案网络（Jaakkola 和 Hakanen，2013）的背景下，对价值增长进行了经验检验。除了对价值创造的实证研究之外，营销学者还开始讨论商业模式概念中的价值创造和使用价值（Coombes 和 Nicholson，2013）。Nenonen 和 Storbacka（2010）提出，可以使用商业模式构造来解释价值创造。可以将其视为协调各种参与者的资源和能力以实现价值创造的接口。遵循解决方案网络逻辑，商业模式超出了内部的范围跨边界活动系统，还包括网络和市场考虑因素。Palo 和 Thtinen（2013）进行了更广泛的研究，并发现网络在与商业模式一起开发技术和服务的过程中正在兴起。因此，在这个新兴的解决方案开发过程中，网络参与者及其角色可能会发生变化。网络参与者的角色及其职责对于促进网络中企业内部和企业之间的跨职能有效协作至关重要的作用（Storbacka，2011）。此外，由于多个网络参与者的相互作用（创建过程），网络本身是经过塑造的，而同时网络情境是在参与者活动的外部进行塑造的（Ferreira 等，2013）。最后，对功能及其集成过程的日益关注已将"商业模式"从垂直集成转变为网络或系统集成（Mason 和 Spring，2011），即由合作伙伴网络提供的组件的集成（Davies 等，2007；Storbacka，2011）。总之，解决方案网络的商业模式逻辑超出了内部活动系统的视野，突出了涉及多个参与者的联合创建过程，并且具有新兴、高度动态的特征（Ferreira 等，2013）。

三是开放网络。最近有关商业模式的学术讨论与平台业务（如 Airbnb，Uber 或 Kickstarter）的兴起以及社交媒体应用程序的突破有关（Parker 等，2016）。通过众包和众筹等新形式的开放式对等服务交换，平台商业模式有可能塑造市场并模糊 B2B 和 B2C 之间的界限（Ehret 等，2013；Gamble 等，2017）。开放网络中的商业模式（即平台商业模式）是基于各种参与者之间不断涌现的、非分层协作的想法（Ketonen-Oksi 等，2016）。但是，对参与者及其功能的访问不限于商业网络，它对愿意的利益相关者和（微型）企业家的整个生态系统开放。借助数字技术和先进的软件，可以比以往任何时候都更加精确、快速、轻松地连接参与者（Parker 等，2016），平台商业模式非常有效地调动了参与者的资源，导致了高资源密度（Caridà 等，2017）。平台商业模式经常与多面平台（Armstrong，2006 年；Caillaud 和 Jullien，2003）、多面市场互换使用（Rochet 和 Tirole，2006），基于平台的市场（Zhu 和 Iansiti，2012）和平台生态系统（Fu 等，2017）。所有这些概念化的共同点在于，它们描述了开放网络结构中的平台属性。根据开放层和平台属性对不同类型的开放网络进行了分类。（如表 2-6 所示）平台业务模型可以具有多层开放性，因此可以作为多种类别的开放网络的示例。

平台商业模式可以理解为开放商业模式，在三层上具有不同程度的开放性：平台用户层、平台基础架构层和平台提供者层（Ondrus 等，2015；Saebi 和 Foss，2015；Thomas 等，2014）。这三层的开放性允许平台企业通过高度适应性强且可渗透的基础架构将各种参与者（如其他企业、客户、开发人员、投资者；如 Eisenmann 等，2009）联系起来，从而实现信息和知识流的协调。整个参与者网络（如 Autio 和 Thomas，2014；Gawer 和 Cusumano，2014）。这种新颖的参与者间服务交换形式挑战了一个公司管理整个活动系统的想法，该想法嵌套在传统商业模式逻辑中（Wieland 等，2017）。

表 2-6　开放网络结构中的平台属性

开放网络	开放层	平台属性	例子	参考文献
多面平台多变市场	平台用户级别的开放性可实现大量以前没有联系的参与者（分散在各地市场）连接	平台充当市场中介，并允许相互提供网络收益的各种用户群连接平台，促进两种（或更多）不同类型的关联参与者之间的直接交互	Airbnb, Uber, Kickstarter, 食品组装, eBay, 阿里巴巴	Ondrus et al. (2015), Eisenmann et al. (2009), Kortmann 和 Piller (2016), Armstrong (2006), Caillaud 和 Jullien (2003), Rochet 和 Tirole (2006)
平台生态系统作为技术生态系统	平台基础架构级别的开放性导致其他参与者之间的高渗透性	平台作为软件系统的可扩展代码库，为在其上运行的应用程序提供核心能力。平台生态系统指的是技术生态系统，围绕共享技术平台组织参与者（例如开发人员）	Unix, Intel, Cisco; IBM Apple's iOS; Google's Android	Song et al. (2017), Boudreau (2012), Ceccagnoli et al. (2012), Järvi 和 Kortelainen (2017)

开放网络	开放层	平台属性	例子	参考文献
平台生态系统作为基于平台的市场	平台提供商级别的开放性导致更高（业务）参与者之间的协作潜力	平台生态系统是围绕平台提供商形成的伙伴关系网络。平台生态系统可以包括一系列具有特定角色和职责的横向协作网络合作伙伴	Google's Android, Google, IBM, Alibaba, Amazon, eBay, Kickstarter	Thomas et al. (2014), Nambisan 和 Sawhney (2011), Gawer 和 Cusumano (2014), Toivanen et al. (2015)

（资料来源：根据 FEHRER 等人（2018）相关研究文献整理）

基于高度标准化和高度可扩展的技术基础架构，多边平台充当市场中介（Thomas 等，2014），可高效地连接各种参与者（同侧和跨侧）（Eisenmann 等，2009）。平台生态系统作为技术生态系统为大量第三方技术的连接提供了可渗透的基础架构（Boudreau，2012；Ceccagnoli 等，2012）。基础设施为各个参与者之间进行新服务交换奠定了基础。这些参与者（例如软件开发人员）可以相互补充（例如增加平台的创新、产出率和对用户的响应能力），并在平台中共同成长生态系统（Ceccagnoli 等，2012；Song 等，2017；Järvi 和 Kortelainen，2017）。平台生态系统作为基于平台的市场，可以协调模块化，网络成员资格，网络稳定性，知识流和各种参与者的创新（Nambisan 和 Sawhney，2011；Autio 和 Thomas，2014；Gawer 和 Cusumano，2014）。围绕平台提供商结成伙伴关系（Toivanen 等，2015）。平台生态系统作为基于平台的市场，拓宽了平台生态系统的范围。技术基础设施，包括横向合作方与具体角色及其职责（Kortmann 和 Piller，2016）。要实现平台业务模型的潜力，就需要对平台进行管理，以利用其开放和协作的基础架构（Tiwana，2013）。由于平台生态系统超越平台业务的增长要比内部增长快，因此系统治理是一项主要挑战。这意味着不仅是平台提供商，而且其他参与者也对治理平台生态系统做出了贡献（Parker 等，2016）。因此，必须建立制度（例如法律、规则和规范），以鼓励参与者采取积极的行为并阻止消极的互动（Tiwana，2013）。

综上所述，商业模型文献的最新发展表明，商业模型思维已从 Porter（1985）的价值链逻辑演变为嵌套在开放网络中的、专注于网络集成和协作的新逻辑。

2. 服务主导逻辑下价值共创模式

尽管以前的商业模型文献已经对平台商业模型的概念化和价值创造过程提供了零碎的见解（例如 Ondrus 等，2015；Kortmann 和 Piller，2016；Parker 等，2016；Fu 等，2017），仍然缺乏针对价值创造和价值获取的集中系统方法。Wieland 等（2017）提倡需要基于服务主导逻辑的高级服务策略理解商业模式（Vargo 和 Lusch，2016）。服务主导逻辑的中心在于，它提供了一个视角，可以理解更广泛的网络和服务生态系统中的参与者交互。因此，本研究借鉴了服务主导逻辑，并将其关于价值创造的叙述应用于平台商业模式的逻辑。系统地将服务主导逻辑作为一种元理论与商业模型概念作为一种中端理论相结合，从而使服务主导逻辑更接近于管理实践和实证研究（Vargo 和 Lusch，2017；Brodie 等，2011 年）。同时，本研究建立了价值共鸣的框架（Vargo 和 Lusch，2016），并借鉴了互补性理论（Milgrom 和 Roberts，1995），交易成本理论（Coase，1937；Williamson，1983）和网络外部性（Katz 和 Shapiro，1985）。这些理论是通过系统的角度来解释的，以将它们与价值创造的服务主导逻辑叙述联系起来（Vargo 和 Lusch，2016）。服务主导逻辑下的商业模式逻辑被称为新的商业模式逻辑。

（1）服务生态系统中价值创造的逻辑

服务主导逻辑重新思考了市场和社会的本质，并将研究引向多功能参与者之间的网络和相互依存关系（Vargo 和 Lusch，2016）。根据 Vargo 和 Lusch（2008）的观点，参与者是指全部社会或经济参与者，并且参与者的角色超出了传统的客户公司角色。服务主导逻辑表明所有参与者都依赖于在复杂的生态系统中彼此受益（Vargo 和 Lusch，2011）。参与者行使代理权来整合他们的资源，以使其他参与者受益。从而增进彼此的幸福感（Taillard 等，2016）。

服务生态系统中制度和制度安排对价值创造具有重要的作用（Vargo and Lusch，2016）。制度理论的中心是将合法性的概念视为效率的另一种解释（DiMaggio 和 Powell，1991）。遵循制度理论的逻辑，社会实践的存在不是因为人们认为社会实践是最有效的，而是因为社会环境中的行为者最适合进行实践（Suchman，1995）。Koskela-Huotari 和 Vargo（2016）将机构视为资源整合过程的背景。因此，SD 逻辑意味着必须在复杂的网络关系的背景下理解价值创造，而复杂的网络关系又是动态服务生态系统的一部分，同时要建立动态的服务生态系统，其中不仅包括公司和客户，还包括他们的社会社区和其他利益相关者（Merz 等，2009）。

在这些服务生态系统中，参与者的相互依赖会导致价值的创造和出现

（Taillard 等，2016）。被定义为自我控制和自我调节系统的服务生态系统（Lusch 和 Vargo，2014），可以动态扩展并在建立和加强参与者之间的关系的基础上创造价值。表 2-7 平台商业模式逻辑展示了价值创造的 SD 逻辑叙述以及它如何与平台商业模式中的价值创造的逻辑联系起来。

（2）平台商业模式中价值创造的逻辑

Vargo 和 Lusch（2016）指出，只有制度和系统的观点才能捕捉到价值创造的整体性和动态性。在平台商业模式中，价值是通过各个参与方之间的网络关系共同创造的。平台商业模式的核心活动是共享（Kavadias 等，2016）和非分层协作（Gawer 和 Phillips，2013；Kenten-Oksi 等，2016）。共享减少了市场进入壁垒，并为各方释放了资源和价值。非分层协作支持共生服务交换，与所有以利益为导向的服务交换相比，这为所有参与方创造了互惠互利（Fu 等，2017）。平台商业模式的价值是通过平台的内部和外部协作实践共同创造的（Gawer 和 Phillips，2013），这些实践塑造了商业模式的体系结构。同时，协作实践也受此体系结构的影响。Wieland 等（2017）认为，系统和制度化的方法将商业模式思维转移到研究制度如何（重新）形成的研究上。迄今为止，大多数业务模型的概念化都忽略了参与者在共同创建机构中的系统性参与。过分强调了公司的作用，这会启用和限制价值创造过程（Wieland 等，2017）。

表 2-7　平台商业模式逻辑

SD 逻辑	平台商业模式逻辑	
服务生态系统中的价值创造	平台商业模式中的价值创造	平台商业模式中的系统性价值获取
SD 逻辑叙述（Vargo 和 Lusch，2016）参与资源整合和服务交换的参与者	参与者（即平台提供商，平台用户）参与了非分层协作（Gawer 和 Phillips，2013；Ketonen-Oksi 等，2016），共享（Kavadias 等，2016）和共生服务交换（Fu 等，2017）	通过（标准化的）联系和协作实践（Mason 和 Spring，2011；Brettel 等，2012；Zott 和 Amit，2007）、利用互补性（Zott 等，2010；Porter 和 Siggelkow，2008；Milgrom 和 Roberts（1995），从而减少了冗余。通过协作式基础架构（Kumar 和 Dashman，2014，DaSilva 和 Trkman，2014；Coase，1937）

SD 逻辑	平台商业模式逻辑	
受内生机构和制度的推动和约束	受制于制度和制度安排（Wieland 等，2017），包括开放式架构（Ondrus 等人，2015；Eisenmann 等人，2009；Kortmann 和 Piller，2016 年）和系统治理（Berglund 和 Sandstrom，2013）	通过协作基础架构降低交易成本（DaSilva 和 Trkman，2014；Coase，1937）（Kumar 和 van Dissel，1996；Amit 和 Zott，2015）和系统治理（即相互评估流程；Parker 等，2016；Autio 和 Thomas，2014）
建立嵌套和互锁的服务生态系统	建立超越平台业务范围的增长（Tiwana，2013；Coombes 和 Nicholson，2013）在更广泛的平台生态系统中（Fu 等，2017）	利用平台外部生态系统中所有参与者的网络外部性（Katz 和 Shapiro，1985；Eisenmann 等，2011；Farrell 和 Saloner，1985）（Ceccagnoli 和 Forman，2012），导致市场集中度在经济上显著增加（Dubé 等，2010；Caillaud 和 Jullien，2003）

（资料来源：根据 Fehrer 等人（2018）相关研究文献整理）

如前所述，平台商业模式建立在开放式架构上（Ondrus 等，2015；Eisenmann 等，2009），其特点是跨不同技术的高度互操作性以及连接各种参与者及其资源的能力（Kortmann 和 Piller，2016）。开放商业模式中的治理是（至少部分地）指系统治理。由于增长主要发生在更广泛的平台生态系统内（Fu 等，2017），超出了平台业务范围（Tiwana，2013），因此系统治理至关重要。各种参与者（不仅限于平台业务）为治理平台生态系统做出了贡献。结果，现有的机构需要鼓励行为者进行积极的行为，阻止其消极的互动。

综上所述，平台商业模式中的价值创造逻辑涉及多方面的参与者，他们参与共享和协作以共生交换服务。这些参与者通过高度自适应的体系结构和系统治理相互连接。平台生态系统中所有参与者的活动都会影响体系结构和治理，平台业务是参与者连接的中心节点。但是，增长主要建立在更广泛的平台生态系统的平台业务之外。

阿米特（Amit）和佐特（Zott）（2015）认为，需要采取平衡行动，以使价值创造与价值获取保持一致（即每个参与者的价值主张所产生的内部正外部性）。如果网络内的关系无法创造价值，则不可能长期获取价值。因此，根据

Storbacka（2011）的观点，价值创造是价值获取的先决条件。价值获取代表平台商业模式的经济可行性（Amit 和 Zott，2015）。不考虑价值获取而强调价值创造不会与商业实践产生共鸣。相反，专注于价值获取可能会不必要地减少平台生态系统内可以共同创造的总价值（对于所有参与者来说）（Cennamo 和 Santalo，2013）。

（3）平台商业模式中系统性价值获取的逻辑

关于价值获取的系统逻辑，涉及互补理论（Milgrom 和 Roberts，1995），交易成本理论（Coase，1937；Williamson，1983）和网络外部性（Katz 和 Shapiro，1985）。这些理论将根据系统的角度进行解释，从而与价值创造的逻辑联系在一起。

首先，通过协调和协作实践来发挥互补性。Berglund 和 Sandstrom（2013）认为，开放网络的观点意味着企业在高度相互依赖的条件下行动。互补理论提供了系统的方法来分析这些相互依存的组织含义（Zott 等，2010；Porter 和 Siggelkow，2008）。根据 Milgrom 和 Roberts（1995）的研究，当一项活动的价值随另一项活动的增加而增加时，平台商业模式将起到补充作用。在系统层面，消除整个活动集内的冗余可以获取价值（Zott 等，2010）。开放商业模式中的互补性可以在三个层次上加以利用：服务之间、技术之间以及活动之间。在服务水平上，例如，利用互补性是指捆绑服务产品以促进它们之间的协同效应（Amit 和 Zott，2015 年）。例如，Airbnb 不仅在全球范围内提供住宿，而且现在还提供体验之旅，例如在最热的夜生活场所中的 VIP 体验，全部由平台上的私人业主组织。服务捆绑本身并不是平台商业模式的独特实践。但是，平台商业模式可以更有效地连接参与者，从而减少大量通用参与者之间的冗余。

在技术层面上，先进的基础设施（例如过滤算法）可确保参与者及其资源有高度的灵活性并因此而高效地连接（Kortmann 和 Piller，2016；Velu 和 Jacon，2016）。例如，约会应用程序会根据对您很重要的条件来筛选您的潜在合作伙伴，并根据过去的成功连接来理想地调整这些条件。这样可以减少您一次又一次地检查这些条件的工作量（即减少了冗余）。

在活动级别，平台商业模式促进了各种参与者小组之间的敏捷协作实践。为了促进协作实践的发展，平台必须在一定程度上确保关于现有制度安排的常识（Berglund 和 Sandstrom，2013）和共同含义（Brodie 等，2017）。常识和共同意义支持系统中所有参与者（例如平台用户，开发人员和战略合作伙伴）的参与。协调参与实践是平台商业模式减少整个平台生态系统冗余的核心能力。平台商业模式被视为一系列实践，可以理解为不断产生和不断涌现（Mason 和

Spring，2011）。

其次，通过协作的基础架构和系统治理降低交易成本。平台商业模式强调参与者之间的价值创造，而不是考虑在单个公司范围内创造价值（Coombes 和 Nicholson，2013）。借助 Mason 和 Spring（2011）间接能力（与平台如何访问和利用更广泛网络中其他人的能力有关的能力）（Loasby，1998）对于在平台商业模式中获取价值至关重要。平台商业模式是基于协作基础架构设计的，该协作基础架构连接了各种不同的参与者，并允许将各种资源与更大资源集成。平台基础设施的一个核心价值获取机制是降低多个参与者之间的交易成本（DaSilva 和 Trkman，2014）。

科斯（Coase，1937）提出了一个核心问题，他提到了三项具体的交易成本：搜索成本（寻找所需内容的资源和时间）、合同成本（谈判所需的资源和时间）和协调成本（分散参与者之间的协调活动）（Tapscott 等，2000）。交易成本理论的核心是解释最有效的治理形式的选择。企业与市场的出现和消失取决于交易成本。

组织间系统的研究人员参考了交易成本理论，这表明数字基础架构降低了交易成本，从而减少了垂直交易的需求，并促使其向网络整合和市场结构转变（Kumar 和 van Dissel，1996）。例如平台企业使用高级搜索机制（如 Google 搜索引擎）来立即提供高质量的搜索结果，从而大大降低了搜索成本。平台将零散的市场中大量以前未关联的参与者联系起来（例如，Airbnb 将世界各地的房东和来宾联系起来）。因此，对于平台商业模式来说，少量的讨价还价条件几乎已经过时。平台商业模式的协作基础结构为各种不同的参与者提供了访问权限，并为这些参与者之间进行了许多交易。集成新参与者和新资源通常可以完全自动化地立即进行，而对于平台提供商和用户而言，其成本几乎为零。

在平台商业模式交易中，复杂的评分技术（例如猫途鹰 TripAdvisor 使用的那些）降低了不确定性。这些评级技术允许相互评估过程，从而实现系统治理。系统治理与放弃对平台提供商的控制一起，这意味着不仅是平台提供商，而且所有参与者都在治理平台生态系统方面做出了贡献。从这个意义上说，平台提供商和平台用户都成为管理中心操作的积极参与者。反过来，这对于平台业务运营的效率至关重要（Parker 等，2016）。例如，通过相互评价过程（即一个参与者正在审查另一个参与者的活动，反之亦然），可以确保服务质量而无须涉及看门人（即控制服务质量的员工）。评估其他参与者的行为和查看其他参与者的评估的可能性产生了对平台业务以及其他参与者的信任。此外，这些相互评估过程可确保系统内高效且高度可扩展的操作，因为平台上连接的参与者越多，有权评估服务的参与者就越多（Autio 和 Thomas，2014；Berglund 和 Sandstrom，2013），平台商业模式中的治理因此变得社会化。对于平台提供商而言，这是创建协作基础架构并建立适当的体制安排的共享知识和共享含义的问题（如前所述），而不是命令和控制的问题（Berglund 和 Sandstrom，2013）。

治理和技术基础架构互锁在平台商业模式中。Akaka 和 Vargo（2013）认为，技术基础设施不仅影响行为者合作的方式，而且这些技术结构还受到生态系统机构的影响，因此也受到行为者合作方式的影响。Mason 和 Spring（2011）指出，角色之间进行交互的界面可能会随着时间而变化，由制度和技术创新引起的。因此，平台商业模式的基础结构和治理是不断发展的，价值的获取取决于平台生态系统中动态的制度流程。

最后，利用网络外部性。平台生态系统中的交互可以发生在一组参与者之间（即单方面，例如在 Uber 客人之间），也可以发生在不同组的参与者之间（例如多方面的参与者，例如在 Uber 司机和 Uber 客人之间）。最近讨论过的平台商业模式的价值获取机制是指在多组参与者之间利用积极的网络外部性（Amit 和 Zott，2015；Rochet 和 Tirole，2006）。

根据 Katz 和 Shapiro（1985）的研究，有两种可能的正外部性来源：直接和间接网络效应。直接网络效应解释了通过其他参与者数量对服务质量的直接影响而产生的价值。（例如，购买智能手机仅在其他人也使用智能手机的情况下才提供价值）。间接网络效应指的是基于某种标准（例如 Apple iOS）的传播创造价值。更具体地说，标准的扩散程度越高，将提供更多与该规范兼容的服务和应用程序（Farrell 和 Saloner，1985；Bonaccorsi 等，2006）；购买 iPhone 可以访问应用程序商店中可用的应用程序世界，从而创造价值；间接的网络效应可能导致市场集中度在经济上显著增加（Dubé 等，2010；Caillaud 和 Jullien，2003）。这增加了平台业务的经济可行性和整个平台生态系统的可行性，因此代表了系统性价值获取。

当网络外部性为正时，它们会刺激与其他人（例如出租车公司加入 Uber 网络）"聚群"，进而可以形成一个单一的平台生态系统（或自然垄断）主导行业（Amit 和 Zott，2015）。在平台生态系统中，强大的网络效应会产生锁定机制，即较高的转换成本，通常会使平台生态系统免受独立竞争对手的入侵（Eisenmann 等，2011；Farrell 和 Saloner，1985；Katz 和 Shapiro，1985）。Dubé 等（2010）认为，对于积极的网络外部性的发展，"小费"的能力至关重要。"小费"可以理解为平台商业模式摆脱现有市场并塑造新市场的能力（Katz 和 Shapiro，1994）。体制改革可以给"小费"。制度化，特别是对现有制度的破坏（例如 Uber 破坏了专业出租车司机的受监管行业；Wieland 等，2017），加速了积极网络效应的发展。平台商业模式通过利用平台生态系统中所有参与者的积极网络外部性来充当催化剂（Ceccagnoli 等，2012）。同时，平台提供商必须认识到网络参与者之间的相互依存关系，并在他们有时相互竞争的目标之间找到适当的平衡（Sriram 等，2015）。

本研究以服务主导逻辑理论为基础，提出了新的商业模式逻辑，即平台商业模式逻辑，并阐述了平台商业模式中的价值创造和价值获取。平台商业模式的逻辑和结构表明，价值是通过塑造和重新塑造制度安排共同创造的，同时又由这些制度安排塑造的。可以通过利用互补性（Milgrom 和 Roberts，1995），降低交易成本（Coase，1937；Williamson，1983）以及利用网络外部性来实现平台商业模式中的系统性价值获取。这种观点提供了一种映射价值创造和系统性价值获取过程的新方式，不仅强调了平台业务的作用，还强调了横向协作参与者在平台生态系统中的具体角色和职责的伙伴关系（Kortmann 和 Piller，2016）。

3. 服务生态系统与价值共创

（1）服务主导逻辑的元理论基础

根据 Lusch 和 Nambisan（2015）的研究表明，SD 逻辑有 4 个元理论基础：参与者网络、资源液化、资源密度和资源整合，它们与服务创新和价值共创特别相关。这些概念具体如下。

①参与者网络

SD 逻辑提供了一个放大镜头来观察参与者，不是在他们作为生产者和消费者的二元角色中，而是在一个更一般的意义上，作为通过资源整合和服务提供共同创造价值的其他参与者系统中的参与者（Vargo 和 Lusch，2011）。这种视角避免了当一个参与者被视为生产者而另一个参与者被作为消费者时产生的分裂（通常是冲突），这意味着一个参与者产生价值，另一个参与者破坏或消耗价值。传统的观点，或被称为制造业或新古典经济学的观点，认为一个主导者（生产者）对另一个被动接收者（消费者）做了什么。这个主导者是知识和创造力的源泉，因此也是创新的源泉。然而，在 SD 逻辑中，所有的参与者都是潜在的创新者或价值的创造者，因此，SD 逻辑具有网络中心的观点。

②资源液化

数字计算机的出现使得信息的数字化和相关的能力从存储、传输或处理信息的技术（或设备）中分离出来，这种数字解耦可以重塑工作本身的性质。例如，它使工作的虚拟层和物质层以不同的方式交织在一起，以提高组织绩效（Gaskin 等，2010；Robey 等，2003）。更重要的是，伴随着这种数字化的社会技术过程有助于建立新的社会联系和认知模型，从而释放"再生力"并开拓创新机会（Tilson 等，2011）。

③资源密度

如果 SD 逻辑是为他人或自己带来利益的资源的应用，则一个中心问题是资源是否可以快速动员到一个提供所需服务的时间、空间和参与者。密度的概念是这个关键问题的基础，在特定情况下资源的最佳组合被调动时发生最大密度（Lusch 等，2010；Normann，2001）。在信息系统领域，知识工程和本体论的研究集中在技术和算法以不同的方式配置或建模信息，以便产生新的洞察力和知识（例如，BeNAROCH 1998；GRUBER 1995）。这种技术的基本原理是相同的——需要以最有效的方式动员情境相关的知识（资源）（即提高资源密度）。

④资源整合

SD 逻辑把所有社会和经济参与者视为资源集成商。许多整合的资源是面向市场的，但也有许多是非市场所面临的，例如私人资源和公共资源。创新是无限的，因此，价值也是在资源的不断整合和不断创新中实现的。

（2）服务生态系统、服务平台与价值共创

近年来，服务主导逻辑已发展到服务生态系统阶段。生态系统是一个相互作用的实体——组织和个人（包括顾客）的共同体——共同进化他们的能力和角色，并相互依赖以获得整体的有效性和生存性（Iansiti 和 Levion，2004；Moore，1993）。在 S-D 逻辑之后，我们将服务创新概念化嵌入在 A2A 网络中，具体地在 Vargo 和 Lusch（2011）开发的思想和定义的基础上，服务生态系统被定义为一个自我调节的独立的系统，由经济社会参与者通过共享的制度和相互交换共同创造价值。

①服务生态系统

根据 Lusch 和 Nambisan（2015）的研究表明，服务生态系统，是一个新兴的 A2A（参与者到参与者）结构，通过其有效的行为创造和再造，为参与者交换服务和共创价值提供了组织逻辑。

②服务平台

Lusch 和 Nambisan（2015）定义了服务平台，他们认为，服务平台是作为一个模块化的结构，整合资源，并促进参与者和资源的交互。它们的资源交换可能形成不可替代的、可扩展的解决方案。

SD 逻辑的中心主题——间接交换掩盖交换的基本基础（Vargo 和 Lusch，2004），是这个概念化的基础。它建议企业应将其产品（商品或非商品）设计为主要的服务平台，以实现服务交换和价值共创。这反映了商品（或设备）成为提供服务的分配机制或媒介的能力。产品作为服务平台的概念反映了这一点。例如，苹果的 iPhone、iPad 和其他创新本身并不是小配件，而是承诺实现低阶和高阶效益的服务平台。

一方面，通过服务平台将资源体系结构模块化，并提高资源密度。由于分层模块化结构比集成结构能够提高资源密度水平，因此，服务平台将资源分层模块化，分层模块化的结构塑造了参与者可以访问不同的资源，以便于资源整合和价值共创。在分层体系结构中，每个层都与不同的设计层次结构相关联，因此跨不同层的多个组件不受单个产品的限制。也就是说，它们与产品无关（例如，苹果 iPhone 的不同组件可以连接不同的功能层次结构，并可以与各种产品一起使用）（Gao 和 Iyer，2006；YOO 等，2010）。另一方面，服务平台制定了交换协议（规则）。协议或规则的性质（参与者如何接口）可以影响价值共创的程度。重要的是编纂或实施可接受的（或期望的）行为，并指导参与者和资源之间的交互以进行服务交换，服务平台上的规则形成或支配参与者的资源整合的性质。从这个角度来看，关键问题是企业应该如何调节或控制各种组件（资源）的数字接口规范，以促进更快、更经济、更有效的资源整合。即规范参与者应该如何访问资源以及哪些类型的服务交换是有效的（或合法的）。

因此，服务平台对于价值共创非常重要，因为它们有助于释放来自更高水平的资源液化和资源密度的衍生性。然而，这需要企业走出产品形式，并查看产品和其他参与者的用户是如何与之互动的。换句话说，公司不应该设计一个设备，而是设想一个服务创新的平台。

③价值共创

SD 逻辑不仅推动了行为主体（生态系统）的组织和服务交换的场所（平台）的探索，也促进了价值共创和服务创新的过程。客户（参与者）之所以购买一个公司的产品，是因为他们认为它是一个更大的解决方案的一个重要组成部分，他们需要或想与其他资源整合。因此，受益的参与者总是价值共创的一部分。所有的公司承担了双重角色，既是服务提供者也是服务受益者。由此产生了两个广泛的含义，两个角色在价值共创中起着重要的作用。一方面，参与者（包括受益人）可以在资源整合和价值共创中扮演不同的角色，如构思者、设计者和中介，这三个角色为参与者提供了体验不同价值类型的机会。在某些情况下，通过这种服务交换和资源整合所经历的价值可能是具有功利性的（或功能性的）。在所有这些角色中，行动者将他们的知识资源与来自一个或多个其他行动者的知识整合，从而带来新的价值共创机会。另一方面，参与者可以通过建立新的组织机制和对他们的内部过程做出适当的改变来积极地支持价值共创的过程。在服务生态系统的基础上，为了更好地促进参与者与资源之间的交互，开发更丰富的价值创造环境，需要通过提供参与者间互动的交互方式、建立能够促进参与者之间互动的价值共创机制和流程等，以更好地支持价值共创。

4. 研究述评

现有研究中除了企业和顾客二元参与角色外，顾客与顾客之间以及多方利益相关者多角色参与价值共创的研究还不是很多，尤其是多方之间如何实现资源和能力互补方面的研究更少。目前大多数研究采取的是顾客或企业视角的价值共创，鲜有平台视角的研究，尤其以平台能力为中介因素进行价值共创的研究在理论界中比较少见。另外，现有价值共创的研究背景大多是传统经济模式下的研究，对数字经济时代下新商业模式的研究比较少，尤其是对服务主导逻辑下价值共创实践方面的研究更少。

因此，根据上述价值共创商业模式的相关论述，本研究提出，企业要实现价值共创，需要构建平台型价值商业模式，企业数字化转型的商业模式是 C2B，可进一步具体为 C2B2B2C。即从顾客到平台，从平台到企业，再从企业到顾客。首先，顾客将需求通过分销商或顾客自己反馈到平台；其次，平台将顾客的需求传递至上游供应伙伴；再次，由供应伙伴进行产品生产后再销售给顾客，真正实现了由需求侧反向推动供给侧，通过平台实现了供需双方的连接。同时，平台企业不仅可以向供应端传递需求，还可以向下游分销商进行产品和服务的分发，甚至向分销伙伴赋能，帮助分销渠道更好地服务 C 端。

为了最终实现 C2B 的商业模式转型，必须构建基础设施平台 B。能够获得最大倍数的平台模式已经成为大企业优先考虑的商业模式，通过互联互惠、充分利用数据、加强创新，实现平台的高效运作与共赢共享。大企业应开放心态，培养自身能力，充分利用已有生态系统资源和优势，逐步打造平台模式。平台型商业模式已成为企业制胜关键。同时还要创建外部的服务生态系统环境，建立促进参与者进行价值共创的机制、流程、接口和交互界面等。

三、顾客参与文献综述

本节从顾客参与的内涵、顾客参与的维度和形式以及顾客参与的前因和后果对顾客参与的相关研究进行综述。

1. 顾客参与的内涵

根据营销文献，顾客或消费者被视为顾客参与的主体，而品牌、产品或组织是其对象（Hollebeek，2011）。无论顾客参与主题或对象如何，顾客参与的核心领域都是相似的（Hollebeek 等，2014）。在现有的顾客参与解释中可以区分两个主要观点。第一个视角是指对顾客参与的态度和多维理解，而第二个视角是指一维的，是对顾客参与行为的解释。在第二个视角中，还可以区分两种不同的方法：在第一种方法中，顾客参与包括超出交易的客户行为（即非交易客户行为），而第二种方法将顾客参与解释为包括交易在内的客户行为。根据上述观点对现有顾客参与的定义整理如表 2-8 所示。

在 2010 年至 2011 年期间，国外学者发表的三部有影响力的营销学作品中，存在三个顾客参与的研究流程，这些作品引发了各种顾客参与的解释。

首先，国外学者（如 Jenny van Doorn 等，2010）将一维的顾客参与行为定义到市场营销文献中。使用术语"客户参与行为"（van Doorn 等），假设这是顾客对品牌或公司的行为表现，除了购买之外，还有一个品牌或公司的焦点，由动机驱动因素产生。其次，V. Kumar 等（2010）建议按照 van Doorn 等人的定义来解释客户参与；然而，他们认为，如果不包括客户从公司购买的行为，顾客参与将是不完整的。因此，根据 Kumar 等人的说法，顾客参与指的是客户与公司、潜在客户和其他客户之间的积极互动，无论他们本质上是交易性的还是非交易性的。第三，Roderick Brodie，Linda Hollebeek，BiljanaJuri 和 AnaIli（2011）提出了态度和多维顾客参与的定义。他们还认为，顾客参与是一个多维概念，受相关认知、情感或行为维度的背景或利益相关者特定表达的影响。

表 2-8 顾客参与的定义和内涵

观点		作者	定义
1.态度和态度多维		Patterson 等（2006）	客户参与度描述了客户在与组织的关系中的各种"存在"程度。存在包括物理存在、情感存在和认知存在。客户参与被认为是一个更高层次的结构，它由四个部分组成：活力、奉献、吸收和互动。
		Brodie 等（2011）	顾客参与是一种心理状态，是通过与焦点服务关系中的焦点代理对象（如品牌）的互动、共同创造的顾客体验而产生的。它是一个多维概念，受相关认知、情感或行为维度的特定语境或利益相关者表达的制约。
		Hollebeek（2011）	顾客参与是指顾客在品牌互动（即顾客与焦点品牌的直接、基于身体接触的互动）中的特定认知、情感和行为活动水平所表现出的动机、品牌相关和语境相关的心理状态水平。
		Vivek 等（2012）	客户参与度是指个人参与组织的产品或活动并与之相关的强度，无论是客户还是组织发起的。它由认知、情感、行为和社会因素组成。顾客参与的认知和情感因素包括顾客的体验和感受，行为和社会因素包括当前和潜在顾客在交易情境内外的参与。
		So 等（2016）	顾客参与是顾客与品牌的个人联系，表现为购买之外的认知、情感和行为反应。
		Vivek 等（2014）	客户参与不仅仅是购买，而是客户（或潜在客户）与品牌或公司产品或活动的互动和联系程度，通常涉及围绕品牌、产品或活动创建的社交网络中的其他人。顾客参与包括认知、情感、行为和社会维度。
		Hollebeek 等（2016）	客户参与是客户对焦点操作性资源（包括认知，情感，行为，社会知识和技能）和操作数资源（例如设备）的品牌互动的动机驱动，意志投资。

观点		作者	定义
2. 行为和一维	2a. 不包括交易行为	Van Doorn 等（2010）	顾客参与行为是顾客对某个品牌或公司的行为表现，对该品牌或公司的关注点超出了购买范围，是由动机驱动因素引起的。
		Verhoef 等（2010）	顾客参与是对品牌或公司超越交易的行为表现。客户参与包括多种行为，如口碑、博客、提供客户评级等。
		Verleye 等（2014）	顾客参与行为是顾客在购买后对企业的行为表现。行政首长协调会是指以公司为中心的自愿、自主的客户行为，可以有助于公司的业绩。
		Jaakkola 和 Alexander（2014）	客户参与行为是指客户自愿提供资源的行为，这些资源具有品牌或公司的关注点，但超出了交易的基础，发生在焦点对象或其他参与者之间的互动中，并由动机驱动力产生。
		Harmeling 等（2017）	客户参与是客户对公司营销职能的自愿资源贡献，超越了财务赞助。
		Beckers 等（2018）	客户参与行为与 van Doorn 等人（2010 年）的行为相同。包括客户发起和公司发起的客户参与。
	2b. 包括交易行为	Kumar 等（2010）	参与是顾客对品牌或公司的行为表现，是动机驱动的结果，但如果不包括顾客从公司购买的产品，这种表现是不完整的。顾客参与指的是客户与公司、潜在客户和其他客户之间的积极互动，无论这些客户是交易性的还是非交易性的。
		Kumar 和 Pansari（2016）	组织内部（员工）和外部（客户）利益相关者的参与代表共同创造、互动、解决方案开发等，所有这些都取决于推动客户和员工对公司行为的态度。参与被定义为一个公司的态度、行为、顾客之间的联系程度、顾客和雇员之间的联系程度以及顾客和雇员之间的联系程度。
		Pansari 和 Kumar（2017）	顾客参与是顾客通过直接或间接贡献为公司增值的机制。直接贡献包括顾客购买，间接贡献包括顾客提供的激励性推荐、顾客对品牌的社交媒体对话以及顾客对公司的反馈或建议。

（资料来源：Katarzyna Žyminkowska, Customer Engagement in Theory and Practice A Marketing Management Perspective, Springer Nature Switzerland AG, 2019）

基于表 2-8 中包含的顾客参与概念，我们认为上述三个研究流（或顾客参与观点）相互补充而非竞争。对顾客参与的态度和多维理解的支持者关注客户的心理状态（Brodie 等，2011），客户的心态（Hollebeek，2011），客户与对象的个人联系（So et al，2016），或客户与对象（Vivek 等，2012，2014）。在多维视角中提出的每个顾客参与定义都强调认知、情感和行为组成部分，类似于其他营销概念的特征：客户的态度。态度描述了一个人对一个目标或想法的相对一致的评价、感觉和倾向（Kotler 和 Armstrong，2018），包括以下要素：认知、情感和行为（即该人打算如何行动）（Rath 等，2015）。态度是影响消费者行为的心理因素之一，同时也包括动机、信念、感知和学习（Kotler 和 Armstrong，2018）。因此，态度和多维顾客参与解释侧重于客户行为的一种心理驱动因素，即客户态度。但是，客户对此顾客参与解释的态度是指特定对象，例如品牌、公司和公司的产品和活动。另一方面，顾客参与行为解释的支持者关注的是动机驱动因素导致的实际客户行为（无论是否超出交易）（van Doorn 等，2010；Kumar 等，2010；Jaakkola 和 Alexander，2014）。如前所述，动机（或动力）是一种足以迫使人们寻求满足的需求（Kotler 和 Armstrong，2018）。因此，一维顾客参与行为解释涉及客户行为本身，表明它是由客户行为的心理因素之一 —— 客户动机引起的。

上述方法的整合（见图 2-8）揭示了它们是相当互补的，它们参考了相同的结构，即客户行为及其驱动因素，但强调了不同的元素。多维顾客参与视角侧重于顾客行为态度因素，而顾客参与行为解释则侧重于强调顾客动机的顾客行为表现。Vivek 等人（2014）提出态度视角的一些扩展，增加顾客参与社会维度，这符合 Fishbein 和 Ajzen（1975）的观点，即顾客的行为意图受到社会规范的影响，即他（她）对其他人对其行为的看法的信念。

对表 2-8 中包含的现有顾客参与定义的深入分析揭示了各种顾客参与解释观点相互作用并相互丰富。第一，顾客参与的动机驱动因素不仅暴露于顾客参与行为视角，而且暴露于一些态度和多维顾客参与解释中（Hollebeek 2011；Hollebeek 等，2016）。第二，代表两种观点的研究人员强调了自愿贡献或投入的客户资源的作用（Jaakkola 和 Alexander，2014；Harmeling 等，2017；Hollebeek 等，2016）。第三，在许多顾客参与概念化中，同时代表态度和行为观点，客户与各种参与者（公司、潜在客户、其他客户）和对象（品牌、公司的产品和活动）的互动都得到了强调（Kumar 等，2010；Brodie 等，2011；Hollebeek，2011；Jaakkola 和 Alexander，2014；Vivek 等，2014；Hollebeek 等，2016）。

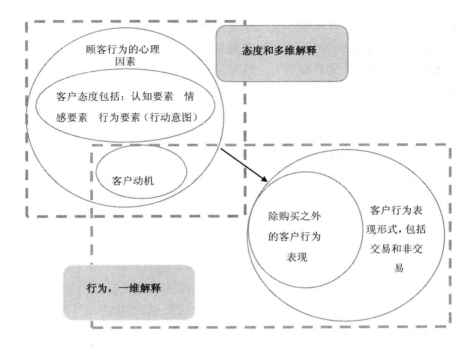

图2-8 态度和行为解释中的客户参与领域

（资料来源：Katarzyna Żyminkowska，Customer Engagement in Theory and Practice A Marketing Management Perspective，Springer Nature Switzerland AG，2019）

因此，建议将顾客参与解释为：关注品牌或公司产品和活动的客户行为表现形式，发生在客户对公司和客户对客户之间的互动中，并且由心理因素（态度、动机和社交）引起。

2. 顾客参与的维度和形式

大多数态度和多维顾客参与解释的支持者使用与顾客态度的认知、情感（感情）和行为要素相关的术语来区分其维度（也称为成分或要素）（如表2-9所以）。然而，也有一些主张似乎在态度上采用了行为观点，将类似于顾客行为表现的这些成分引入顾客参与中。Brodie 等人（2013）区分顾客参与的 5 个子过程，包括学习、分享、倡导、社交和共同发展。Dessart 等人（2016）列出了类似的客户行为作为顾客参与行为维度的子维度，即共享、学习和认可。还有 Maslowska 等人（2016）提出了品牌对话行为，其定义方式与 van Doorn 等人（2010）相同，解释客户参与行为，包括客户参与连续性的以下阶段：观察、参与和共同创造。热情参与也是 Vivek 等人（2014）命题中的顾客参与维度之一。

上述态度解释的扩展，在顾客参与的操作化过程中表现得很明显，似乎证实了现有顾客参与研究流之间的相互作用及其整合的必要性。有趣的是，顾客参与行为观点在这一过程中更具影响力，因为它将顾客参与解释为客户行为表现的假设是由态度观点的支持者以各种客户行为的形式引入的。

关于顾客参与分类，顾客参与行为视角有两种主要方法。第一种方法是指顾客参与形式取决于交互或范围参与者。Verley 等人（2014）根据参与者的不同，区分两类互动中的客户参与行为形式。客户与公司和员工的互动以及客户与客户之间的互动。参考参与交互的参与者（客户对公司或客户对客户）和发起参与的主体（公司或客户），Rupik（2015）提出了四种形式的顾客参与。Beckers 等人（2018）还根据发起参与的主体（公司或客户）提出了两种类型的客户参与行为。

最后，Harmeling 等人（2017）专注于由公司发起的客户参与并区分其两种形式。基于任务的参与计划，即公司的程序，其中结构化任务指导客户参与（例如，撰写评论、推荐客户、为其他客户提供支持）和体验性参与计划，这是公司的计划，其中共享的交互式体验促进客户的参与（例如品牌活动、公司赞助的品牌社区）。行为解释中顾客参与操作化的第二种方法提供了可观察到的各种客户行为的分类。这种方法，特别适用于我们的进一步实证研究及其测量问题。Verhoef 等人（2010）提出了三种形式的客户参与，包括客户与客户的互动（即口碑），与新产品开发活动的共同创作以及博客。由 Bijmolt 等人（2010）提出了类似顾客参与的形式，成为顾客参与的一般表现形式，还包括客户投诉行为。

表 2-9 顾客参与的维度和形式

顾客参与观点	作者	概念	顾客参与组件
1. 态度和多维度	Patterson 等（2006）	顾客参与的组成部分	1. 活力 2. 贡献 3. 吸收 4. 相互作用
	Hollebeek（2011）	客户品牌参与的要素	1. 认知活动（吸收） 2. 情绪活动（鉴定） 3. 行为活动（激活）
	Brodie 等（2013）	虚拟品牌社区中的顾客参与过程的子流程	1. 学习 2. 分享 3. 崇尚 4. 社交 5. 合作开发

续表

顾客参与观点		作者	概念	顾客参与组件
1. 态度和多维度		So 等（2016）	客户参与旅游品牌的因素	1. 热情（活力） 2. 注意 3. 吸收 4. 相互作用 5. 鉴定
		Vivek 等（2014）	客户参与的维度	1. 有意识的关注 2. 热心参与 3. 社交联系
		Hollebeek 等（2014）	消费者品牌参与社交媒体的维度	1. 认知处理 2. 感情 3. 激活
		Dwivedi（2015）	消费者品牌参与的维度	与 Patterson 等人（2006）相同。 1. 活力 2. 贡献 3. 吸收 4. 相互作用
		Dessart 等（2016）	消费者参与度和子维度	1. 情感 1a. 热情 1b. 享受 2. 行为 2a. 分享 2b. 学习 2c. 赞同 3. 认知 3a. 注意 3b. 吸收
		Maslowska 等（2016）	顾客参与的组成部分	1. 客户品牌体验 2. 品牌对话行为 - 包括以下阶段客户参与连续性： 2a. 观察 2b. 参加 2c. 共同创造 3. 品牌消费 4. 购物行为

顾客参与观点		作者	概念	顾客参与组件
1. 态度和多维度		—	和品牌对话的类别行为＝客户参与行为的类别	1. 品牌产生的行为： a. 阅读品牌时事通讯 b. 下载品牌应用程序 c. 评论与品牌相关的博客，视频，音频，图片 d. 在商店位置办理登记手续以作为对品牌触发器的响应（例如"登记赢取"优惠） e. 填写关于品牌的调查
		—	品牌对话行为的例子	2. 其他人产生的行为： a. 阅读其他用户对社交网站上品牌资料的评论 b. 参与非官方在线品牌社区论坛的品牌对话 c. 阅读媒体（例如消费者报告）或其他消费者撰写的产品评论 d. 写品牌相关文章 e. 传播口碑 f. 对产品或品牌进行评级或撰写产品评论
		Bowden 等（2017）	在线品牌社区中消费者品牌参与的维度	1. 认知参与 2. 情感参与 3. 行为参与
2. 行为和一维	2a. 不包括交易行为	Van Doorn 等（2010）	客户参与行为的维度	1. 效价 2. 形式或模式 3. 范围 4. 影响的性质 5. 客户目标
		—	客户参与行为的示例	1. 口碑活动 2. 建议 3. 帮助其他客户 4. 写博客 5. 写评论 6. 参与法律诉讼 7. 反馈，对新产品创意的建议

续表

顾客参与观点		作者	概念	顾客参与组件
2. 行为和一维	2a. 不包括交易行为	Verhoef 等（2010）	客户参与的形式	1. 客户与客户的互动（即口碑） 2. 共同创造新产品开发 3. 写博客
		Bijmolt 等（2010）	客户参与的一般表现形式	1. 口口相传（口碑） 2. 客户共同创造 3. 客户抱怨行为
		Jaakkola 和 Alexander（2014）	客户参与行为的类型（a）在以前的文献中（b）作者的扩展类型	客户参与行为的类型 （a） 1. 客户参与产品开发和创新 2. 客户关于焦点公司或品牌的沟通 （b） 1. 增强行为 2. 共同发展的行为 3. 影响行为 4. 动员行为
		Verleye 等（2014）	客户参与行为的形式	1. 在与公司及其员工的互动中： 1a. 合作 1b. 反馈 1c. 合规 2. 在客户与客户的互动中： 2a. 帮助其他客户 2b. 传播积极的口碑或推荐
		Rupik（2015）	客户参与形式矩阵	1. 客户发起的行为体现在公司与客户之间的互动中 2. 公司发起的行为表现在公司与客户之间的互动中 3. 客户发起的行为，体现在客户之间的互动中 4. 由公司发起的行为，体现在客户之间的互动中

续表

顾客参与观点		作者	概念	顾客参与组件
2. 行为和一维	2a. 不包括交易行为	Beckers 等（2016）	客户参与行为的形式/类型	1. 口碑 2. 声音 3. 共同创造 4. 社区参与
		Beckers 等（2016）	客户参与行为的类型	1. 客户发起的参与 2. 企业发起的客户参与
		Harmeling 等（2017）	参与营销计划的形式	1. 公司基于任务的参与计划 2. 公司的经验参与计划
	2b. 包括交易	Kumar 等（2010）	客户参与核心维度	1. 客户购买行为 2. 客户推荐行为 3. 客户影响者的行为 4. 客户知识行为与 Kumar 等人（2010 年）相同。
		Kumar 和 Pansari（2016）	客户参与的组成部分	1. 客户购买 2. 客户推荐 3. 客户影响力 4. 客户知识

（资料来源：Katarzyna Żyminkowska，Customer Engagement in Theory and Practice A Marketing Management Perspective，Springer Nature Switzerland AG，2019）

Verleye 等人（2014）区分了五种形式的客户参与行为。合作（客户的仁慈行为、帮助员工完成工作）、反馈（通过改善服务或参与新产品和服务开发流程的建议向公司及其员工提供反馈）和合规性（客户遵守组织规则和程序的程度）是顾客参与与公司及其员工互动的形式，然后帮助其他客户（通过表达同情心、鼓励彼此展示适当的行为、互相帮助以获得更好的服务体验）传播积极的口碑或向其他客户推荐公司，是客户与客户互动中的顾客参与形式。

Jaakkola 和 Alexander（2014）区分了两种一般类型的客户参与行为，其中包括上述顾客参与形式。首先是客户参与产品开发和创新，并表示客户通过提供反馈、想法和信息或参与产品设计或装配来帮助改进或开发公司的产品。其次，客户关于焦点公司或品牌的沟通意味着客户可以通过公司激励的推荐计划为公司获得新客户，或通过口碑、博客和自己的方式主动影响其他客户的看法，其他形式的客户与客户的互动。此外，Kumar 等人（2010）和 Kumar 和 Pansari（2016）不喜欢顾客参与表格之间的共同创造；但是，这些研究人员更喜欢顾客参与行为视角，包括顾客购买。除了顾客购买行为（或购买），他们还区分了其他三种非交易行为的顾客参与形式。

这些行为包括：客户推荐行为（与通过公司发起和激励的正式推荐计划获得新客户有关，并且是外在激励的）、客户影响者行为（通常是内在激励的，通过客户对其他获得的客户或潜在客户的影响）以及客户知识行为（通过向公司提供外部或内在激励的创新和改进想法的反馈）。

在行为视角中整合现有顾客参与操作化命题，在本研究中区分以下三种顾客参与形式。首先，客户之间的沟通，这种情况发生在客户与客户之间的互动中，与客户推荐相似和 Kumar 等人（2010 年）区分的影响者行为。第二，客户投诉，实际上是客户反馈或客户知识行为发生在客户与公司或客户与其他参与者（例如作为媒体或消费者权利顾问的机构）之间的互动中，是由客户不满意来驱动的。第三，客户协作，也发生在客户对公司的互动中，包括提供反馈、想法和信息（即客户知识），或执行一些提供客户技能的任务，例如产品设计或装配。

因此，在顾客参与的分类中，我们更喜欢顾客参与的行为解释，超越购买，不包括交易行为。很少有研究人员建议将客户交易纳入顾客参与形式作为客户购买行为（Kumar 等，2010）或客户购买（Kumar 和 Pansari，2016）。但是，我们认为这种顾客参与解释与其他营销类别密切相关，即客户关系（CR）。CR 不仅体现在顾客的购买行为上，而且客户的心灵也必须致力于关系和关系伙伴（Storbacka 和 Lehtinen，2001）。这种关系是一个持续的过程，并且有时会出现货物、服务、信息和其他公用事业的交换或交易，但这种关系一直存在，包括这种交易之间的时间（Gr·nroos，2007）。因此，顾客参与在其行为解释中，包括顾客购买，包含了顾客关系。甚至 Kumar 和 Pansari（2016）都认为，参与是一种满足并具有情感联系的渐进式关系状态。然而，包括顾客购买的这种顾客参与行为解释，还包括与客户到客户交互相关联的网络方面。因此，它比客户关系更进一步，这种关系基于相当多元的客户对公司的互动，并将原创性带入营销学科。

3. 顾客参与的前因和后果

除了营销学科中客户参与的独特解释和概念之外，还有多样化的顾客参与模型反映其驱动因素和结果。表 2-10 显示了不同顾客参与解释时现有模型中包含的顾客参与前因和后果。

与态度观点中提出的命题相比，在其行为，一维解释中提出的顾客参与模型通常更复杂，并且包括涉及客户，公司和环境问题的多样化组件。这些模型中的大多数反映了管理视角，强调了营销指标和公司价值（Verhoef 等，2010）以及公司绩效（Kumar 和 Pansari，2016；Pansari 和 Kumar，2017；Harmeling 等，2017）在顾客参与成果中。它们还包括公司在顾客参与前因的过程、公司信息的使用和流程（van Doorn 等，2010）、公司战略（Verhoef 等，2010）、管理流程（Verleye 等，2014）、公司的营销活动（Pansari 和 Kumar，2017）和客户互动营销（Harmeling 等，2017）。因此，这些模型对于在营销管理视角中发展顾客参与管理的现实观点至关重要。

另一方面，在态度和多维顾客参与解释中设计的顾客参与模型主要代表客户视角，忽略管理问题 Maslowska 等人（2016）提出的模型除外，其中包括作为顾客参与前因的品牌行为和作为顾客参与后果的客户终身价值（CLV）；作为顾客参与的态度组成部分以及客户关系的组成部分（即信任、承诺和满意度）在态度视角中被视为顾客参与模型中的前因或后果（Bowden，2009；Hollebeek，2011；Vivek 等，2012）。上述前因和后果是指客户行为的心理因素，与持有此态度观点的顾客参与定义相似。因此，在所有这些结构中划定精确边界存在混淆，因为它们在很多方面都是相似的。然而，通过强调客户激进主义的心理因素，这些模型有助于更好地理解顾客参与被解释为客户行为表现。事实上，这种行为视角下的一些顾客参与模型采用了心理成分，例如被视为顾客参与前因的客户情感，或者顾客参与被理解为 Pansari 和 Kumar（2017）模型中的主持人。反过来，在 van Doorn 等人（2010 年）的模型（行为观点）中，客户级前因中列出的感知成本或收益也包含在 Vivek 等人（2012）的命题（态度观点）中，并标记为价值，被认为是顾客参与的前因和后果。这再次暗示了在营销学科中调查顾客参与的各种研究流程相互作用并相互丰富。

因此，顾客参与行为和一维解释中的顾客参与模型，有助于更好地理解顾客参与过程及其产出对有利可图的顾客参与管理的作用。另一方面，态度解释中的顾客参与模型有助于理解推动参与的客户层面的心理因素，例如价值观、参与度和忠诚度。

4. 研究述评

现有研究主要是从顾客参与的态度和行为方面进行了研究，但针对顾客参与意愿的激励机制建立、顾客参与所需的平台以及顾客参与需要的支撑（如政策告知、业务培训等）研究比较少，相关的企业实践实证研究更少。

表 2-10　顾客参与的前因和后果

顾客参与观点		作者	概念	顾客参与定义	顾客参与的前因	顾客参与的后果
1. 态度和多维		Bowden (2009)	客户参与的过程	模拟客户忠诚度形成服务品牌的新客户的基础机制的心理过程，以及可以为服务品牌的重复购买客户维持忠诚度的机制。	1. 承诺： 1a. 情感承诺 1b. 计算承诺 2. 参与 3. 信任 4. 忠诚	
		Hollebeek (2011)	客户品牌参与	客户的动机、品牌相关和依赖于情境的心理状态水平，其特征在于品牌互动中的特定认知、情感和行为活动水平（即客户与中心品牌的直接、基于身体接触的互动）。	1. 参与 2. 关系质量： 2a. 信任 2b. 承诺 2c. 消费者满意度	1. 关系质量： 1a. 信任 1b. 承诺 1c. 消费者满意度 2. 客户忠诚度
		Vivek 等 (2012)	顾客参与	顾客或组织发起的个人参与组织产品和/或活动的强度以及与之相关的强度。它由认知、情感、行为和社会元素组成。顾客参与的认知和情感因素包括顾客的体验和感受、行为和社会因素包括当前和潜在顾客在交易情境内外的参与。	1. 顾客参与 2. 顾客卷入 3. 价值	1. 价值 2. 信任 3. 情感承诺 4. 口碑 5. 忠诚 6. 品牌社区参与
		Maslowska 等 (2016)	顾客参与生态系统中的品牌对话行为	所有与品牌相关的非购买行为，都意味着 van oorn 等人（2010）称客户参与行为。	1. 品牌行为（包括产品开发、营销组合） 2. 其他参与者（例如其他客户） 3. 参与	1. 满意度 2. 忠诚度 3. 顾客终身价值 4. 承诺

顾客参与观点		作者	概念	顾客参与定义	顾客参与的前因	顾客参与的后果
2. 行为和一维	2a. 不包括交易行为	Van Doorn 等（2010）	顾客参与行为	客户参与行为是指客户对品牌或公司的行为表现，这些品牌或公司除了购买之外还有品牌或公司关注，由动机驱动因素产生。	1. 以客户为基础： 1a. 满足 1b. 信任或承诺 1c. 身份 1d. 消费目标 1e. 资源 1f. 感知成本或收益 2. 公司为基础： 2a. 品牌特征 2b. 坚定的声誉 2c. 公司规模或多样化 2d. 坚定的信息使用和流程 2e. 行业 3. 基于情境： 3a. 竞争因素 3b. PEST（政治，经济/环境，社会，技术）	1. 顾客： 1a. 认知 1b. 态度 1c. 情绪化 1d. 物理/时间 1e. 身份 2. 公司： 2a. 金融 2b. 名誉 2c. 监管 2d. 竞争的 2e. 雇员 2f. 产品 3. 其他： 3a. 消费者福利 3b. 经济盈余 3c. 社会剩余 3d. 规则 3e. 跨品牌 3f. 跨客户
		Verhoef 等（2010）	顾客参与	超越交易的品牌或公司的行为表现。客户参与包括多种行为，如口碑、博客、提供客户评级等。	1. 背景因素： 1a. 客户特征 1b. 坚定的举措 1c. 环境（即竞争，经济气候） 2. 企业战略： 2a. CRM 客户智能 2b. 渠道 2c. 媒体	1. 营销指标： 1a. 留住客户 1b. 客户终身价值/客户资产 1c. 新产品性能 2. 企业价值

续表

顾客参与观点		作者	概念	顾客参与定义	顾客参与的前因	顾客参与的后果
2. 行为和一维	2a. 不包括交易行为	Verleye 等（2014）	顾客参与行为	客户在购买之后的行为表现。行政首长协调会指的是以公司为中心的自愿、自主的客户行为，可以有助于公司的业绩。	1. 管理程序（CEB 管理实践）： 1a. 组织支持 1b. 对重要他人的整体服务质量 1c. 组织社会化 1d. 其他客户的支持	—
		Harmeling 等（2017）	顾客参与	客户对公司营销职能的自愿资源贡献，超出了财务赞助。	顾客参与营销。首席执行官营销对企业绩效的影响： 客户拥有的资源包括： a. 客户网络资产 b. 顾客说服资本 c. 顾客知识库 d. 客户创造力	—
	2b. 包含交易行为	Kumar 和 Pansari（2016）	顾客参与	顾客的参与代表共同创造、交互、解决方案开发等，所有这些都依赖于驱使顾客对公司行为的态度。	员工参与 员工参与和顾客参与的版主关系： a. 雇员赋权 b. 公司类型（B2B 或 B2C） c. 工业性质（制造业 vs 服务业）	企业绩效

续表

顾客参与观点		作者	概念	顾客参与定义	顾客参与的前因	顾客参与的后果
2. 行为和一维	2b. 包含交易行为	Pansari 和 Kumar（2017）	顾客参与	顾客通过直接或间接贡献为公司增值的机制。直接贡献包括顾客购买，间接贡献包括顾客提供的激励推荐，顾客对品牌的社交媒体对话以及顾客对公司的反馈及建议。	1. 公司的营销活动 2. 基于初始购买的客户体验 3. 情绪 4. 满足 主持人 （a）满意度和直接的顾客参与贡献（即购买） （b）情感和间接的顾客参与贡献（指影响，反馈） 关系： a. 方便 b. 公司类型（B2B 或 B2C） c. 工业性质（制造业与服务业） d. 参与程度（较高与较低） e. 品牌价值（更高与更低）	1. 有形的好处： 1a. 公司业绩 2. 无形的好处： 2a. 选择参加 2b. 隐私共享 2c. 相关营销

（资料来源：Katarzyna Żyminkowska, Customer Engagement in Theory and Practice A Marketing Management Perspective, Springer Nature Switzerland AG, 2019）

因此，本研究将从顾客参与激励机制的建立、顾客参与平台的提供以及顾客参与的支撑等相关内容，从激发顾客参与的意愿到支持顾客参与行为的平台建设以及对顾客参与行为的支撑和管理，以案例企业的具体实践为例，进一步验证顾客参与的可行性，探索总结相关经验，推动顾客参与企业价值共创理论的不断完善。

根据 Singaraju 等人（2016）认为①，B2B 环境中的"顾客"通常被视为商业客户（即机构），在其直接的 A2A 中提供多种资源（即财务、自然、法律、人力、组织、信息和关系）的组合与客户进行服务交换。这些交换又在 B2C 上下文中提供了资源（即物质、社会和文化）组合，以通过资源整合来共创价值。同样，在 B2B 环境下（也被视为组织）的供应商公司在与其他参与者互动时提供了机构资源（即财务、自然、法律、人力、组织、信息和关系）的典型组合。从这个意义上说，SD 逻辑不仅使商业客户进入价值共同创造的过程，而且还可以使其看到源自商业客户网络（包括消费者参与者）的其他参与者（如图 2-9 所示）。

在本研究中，顾客参与中的顾客概念也是广泛的，顾客既包括了最终用户，也包括了供应商、分销商、互补商等利益相关者。

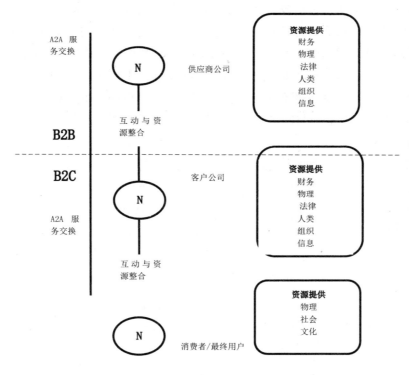

图 2-9 A2A 交换-资源整合的角度

（资料来源：根据 Singaraju 等人（2016）研究文献整理）

---

① Singaraju S P, Nguyen Q A, Niininen O, et al. Social media and value co-creation in mufti-stakeholder systems: A resource integration approach [J]. Industrial Marketing Management, 2016, 54: 44-55.

四、网络嵌入文献综述

网络嵌入是对共享知识和创新技术等进行研究，是通过社会关系和社会结构研究经济行为的一个重要分析工具。本文研究中，涉及顾客、企业以及多个利益相关者参与价值共创，多个利益相关者形成了一定的社会关系网络，这些社会关系网络嵌入在价值创造活动中，因此网络嵌入是企业开展价值共创的重要内容。

1. 网络嵌入的内涵

嵌入最早是由波兰尼（Polanyi，1944）① 在《大变革》一书中提出的，他认为嵌入性是内嵌于经济和非经济制度中的人类经济行为，受社会结构和制度的影响。初步强调了包括政府和宗教在内的制度因素对经济行为的潜在影响，为后期社会学家从嵌入性视角研究社会和经济行为提供了思想启蒙。Zukin 和DiMaggio（1990）② 在 Granovetter（1985）对嵌入性研究的基础上，提出嵌入性是社会结构、认知、文化和政治对经济行为的影响。Uzzi（1996）③ 指出，嵌入性是有机会提供异质资源和市场信息的交换系统。Echols 和 Tsai（2005）④ 指出，嵌入性是阐述企业与网络中其他企业之间的关系和结构特征。

在国外学者对嵌入性研究的基础上，国内学者也对网络嵌入开展了研究。鲁开垠（2006）⑤ 认为嵌入性是一种集群的经济行为，嵌入到当地社会关系、制度结构和文化土壤中。阮爱君（2014）⑥ 认为知识嵌入在社会网络结构中。魏江和徐蕾（2014）⑦ 提出了知识网络双重嵌入的概念。

国内外学者对网络嵌入进行了不同的定义，具体内容见表 2-11 所示。国内

① Polanyi K. The great transformation：The political and economic origin of our time［M］. Beacon Press：Boston，1944.

② Zukin S，Dimaggio P. Structures of capital：The social organization of the economy［M］. Cambridge University Press：Cambridge，1990.

③ Uzzi B. The sources and consequences of embeddedness for the economic performance of organizations：The network effect［J］. American Sociological Review，1996，61（4）：674-698.

④ Echols A，Tsai W. Niche and performance：The moderating role of network embeddedness［J］. Strategic Management Journal，2005，26（3）：219-238.

⑤ 鲁开垠. 产业集群社会网络的根植性与核心能力研究[J]. 广东社会科学，2006（2）：41-46.

⑥ 阮爱君，卢立伟，方佳音. 知识网络嵌入性对企业创新能力的影响研究——基于组织学习的中介作用[J]. 财经论丛（浙江财经大学学报），2014，V179（3）：77-84.

⑦ 魏江，徐蕾. 知识网络双重嵌入、知识整合与集群企业创新能力[J]. 管理科学学报，2014，17（2）：34-47.

外学者从研究视角和关注重点的不同，对网络嵌入进行了不同维度的划分。其中，Granovetter 将网络嵌入分为结构嵌入性和关系嵌入性，该划分方法是目前应用较为广泛的典型分析框架之一，这一研究框架成为社会学、管理学和经济学领域研究网络嵌入应用比较普遍的分析工具（Mizruchi 和 Marquis，2016；张慧和周丹，2013）。

表 2-11　国内外学者对网络嵌入的定义

代表学者	对网络嵌入的定义
Polanyi（1944）	认为嵌入性是人类的经济行为内嵌于经济和非经济的制度中，受到特定制度和社会结构的影响而产生的。
Granovetter（1985）	认为网络嵌入性是指经济行为内嵌于不断演化过程中的社会关系之中，并受到社会结构和内嵌于其中的社会关系（强调信任机制）影响的一种社会情境，描述的是社会关系影响经济运行的一种形态。
Zukin 和 DiMaggio（1990）	在 Granovetter（1985）对嵌入性内涵研究的基础上对其进一步延伸，认为嵌入性是社会结构、文化、认知以及政治适度对经济活动的潜在影响。
Uzzi（1996）	传承了 Granovetter（1985）的主体思想，明确指出，相对市场机制而言，嵌入性是能够提供更多异质性机会的交易系统，其本质依旧是探究社会关系特性（包括信任、信息共享以及共同解决问题）对经济行为的影响。
Echols 和 Tsai（2005）	网络嵌入性描述了企业间的关系结构，特别是指关于企业间的联系程度以及彼此的联结方式，即处于网络中的企业与其他企业之间的关系及结构特征。
鲁开垠（2006）	将"嵌入性"称为"根植性"，探讨了产业集群社会网络的嵌入性的内涵、特点及内容等，认为嵌入性是集群的经济行为，深深地嵌入到当地社会关系、制度结构以及文化土壤中，具有乡土性和扎根性的特点。
许冠南（2011）	网络嵌入型表征了企业在网络中的位置、地位以及网络中其他企业之间的相互关系，这些特点在某种程度上能够决定企业在网络中所能获得配置资源的数量。
阮爱君（2014）	从知识视角界定了知识网络嵌入性的内涵，认为知识嵌入组织以及组织的社会网络结构是知识的重要特征之一。

代表学者	对网络嵌入的定义
魏江和徐蕾 （2014）	将集群企业和知识网络整合并提出了知识网络双重嵌入的概念，把集群企业同时嵌入于本地知识网络和超本地知识网络的现象界定为知识网络双重嵌入，反映了企业在集群地理空间内外部各种关系的集合。

（资料来源：作者根据相关参考文献①整理）

2. 结构嵌入相关研究

根据资源观理论，平台中的企业、顾客和合作伙伴等价值创造主要属于异质性资源的集合体，他们提供的资源具有异质性（Heterogeneity）和多样性（Variety）。平台提供者作为核心企业，通过提供平台，把各价值创造主体提供的资源聚集在平台进行互动，利用平台的整合和重构能力，使得各主体的异质性和多样性资源交叉流动，形成丰富互补的资源，促进突破式创新，最终实现价值共创。

根据 Miller 和 Shamsie（1996）的研究结果，资源分为基于财产的资源和基于知识的资源。这些资源与关系能力相结合，成为动态服务能力过程的输入，进而影响价值共创。资源分类如表 2-12 所示。

表 2-12　资源分类

资源	资料来源
基于财产的资源	
离散的	■　蓝图（Wernerfelt 1989）[b]
	■　无形资源（Grant 1991b，Amit and Schoemaker 1993[b]）
	■　知识产权资产（Hall 1992 * [a]）
	■　基于财产的离散资源（Miller 和 Shamsie1996 * [s]）
	■　知识产权（Teece1998[b]）
	■　无形资产（Fahy 2002 * [m]）

---

① Kim M，Song J，Triche J. Toward an Integrated Framework for Innovation in Service：A Resource-based View and Dynamic Capabilities Approach ［J］. Information Systems Frontiers，2015，17（3）：533-546

续表

资源	资料来源
系统性	■ 固定资产（Wernerfelt1989[b]）
	■ 实物资本资源（Barney 1991[b]）
	■ 有形资源（Grant 1991b, Amit and Schoemaker 1993[b]）
	■ 基于系统财产的资源（Miller 和 Shamsie1996[s]）
	■ 物理 IT 基础架构（Bharadwaj2000 * [s]）
	■ 有形资产（Fahy 2002 * [m]）
	■ 技术资源（Kostopoulos et al. 2002[b]）
	■ 通用信息技术（Ray et al. 2005 * [s]）
基于知识的资源	
功能性	■ 人力资本资源（Barney 1991b, Amit and Schoemaker 1993[b]）
	■ 技能（Hall 1992 * [a]）
	■ 离散知识资源（Miller and Shamsie 1996 * [s]）
	■ IT 技术技能（Bharadwaj 2000 * [s], Ray et al. 2005 * [s]）
组织	■ 文化（Wernerfelt 1989）[b]
	■ 组织资本资源（Barney 1991[b], Amit and Schoemaker　1993[b]）
	■ 管理能力（Lado and Wilson 1994[b], Bharadwaj 2000 * [s]）
	■ 系统性知识资源（Miller and Shamsie 1996 * [s]）
	■ 基于 IT 的无形资产（Bharadwaj 2000 * [s]）
	■ 共享知识（Ray 等 2005[s]）

（资料来源：根据参考文献 Kim 等（2015）参考文献整理）

（1）基于财产的资源

基于财产的资源通常指的是公司的资产，包括有形和无形的形式，例如知识产权、合同、专利或有形基础设施（Grant，1991；Hall，1992；Teece，1998）。基于财产的资源又分为离散的资源和系统的资源。

基于离散属性的资源是指不能模仿且可以独立于任何组织的资源。例如所有权或法律协议（Miller 和 Shamsie，1996），专利、品牌名称、商业秘密、公司声誉（Amit 和 Schoemaker，1993）和知识资产（Edvinsson 和 Sullivan，1996）。基于离散财产的资源是无形资源，可以分类为资产或技能，并且可以定义为与公司半永久性捆绑在一起的那些资产（Grant 1991；Hall 1992；Kostopoulos 等，2002）。只有在竞争者不容易复制资源的情况下，竞争优势才能得以维持（哈特，1995）。基于离散财产的资源不仅受法律保护，而且不能被竞争对手模仿（Miller 和 Shamsie，1996）。

公司的资产能够以有形或无形地存在（Fahy，2002）。基于系统属性的资源不是唯一的资源，而是更大的网络或系统的一部分（Miller 和 Shamsie，1996），例如实物资本资源、技术、地理位置、设施和原材料（Barney，1991）。

在服务行业的背景下，可以从供应商那里购买的，诸如硬件和软件之类的信息技术通常是在其他公司内部实施的。由于缺乏稀有性，易于模仿和易于移动在同一个行业（Ray 等，2005；Wade 和 Hulland，2004）。但是，这些技术仍然可以是公司的基于系统财产的资源，因为该技术只是许多其他独特的、基于系统财产的资源中的一种，并且其使用取决于公司的策略（Barney，1991）。例如，对于为客户提供移动、固定电话和宽带订购电视服务的电信运营商而言，高速电信网络可能具有重大价值。

（2）基于知识的资源

基于知识的资源是指企业管理其自身的能力，例如技能和团队合作（Amit 和 Schoemaker，1993；Bharadwaj，2000；Kostopoulos 等，2002）。与基于财产的资源不同，基于知识的资源是公司在发展中积累和沉淀的，难以被竞争对手模仿，它需要利用公司人力资本之间的复杂互动。在服务公司中，可以用两个主要概念来描述：职能和组织。

①基于职能的知识资源。知识不仅包括头脑中的"知道什么"，还包括"知道如何"和"知道为什么"（Cetindamar 等，2009）。一些公司拥有自己的技术和创新专业知识，以及生产无法模仿的竞争性产品或服务。特别是员工的专有技术是无形的资源，可以带来独特的技能或能力（Hall，1992）。基于人类技能的资源奠定了公司特定资源的基础，这些资源获取起来很复杂，而且难以模仿。总之，特定的技术，功能和创新技能是公司特定的，与公司的流程相关的（Amit 和 Schoemaker，1993；Kostopoulos 等，2002；Miller 和 Shamsie，1996；Ray 等，2005），并定义为基于功能知识的资源。这些能力是建立在典型的人力资源基础之上的。经验丰富的人会在很长一段时间内不断进化。除人力资本资源外，它还可以作为公司层面的分析来提供可持续竞争优势（Barney 1991；Nyberg 等，2014）。Nyberg 等人（2014）建议，人力资本资源可以通过任期、经验、教育、培训和技能来衡量。在服务行业，Chatfield 和 Bjorn-Andersen（1997）发现，航空业的人才是提高竞争力的主要资源。同样，Batt（2002）强调，能够与客户互动的公司特定的人力资源对于呼叫中心员工改变客户行为至关重要。因此，为了利用公司产品和服务的销售优势，员工应该清楚地了解客户的需求、服务协

议、特定的产品功能和特定的客户群。

②基于组织的知识资源。职能资源和组织知识资源之间的关键区别是组织与团队实现合作与协调的能力（Bharadwaj，2000；Grant，1991；Miller 和 Shamsie，1996）。组织的风格、文化、愿景、传统和领导力对于公司成员至关重要，并深深植根其社交网络和历史中。基于组织的知识资源是指在公司的跨职能和跨技术的交流中，管理人员和员工之间通过各种通信进行的知识和信息交流活动。在公司内部建立关系对于减少部门和人员之间的认知差距，建立更好的合作关系，然后产生协同作用以实现卓越的竞争优势非常重要（Wade 和 Hulland，2004）。根据 Bharadwaj（2000）的观点，跨学科知识共享可以增强公司在动态市场方面的弹性，并产生协同效应以获得竞争优势。通过知识交流，多维团队可以改善公司特定的应用程序和流程绩效，从而有助于创造服务价值（Miller 和 Shamsie，1996）。例如，共享编程和数据分析等技术技能，以及与业务部门进行沟通和合作可以为公司带来效率。这些活动促进了公司内部的交流，并使公司能够实现创新和学习成果（Lawson 和 Samson，2001）。管理能力包括有效组织职能、与社区协调和互动、项目管理和领导能力，这些能力是根据组织氛围中的经验积累的（Bharadwaj，2000；Kostopoulos 等，2002）。这种能力是在公司级别而不是个人级别上定义的（Lee 等，2001；Kostopoulos 等，2002）。通过依靠团队决策的历史和集体经验，并与公司内部的技术和社会知识进行互动，公司正在逐步发展以构建自己的文化。对于公司部门而言，文化可能会带来有限的短期收益，而长期收益却是无限的，而公司部门的运作取决于几个部门的专家之间的互动（Wernerfelt，1989）。因为文化在组织中非常灵活地积累了个人的信念、知识和态度（Hall，1992），而且它很难模仿，因此具有特殊优势。因此，竞争对手无法获得或模仿公司的协作流程，即定义为基于组织知识的资源。

3. 关系嵌入相关研究

Uzzi（1997）认为，关系嵌入性包含信任、信息共享和共同解决问题这三个维度，它们往往体现了企业网络关系的质量。通过基于资源的论点可以直观地解释企业间关系和网络如何帮助创造和获取价值的机制（如 Dyer 和 Singh，1998；Lavie，2006）。一般而言，通过公司间关系，公司会整合补充和补充资源，以创造比单独使用时更多的价值（例如 Das 和 Teng，2000）。此外，关系资源和公司特定资源的作用从本质上决定了可以创造多少价值以及谁可以使用它（Dyer，Singh 和 Kale，2008；Lavie，2006）。通过联合生产和分销，公司间关系和网络中创造的价值可以与诸如创新、市场扩展和差异化等探索性问题，或者与诸如成本降低之类的更具开发性的问题联系起来（M? ller 和 Rajala，2007 年）。

Prahalad 和 Ramaswamy（2004）认为，客户已经演变为想要与公司打交道，而不仅仅是简单的交易。在客户参与的情况下，文献表明，公司与其客户之间的价值共同创造活动的增加提供了独特而无法效仿的知识，这些知识成为公司经济租金的新来源（Dierickx 和 Cool，1989）。共同创造活动的例子包括客户、供应商之间的互动，以及对政府政策和竞争对手的回应。

企业网络通过将企业的现有能力结合到新的价值配置中来增强能力的创造，从而创造价值（Ngugi 等，2010）。此外，这种价值共创可能会产生更高的创新，更好的效果和更大的创新产品。在业务关系中，与客户、供应商和其他主要利益相关者之类的合作伙伴保持关系是利用资源的基本逻辑（Agarwal 和 Selen，2009）。特别是通过与公司的互动，公司与客户的关系成为创新产品和服务的开发，设计和交付中的具体过程（Agarwal 和 Selen，2009；吴，2010）。由于关系能力往往是无形的，因此很难衡量，也很难培养（Srivastava 等，2001）。因此，从公司的外部资源和能力中获取知识和信息就变得至关重要（Foss 等，2011）。因此，关系参与者在能力建设和企业能力中的作用可能会受到关系互动的影响（Ngugi 等，2010）。利用关系能力进行公司的价值创造可能会为创新做出积极贡献。

与客户和供应商的互动是指公司管理公司外部利益相关者的能力。这些活动包括使客户参与产品或服务开发过程，并与供应商合作，为公司开发适当的系统和技术基础架构。与客户和供应商的这些活动分为伙伴关系和赞助联系（Lee 等，2001）。伙伴关系链接是伙伴之间的合作关系，它们长期提供和占用自己的资源和能力。赞助关系是一种单方面的关系，定义为对企业的技术，财务和人力支持，而无须赔偿。

彼得（1993）根据市场资产将客户、合作伙伴和提供者作为关系资产与公司中嵌入的与知识相关的知识资产区分开来。冯·希佩尔（1988）发现，大多数创新不仅来自公司内部，而且来自客户对产品过程的参与。客户将利用他们的知识、信息和产品成为产品的共同创新者和共同开发者，并根据可持续竞争优势成果创造独特性和无限性。此外，与动态市场相关的供应商参与产品或服务开发可能会增加利润，提高产品质量，提升生产率并降低成本（Ngugi 等，2010）。因此，成功的价值创造过程是通过互动在公司外部与参与者明确联系，我们认为它们将具有增强公司动态服务能力的潜力。

对竞争者和政府政策的响应能力，是对市场演变和革命性潜在风险做出响应的能力。关系互动的嵌入触发了公司外部的存在，并通过整合学习过程影响了服务和价值环境的融合（Edvardsson 等，2011）。外部环境包括需求、技术和科学的变化以及原材料的可用性（Hipp 和 Grupp，2005）。特别是竞争者充当了行业知识和信息的来源，通过使用竞争者，企业能够感知威胁，然后从外部环境中捕获并提出想法，以鼓励创新（Kostopoulos 等，2002）。政府法规试图保护消费者并协助电信和电视等服务行业的国际竞争（Hipp 和 Grupp，2005）。结果，企业需要通过学习竞争对手并对政府政策做出快速反应，以建立新的战略业务（Wade 和 Hulland，2004）。通过联合利用资源，参与竞争的公司可以协同创造价值，而他们可以通过利用公司特定的资源来获取或占有部分价值（Ritala 和 Hurmelinna-Laukkanen，2009）。

根据 Ritala 和 Golnam 等人（2014）的研究，将基于竞合的商业模式的驱动因素分为四大类：①增加当前市场的规模；②创建新市场；③提升资源效率；④改善企业的竞争地位。（如表 2-13 所示）

表 2-13 基于竞合的商业模式

商业模式重点	基于资源的合作竞争	价值创造中与竞合有关的商业模式细节	价值获取中与竞争相关的商业模式细节	说明性案例
增加当前市场的规模	通过利用竞争对手补充资源之间的协同作用来扩大当前市场的规模，并通过补充资源分担市场扩展成本	可以通过利用公司之间的竞争地位来发现并寻求市场扩展机会来创造价值	当市场扩展时，可以以正值而非零和的方式获取价值	● 索尼和三星通过将两者的独特功能和联合设施用于成本共享的结合而成为液晶电视的市场领导者（Gnyawali 和 Park，2011 年） ● 汽车制造商之间的协作，以共享和开发平台和技术，并以此来构建个性的产品（格温（Gwynne），2009 年；塞格雷斯汀 2005）

续表

商业模式重点	基于资源的合作竞争	价值创造中与竞合有关的商业模式细节	价值获取中与竞争相关的商业模式细节	说明性案例
开拓新市场	通过在竞争者的差异化互补资源中寻找价值创造的新场所来创造新市场，并通过利用共享补充资源来减少市场不确定性	通过利用公司之间的竞争地位来发现新的市场创造机会，并通过为客户提供广泛、统一的平台和产品来确保新市场的创造，可以创造价值	在新市场中，所有创造的价值都代表了参与公司的新的价值获取潜力；最终获得的价值取决于公司特定的商业模式和最终的差异化	● 苹果、IBM 和摩托罗拉之间的合作，共同生产基于 RISC 的新型微处理器（邓特曼，普龙克，1994年；范哈弗贝克，Noorde-haven，2001 年） ● Coopetition 收集蓝光技术背后的资源，以确保为新技术建立事实上的标准（基督与 Slowak，2009 年） ● Coopetition，以确保芬兰移动电视的互操作性和新服务的开发（Ritala 等，2009）
资源利用效率	通过联合利用补充和补充的资源和能力来提高价值链中特定部分的效率	由于竞争对手位于价值链的同一阶段，因此竞争对手可以通过共享和组合资源来创造价值，从而提高其基本或标准化活动的效率，并利用其他地区的差异化资源	实现一定数量的价值获取所需的资源较少，或者使用相同的资源可以获取更多的价值	● 瑞典啤酒厂之间关于从批发商归还瓶子的合作（本特森和 Kock，2000年） ● 通过分担与营销，物流和票务相关的成本的航空公司联盟形式的全球航空业合作（乌姆等，2004） ● 苹果、IBM 和摩托罗拉联盟，以控制英特尔和微软的统治地位（邓特曼，普龙克，1994 年；范哈弗贝克，Noordehaven，2001）
改善企业的竞争地位	通过选择其他竞争对手的产品，公司和网络来提高公司及其竞争对手所拥有资源的相对价值	通过利用基于竞合的商业模式来寻找差异化公司产品的机会来创造价值	与商业模式范围外的公司相比，价值获取的可能性增加了	● 竞合传统是确保芬兰林业长期可持续发展和提高竞争力的一种手段（鲁斯科，2011） ● 澳大利亚葡萄酒生产商之间的竞合，以提高非洲大陆在全球竞争中的竞争力（Choi 等，2010）

（资料来源：根据 RITALA 等人（2014）参考文献[①]整理）

① RITALA P, GOLNAM A, WEGMANN A. Coopetition-based Business Models：The Case of Amazon. com［J］. Industrial Marketing Management, 2014, 43（2）：236-249.

4. 研究述评

国内外不同的学者对网络嵌入有不同的定义，同时也有不同的分类。本研究认为，结构嵌入即网络成员之间的连接情况。关系嵌入是指客户、供应商、企业、合作伙伴、竞争对手等之间关系的嵌入情况。本研究认为，在结构嵌入和关系嵌入的分类上，还应增加认知嵌入。通过认知嵌入统一网络成员的认知，规范网络成员的行为，并促使网络成员为了共同的目标而努力。

五、平台能力文献综述

根据 Mcintyre 和 Srinivasan（2017）研究①表明，平台中介网络的动态性受到了产业组织经济学家、战略和技术管理研究人员的广泛关注。经济学家试图解释在各种情况下直接和间接网络效应的存在，以及随后出现的主导平台（例如，Shapiro，1999；Parker 和 Van Alstyne，2005）。战略管理研究侧重于诸如平台领导力的研究，同时还研究了战略选择如何利用现有的已安装用户群（Afuah，2013 年；Fuentelsaz，Maicas 和 Garrido，2015）。例如，诸如 Facebook 和 LinkedIn 的在线社交网络的价值随着站点上参与者的数量而增加。此外，当用户期望拥有更多用户的平台，也将提供更多种类的互补产品和服务时，可以间接体现给用户增加的价值（Evans，2003；Rochet 和 Tirole，2003）。这些直接的网络效应（通过大量与之交互的用户）共同作用间接网络效应（通过补给的可用性和多样性）可以促进主导平台的出现和持久性，从而为其赞助公司提供强大的竞争地位（Bonardi 和 Durand，2003；Eisenmann，Parker 和 Van Alstyne，2011）。

1. 平台的相关研究

（1）平台的研究视角

网络可以广泛地概念化为相互连接的实体或节点的系统（Eisenmann，2007；Borgatti 等，2009）。这样的节点可以是个人，也可以是"集体"参与者，例如组织（Kane 等，2014）。平台中介的网络描述了更为具体的情境，在这种情境中，参与者的互动受到网络效应的影响，并受到中介的促进（Rochet 和 Tirole，2003；Suarez，2005；Evans 和 Schmalensee，2007；Eisenmann，Parker 和 Van Alstyne，2008）。当网络参与对用户的利益取决于他们可以与之交互的其他网络用户的数量时，就会出现直接的网络效应（Farrell 和 Saloner，1985；Katz 和 Shapiro，1986；Eisenmann，Parker 和 Van Alstyne，2008）。可以通过间接网络效

---

① MCINTYRE D P, SRINIVASAN A. Network, platforms, and strategy: emerging views and next steps [J]. Strategic Management Journal, 2017, 38 (1): 141-160.

应来增强，网络的不同"侧"可以从另一侧的规模和特征中相互受益（Evans，2003；Rochet 和 Tirole，2003；Hagiu，2014；Budreau 和 Jeppesen，2015）。这种相互依赖性通常会促进平台的出现，因为中介机构寻求机会来促进网络的用户（个人或公司）之间的交易（Rochet 和 Tirole，2003；Eisenmann，Parker 和 Van Alstyne，2006；Evans 和 Schmalensee，2007）。

平台的概念受到工业组织（IO）经济学家、战略学家和技术管理专家的极大关注。

①IO 经济学从市场动态角度来理解和认识平台。用户或网络节点是"参与网络互动的独立参与者——个人或公司"（Eisenmann，2007）。因此，当用户参与网络的利益取决于他们可以与之交互的其他网络用户的数量时，就会产生直接的网络效应（Eisenmann，Parker 和 Van Alstyne，2008），而当网络的不同方面可以从另一方的规模和特征中相互受益时，就会发生间接影响（Evans，2003 年等）。该领域研究的基本主张是，平台会因使用中的网络效应（Katz 和 Shapiro，1986）和供应回报的增加（Arthur，1989）而受到正反馈回路的影响，即平台的用户数量越多，会极大地刺激第三方开发商推出更多互补产品，反之亦然（Gupta，Jain 和 Sawnhey，1999；Cusumano 和 Gawer，2002）。由于经济模型的基本前提是平台之间的竞争——中介网络是由用户和补充者都采用该平台驱动的，近年来的一些研究集中在理解如何吸引该平台的多方面（Gawer，2014）。为此，大多数经济模型都将重点放在了平台公司的定价上（如 Parker 和 Van Alstyne，2005；Rochet 和 Tirole，2003，2006）。蓬勃发展的研究表明，网络动态更为复杂，因此用户网络的相对强度和结构可能比网络效应绝对存在的情况更为有用。

②战略管理观从企业动态角度来理解和认识平台。战略管理研究试图通过专注于战略计划来建立网络效应的经济观点，企业可以通过这些战略计划获得竞争优势并利用积极的反馈动力给早期市场领导者带来好处。从根本上说，策略研究人员已尝试从网络市场中竞争结果的市场结构解释转向可能影响成功或失败的公司驱动因素和行动。战略管理研究学者通过研究平台如何与先行竞争者竞争，如何通过平台的建设来保持竞争优势（Schilling，2002；Sheremata，2004；Eisenmann，Parker 和 Van Alstyne，2011）。一些研究人员试图确定在优势平台出现"优质"产品时的战略相关性。考虑到网络效应的影响，一些研究者认为，吸引早期客户方面取得很小的领先优势可以使市场转向那些产品或服务质量较差的早期进入者（Sheremata，2004；Lieberman，2007）。另一方面，另一部分研究认为，产品质量是此类市场成功的重要决定因素，而主导平台往往是

表现出最高质量的平台（Liebowitz 和 Margolis，1994、1995；Tellis，Yin 和 Niraj 2009；McIntyre，2011）。这些研究为网络市场竞争提供了有价值的见解。

但是，此流的焦点主要集中在平台的一侧——个人用户。尽管经济学家和战略管理学者一致认为，互补品的管理在网络市场中特别有利（Kapoor 和 Lee，2013），但与互补品的有效管理相关的战略研究令人惊讶地却很少。总而言之，一个新兴的研究机构探索了间接网络效应的存在，以及补充者与用户之间的互惠关系。但是，关于平台提供商如何从战略上管理或激励补充者以使他们的特定平台受益的见解减少。最后，战略管理学者已经开始实证研究平台中介网络的动态性质——互补者如何随着时间的推移选择链接到平台，以及这种链接随后如何影响平台主导地位。例如，Venkatraman 和 Lee（2004）在研究视频游戏行业时采用网络角度来确定影响补充平台在特定平台上的产品发布决策的因素，并发现平台的优势和新颖性决定了补充平台的选择。Cennamo 和 Santalo（2013）扩展了这一研究范围，发现采用各种策略的平台公司的平台性能得到了提高。同样，Boudreau 和 Jeppesen（2014）采用补充者观点，发现在较新的平台环境（例如在线数字平台）中，无偿补充者对平台安装基础增长的反应与有偿补充者相似。因此，对于平台公司和互补公司，我们认为对特定公司战略的进一步探索将促进平台的出现和持续发展，这是该领域至关重要的一步。

③技术管理观从公司与市场整合的角度认识和理解平台。技术管理观点将平台广泛地视为促进创新的技术架构（Gawer，2014）。通过将复杂的系统分解为离散的组件，这些组件通过标准化的接口进行交互（Simon，1962；Langlois，2002；Gawer，2014）。虽然这些平台概念是在公司内部平台和供应链平台的背景下出现的，但学者们已开始将类似的原理应用于"创新生态系统"（Adner 和 Kapoor，2010；Tee 和 Gawer，2009），其中平台充当了其他公司开发互补产品或服务的重要基础（Gawer，2009；2014）。按照这种观点，任何平台的基础架构都包括一组稳定的、品种少的核心组件和一组外围的品种高的组件（Baldwin 和 Woodard，2009）。因此，平台被定义为核心，并且是外围组件的补充，并且平台和补码之间的交互通过公共接口得以促进。控制平台及其补充之间交互的接口概念说明说明了平台体系结构（Tiwana 等，2010）。

IO 经济学、战略管理和技术管理方面的研究流在我们对平台的出现以及平台介导的网络动态的理解上取得了重大进展。然而，每个流都相对地局限于这些设置的特定方面，缺乏在网络和平台的上下文中对策略考虑更广泛的了解。对网络和平台的研究还将受益于来自多个研究流和分析级别的洞察力的更大整合。例如，市场层面的网络效应强度（IO 经济学）与公司层面的平台设计选择（技术管理）之间的相互作用可能会导致人们进一步了解为什么某些行业趋向于在单个平台上融合促进多个竞争平台的出现。因此，本研究认为，未来的研究将受益于对上述三个流中的潜在协同作用的更多认识，并且将这些流纳入考虑市场、公司和互补动态的研究工作将为增进我们对战略的理解提供最大的潜力。

（2）平台的结构和分类

近年来国外学者对平台有大量的研究。①经济学家戴维·S.埃文斯（David S.Evans）定义了双边市场和平台，分析了平台的经济与商业原则。2016年，他的最新著作《匹配者：多边平台的新经济学》（Matchmakers）面世，他关于双边市场、平台、反垄断的研究最早可追溯到2003年，是最重要的平台研究者之一。将多边市场中的平台方如阿里巴巴、苹果、Facebook、谷歌、腾讯、微软、VISA等成为"多边平台"（multisided platform），他又称这些平台是匹配者（matchmaker）。②埃尔文·E.罗斯（Alvin E.Roth）告诉了我们核心的经济原理——匹配或配对。罗斯的研究总结出配对（matchmaking）和市场设计的一些核心经济原理，他指出交易市场的四个要素是：保持市场稠密、规避拥堵现象、增强交易行为的安全性，增强交易行为的简易性。③桑基特·保罗·邱达利（Sangeet Paul Choudary）出版的《平台扩张》（Platforms Scale）和《平台革命：改变世界的商业模式》（杰奥夫雷等，2017①），全面揭示了平台这一商业和组织模型。谷歌、苹果、腾讯、阿里巴巴等公司被他们视为平台的典型。④商学院教授陈威如等人从价值链分析与传统企业转型出发，探讨如何应用平台商业模式。他在2013年出版的《平台战略》一书中，他对平台商业模式的关注重心放在"价值链的重组"上。

平台使生产者和消费者进行高价值的交流。无法创建平台且不了解新战略规则的公司将无法长期竞争。邱达利认为平台模式中有四个要素：平台（Platform）、生产者（producers）、消费者（consumers）、价值（value）。根据Astyne等人（2016）平台②为将生产者和消费者联系在一起的市场提供了基础结构和规则。平台的基本结构如图2-10所示。

国内学者方军等人（2018年）③ 将互联网平台分为两大类："普通连接性平

① （美）杰奥夫雷G.帕克，（美）马歇尔W.范·埃尔斯泰恩，（美）桑基特·保罗·邱达利著；志鹏译.平台革命：改变世界的商业模式[M].北京：机械工业出版社，2017.9

② Astyne M W V，Parker G G，Choudary S P. Pipelines，Platforms，and the New Rules of Strategy [J]. Harvard Business Review，2016，94，（4）：56-62.

③ 方军，程明霞，徐思彦著.平台时代[M].北京：机械工业出版社，2018.2

台"和"产消合一型平台"。平台的分类见图2-11。

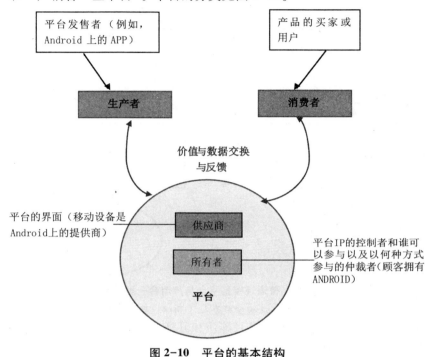

图 2-10　平台的基本结构

（资料来源：根据 Astyne 等［2016］研究文献整理）

2. 平台能力的相关研究

核心能力经常是隐性的、因果不明确和特质的例行、动作或操作（Nelson 和 Winter，1982；Polanyi，1966）。Hunt（2000）将核心能力称为高级资源，因为它们是基础资源的捆绑。哈默尔（Hamel）和普拉哈拉德（Prahalad）讨论了"竞争能力"，即因能力"对客户感知价值的贡献不成比例"而产生的竞争优势。如 Prahalad 和 Hamel（1990）建议："核心能力是沟通，参与和对跨组织边界工作的坚定承诺"。这种跨职能的组织内部边界—跨越也适用于垂直营销系统或网络的组织间边界。渠道中间人和网络合作伙伴代表了核心能力，这些能力被组织成通过执行专门的营销职能来获得竞争优势。这些公司只有与其他渠道和网络合作伙伴一起学习并与之合作，才能具有长期生存能力。

因此，平台能力不仅仅是依靠平台提供者自身的能力，而且也是平台提供者通过整合参与方的资源，通过资源互补和服务交换来提升的。同时，平台要更好地连接多方，需要具备相应的能力。

方军等人（2018）提出了平台的六大驱动力。在该研究基础上，本文对平

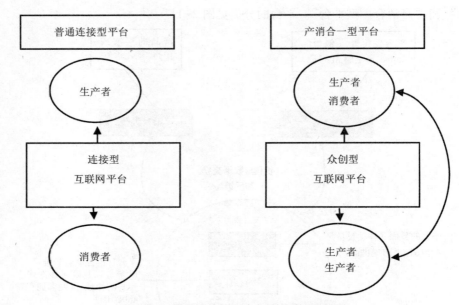

图 2-11　普通连接型平台与产消合一型平台

（资料来源：根据方军等人［2018］研究文献）

台驱动力重新进行了归类如下：（1）连接和分享；（2）数字化技术（如云计算和大数据等）；（3）带宽增长和交易成本降低。

（1）连接和分享

互联网的连接属性是平台的起点。平台是连接者、匹配者和市场设计者，互联网所促成的连接和平台的根本角色是契合的。双边市场平台就是将双边的用户群连接起来，让他们之间能形成匹配、交换和交易。信息和数据是连接的媒介。通过平台可实现人与人、人与信息、信息与信息、人与商品、人与服务、物品与物品等海量的连接。平台一方面是处理连接，同时也通过平台以各种方式促进连接。

分享是互联网平台的前提。互联网平台不是只包括卖家和买家进行商品、服务交易的平台，也包括内容、社交等平台。互联网平台不只受到参与者各方经济利益的驱动，他们也受到人性的驱动，其中重要的人性就是分享精神。平台重构了人们之间的信任，促进了分享：一是互联网分享交换所需的信任度比之前降低，降低了准入门槛；二是在平台交互中，双方之间的新任务逐渐提升；三是平台上累积的行为记录最终又提升了信任度。互联网解放的分享精神和互联网重构的人们之间的信任，使得各类互联网分享经济平台能够出现。以爱彼迎为例，出租房屋所获得的经济收益是建立在分享精神和信任前提的基础上的。互联网平台不只解放和促进了分享精神，还把众人的分享聚合形成新的价值。

比如，维基百科让认知盈余的分享、交换、协作成为可能，人们分享的认知盈余聚合起来变成了伟大的全球知识。分享经济让闲置的资产变成了价值，提升了整个社会的资源利用效率。分享精神与互联网平台的关系是循环的：分享精神是众多互联网平台隐含的前提，互联网平台提供工具解放人的分享精神，互联网平台将人们的分享变成社会价值或经济价值，又促进进一步分享。

（2）数字化技术

互联网平台最根本的驱动力之一是数字化（digitalization）。因为平台上流转的事物都数字化了，平台上流转的除了产品之外，更多的是信息、知识和数据。Peter H. Diamandis（2015）提出了6D框架，拆解了数字化的过程，并揭示了"数字化"带来的指数级增长的力量。这个6D框架对理解互联网平台发展也适用，不同的阶段带来了不同的平台。

互联网平台是技术大规模社会化协作，大规模、社会化协作的背后都蕴含着技术的力量。因此，数字化技术是平台能力的重要构成。IT带来的工具是"软件+硬件"；CT带来的工具如QQ、微信等社交工具；DT技术带来的工具是云计算、大数据等。平台的技术能力是以IT、CT和DT等技术为基础的，多T能力交织在一起形成平台的技术能力。大数据、计算能力、深度学习带来了"机器智能"。社交化与计算能力的结合产生了"群体智能"，由人的网络形成智能，超过了精英个体。移动社交让机器深嵌于每个人的日常，信息场景和生活场景全面融合，演变成了"场景智能"。随着5G技术的发展，VR和AR（虚拟现实和增强现实）能够广泛应用，其场景智能将再次升级，是信息场景、生活场景和虚拟场景的全面融合。同时，云计算、大数据以及构建于其上的机器智能共同提升平台能提供的价值。另外，人工智能将是下一波浪潮的主流技术。

（3）带宽增长和交易成本降低

①带宽增长。数字化将更多事物变成可以由互联网平台连接和匹配，而信息带宽、物质带宽、服务带宽等带宽的增长让连接之后的可能性增多，催生多种多样的平台。信息带宽如过去的窄带互联网到宽带互联网；物质带宽如从过去的平台上流动的简单信息（论坛、门户、社交网络），到现在的图片、视频，甚至多样化的实物商品等，物质带宽促进了网络零售的发展，促进了线上线下的物质流动。服务带宽是指通过互联网平台，服务类型日益丰富，涉及人类衣食住行。

②交易成本降低。互联网平台降低交易成本的主要方式是提升了匹配效率，以产品、数据与算法作为支撑，实现了信息的及时交互，促进生产者和消费者的高效匹配。

国外企业如 Amzon、YouTube、eBay、维基百科（Wikipedia）、苹果（AP-PLE）、Upwork、推特（Twitter）、爱彼迎（Airbnb）、优步、Facebook 等，国内企业如阿里巴巴、腾讯、京东等。这些企业都专注于某一个独特的行业和市场，并且都利用平台的力量改变了全球经济的一部分。现在的传统商业巨头从沃尔玛到耐克，通用电气和迪士尼都在争分夺秒地在它们的业务上采用平台模式。

3. 平台价值共创研究

共创的力量主要来源于网络效应（network effects）。网络效应分为积极的和消极的。积极的网络效应能够为平台用户带来价值。主要体现在以下四个方面：

一是需求规模经济（demand economies of scale）。需求规模经济（Carl, 1999）① 这一术语是由谷歌首席经济学家哈尔·瓦里安和商学院教授卡尔·夏皮罗首先使用的，需求规模经济是与供应规模经济（supply economies of scale）相对应的。它可以给平台市场中最大的公司提供网络效应优势，也是当今世界经济价值的主要驱动因素。网络效应正在促成 21 世纪巨型公司的产生。

二是双边网络效应（two-sided network effect）（Thomas 等，2006②）。双边网络效应是指增加一个用户群的流量来吸引其他用户群的利润。如谷歌、eBay、优步、爱彼迎、Upwork、PayPal 等成功的平台企业都体现了这个模式。在双边市场中，有积极的单边效应，也有消极的单边效应；同时，交叉效应也有积极的和消极的，好的平台会努力创造更多积极的交叉效应。

三是扩大网络效应的机制，如无缝进入的机制和用户角色转换的机制等。允许无缝进入（frictionless entry）的网络能够有机地、无限制地增长。用户角色转换机制能够促进平台的增长，如消费者在消费商品或服务时，同时也是生产者，为其他消费者生产产品或提供服务。如本研究案例企业中的具体案例，儿童手表厂家既是供应方也是分销方（将分销网点共享给平台使用）。扩展一个网络需要双边市场成比例地增长。

四是结构性变革。网络效应使公司关注点由内部转移到外部。比如爱彼迎、优步、谷歌和 facebook 等这些公司不是因为成本结构而有价值，他们的价值源于参与它们平台的社群。平台颠覆了企业，模糊了业务界限，并且促使企业从传统的向内聚焦转变到向外聚焦。网络效应起作用的时候，产业根据不同的规则运行。在公司外部衡量网络效应要比在内部简单很多，因为公司外部的人数

---

① Carl Shapiro and Hal R. Varian, Information Rules（Cambridge, MA：Harvard Business School Press, 1999）.

② Thomas Eisenmann, Geoffrey Parker, and Marshall Van Alstyne, "Strategies for Two-Sided Markets," Harvard Bussiness Review 84, no. 10（2006）：92-101.

总是要远远超出内部的人数。正如本文研究的顾客参与企业价值共创，就是将企业的人力资源从内部员工发展到外部顾客。发展不仅依靠横向整合和垂直整合，更依靠功能整合和网络整合。

因此，需求规模经济、双边网络效应、扩大网络效应的机制和结构性变革形成了积极的网络效应，促进了平台价值创造。同时，平台本身提供的资源为价值创造提供了新来源，借助大数据工具实现了需求的准确识别和供应的快速到达，突破产业边界找到企业增长的新蓝海等。公司战略、商业模式创新等更关注企业外部的资源和激发顾客社群的活力。

4. 研究述评

虽然经济学家、战略学家和技术管理专家从不同的角度对平台进行了定义和分析，前人的研究极大地增强了我们对平台的理解，但大多数都是从一个角度去研究。本研究认为，平台概念是广泛的，既涉及经济学概念，也涉及战略和组织概念，还涉及技术管理概念。因此，需要进行更多的研究来整合这些不同领域的研究，以便更好地了解平台中介的网络环境下竞争优势的产生和维持。

国内商业研究学者刘润（2014）把企业在商业中为用户进行价值创造分解为创造价值和传递价值。本研究认为，为了提升价值创造效率，减少价值创造和传递之间的时空差需要有平台来实现连接。本文所研究的平台就是连接平台，因此，平台是由核心企业（即平台提供者）提供的，以连接供应方和需求方为主线，同时连接互补方和其他利益相关者的网状结构的动态组织。

同时，由于有时候创造价值和传递价值是同时发生的，生产者有时就是消费者，消费者就是生产者，因此，平台上价值共创主体的角色是动态的。为了能够实现参与者在不同角色之间的转换，为了实现各方利益的价值创造，平台需要具有相应的能力，尤其是动态能力。本文提出，平台至少需要具备三个方面的能力，即经济学概念的"价值链整合能力"；战略管理和组织概念的"核心组织能力"；技术管理概念的"技术创新能力"。①价值链整合能力。即能够满足参与者在不同角色之间的动态转换，平台要有合理的激励机制和分配机制，吸引参与者积极参与的商业模式和运行机制。未来可以拓展为价值网整合能力。价值链整合能力包括了商业模式、运行机制和制度等，即平台企业的顶层设计，战略定位等。②组织核心能力。即能够将客户价值、核心企业价值和参与者价值实现，这就包括平台企业（核心企业）需要拥有的财务、物理的、市场的、服务等运营能力。实现参与者之间和不同组织之间的资源整合的能力，学习、吸收和整合的能力等。实现异质关系、异质资源的整合和分享，实现信息的有效交换等。③技术创新能力。平台需要具备支撑参与者开展价值创造活动的 IT

技术能力，并根据价值创造活动需要的动态的、创新的技术能力。包括平台的基础底层架构能力、参与者连接的接口或界面能力等，以及更多丰富的技术创新能力。

在学者们对平台已有深入研究的基础上，本研究认为，价值共创平台是利用互联网、大数据、人工智能等信息技术，连接着顾客、企业和利益相关者，通过多方的资源整合和服务交换，在交叉网络外部性影响的多边市场平台。本研究中的平台企业是电信运营商服务平台企业，通过构建统一的服务平台，促进多方参与者进行价值共创。具体如下：

（1）平台需具备价值链整合能力。平台提供者通过平台商业模式来连接并聚合平台参与者。江积海等人（2016）[1] 研究了平台型商业模式中利益相关者的结构特征和连接属性对价值共创的影响机理，研究结论认为，资源丰富程度、成员间的关系强度和网络密度能够促进平台成员之间的资源共享和知识创新，最终实现价值共创。Kyriaki 和 Christine（2006）[2] 提出，对供应链进行整合后，供应方能够更好地理解顾客需求并向顾客提供所需的产品。Chan 和 Sumee（2007）[3] 认为，价值网络成员需要营造协同的环境，通过价值链整合能力实现资源整合以满足顾客需求，并让顾客感受到企业创造价值的能力。黄先锋（2008）[4] 提出，通过分配资源和协调利益，企业在网络中建立以资源分配和价值链整合的机制，并对顾客认知产生影响。因此，本文认为，价值链整合是指价值共创主体之间的价值主张、利益分配机制，是以平台提供者为核心的、价值共创主体之间形成的特有的商业模式等，包括价值主张，即为谁提供什么产品和服务，也就是目标市场的定位和经营范围等；价值共创；价值传递和价值获取等。

（2）平台需具有组织核心能力。Penrose（1995）认为[5]，企业是通过自身

① 江积海，李琴. 平台型商业模式创新中连接属性影响价值共创的内在机理——Airbnb 的案例研究[J]. 管理评论，2016，28（7）：252-260.
② Kyriaki, K, Christine, V. A structural analysis of destination travel intentions as a function of web site features [J]. Journal of Travel Research, 2006, 45（3）：204—216.
③ Chan, H. C, Sumee, G. Value—based adoption of mobile internet：An empirical investigation [J]. Decision Support Systems, 2007, 43（1）：111-126.
④ 黄先锋. 顾客价值与企业价值共创价值模式之研究 [D]. 台南：长荣大学，2008.
⑤ PENROSE E T. The theory of the growth of the firm [M]. Oxford：Oxford Universit Press, 1995.

的能力和资源来实现增长的；Wernerfelt（1984）提出①，企业的竞争优势由组织能力、知识积累和资源等构成；Barney（1991）认为②，企业竞争优势来源于所拥有的异质资源。由于外部环境的不确定性，企业需要整合内部的营销、管理、人力、财务和技术等能力，形成能够应对外部环境的核心能力，并运用在价值创造中。根据服务主导逻辑理论，在 A2A（参与者到参与者）网络中的参与者面对二元性（OrRikOwski，1992；Walsham 和 Han，1991）他们在一个具有社会规则（制度规范）和约束或限制他们的代理的集体意义的结构内行动，同时，他们创造和重建结构，因为他们作出决定并行动，为自己和他人创造价值。A2A 网络中的参与者可以包括无生命的代理（如服务平台的组件）。

（3）平台需具备良好的技术创新能力。技术管理研究的重点是平台所有者的决策如何通过吸引第三方互补者的能力来影响创新（West，2003；Eisenmann，Parker 和 Van Alstyne，2008；Lee 和 Mendelson，2008；Boudreau，2010；Baldwin 和 von Hippel，2011）。平台开放性研究突出了开放平台和封闭平台之间的权衡（Gawer 和 Cusumano，2008；Eisenmann，Parker 和 Van Alstyne，2008）。这些研究发现，开放接口通常会增加互补者进行创新的动机（Boudreau，2010 年），但开放程度过高则会导致收入和利润损失（Eisenmann，Parker 和 Van Alstyne，2008）。

总之，在服务生态环境下，核心企业需要以服务平台为基础，通过整合其他参与者（利益相关者）的资源和能力，为参与者提供价值共创的场所和生态组织结构（Abbott 等，2016③），以实现参与者的价值共创，使企业赢得市场竞争并保持可持续增长。

第三节　理论基础

本书的理论基础包括：资源基础理论；社会网络理论；动态能力理论等。下面分别对相关理论进行阐述。

---

① WERNERFELT B. A resource-based view of the firm［J］. Strategic Management Journal，1984，5（2）：171-180.

② BARNEY J B. Firm resources and sustained competitive advantage［J］. Journal of Management，1991，17（1）：99-120.

③ ABBOTT K W，GREEN J F，KEOHANE R O. Organizational ecology and institutional change in global governance［J］. International Organization，2016，70（2）：247-277.

一、资源基础理论

资源基础理论（RBV）是核心能力和动态能力理论的基础。资源基础理论的主要观点如下所述。

彭罗斯（1959）首先介绍了一种想法，即在研究公司时应使用更广泛的资源。彭罗斯（1959）提出公司的持续增长取决于公司内部的特征，例如管理能力和技术专长的规模经济。尽管很新颖，但她的想法当时并没有获得很大的发展。资源的示例如：技术知识、技术人员的聘用、贸易联系人、机器、有效程序、资本等。

Wernerfelt（1984）指出①，可以将资源研究作为企业竞争优势的来源。Wernerfelt（1984）将资源称为"可以被视为给定公司的优势或劣势的任何事物"。他的资源示例包括资金、流程、设备、人员、品牌、内部技术知识和贸易合同。Wernerfelt（1984）因为企业拥有资源，而这些资源可以为企业带来卓越的长期绩效。Barney（1991）② 在开创性的工作中，研究了公司资源必须具备的四个指标，以产生持续的竞争优势。这些指标表明资源是宝贵的、稀有的和不可替代的（以下简称 VRIN）。Barney 认为，要想拥有持续的竞争优势的潜力，所有指标都必须存在。研究人员认为，拥有有价值、稀有和不可替代的资源（即具有 VRIN 属性的资源）的公司可以通过实施新的创造价值的策略来实现可持续的竞争优势，而竞争对手很难复制这些策略（Barney，1986；Dierickx and Cool，1989；Grant，1991；Newbert，2007；Ray 等，2004；Uhlenbruck 等，2006；Wernerfelt，1984）。RBV 已成为企业战略发展中至关重要的逻辑考虑因素。因此，积累资源以培养竞争优势或经济租金已成为众多管理者和学者进行战略思考的基础。

根据 RBV 的观点，企业的资源和能力是制定创新战略的主要组成部分（Barney，1991；Bharadwaj，2000；Grant，1991；Ray 等，2004）。资源与关系能力相结合，成为动态服务能力过程的输入，进而影响服务创新和价值共创。企业本质上是一个运营知识的获取、转移、共享和应用的知识系统，正式企业所拥有或控制的异质性知识造就了其竞争优势（芮明杰、方统法，2003）。企业的经济行为嵌入到社会网络中，即可拥有异质性网络资源。本文中，包括顾客在

---

① Wernerfelt, B. (1984). A resource based view of the firm. Strategic Management Journal, 5 (2), 171–180.

② Barney, J. (1991). Firm resources and sustained competitive advantage. Journal of Management, 17 (1), 99–120.

内的价值共创主体之间通过网络嵌入实现资源的异质性和能力的互补，实现价值的共同创造。

二、社会网络理论

社会网络理论是探究人与人之间的社会关系和结构属性，早期应用于社会学方面的研究，近年来该理论逐渐被纳入管理学和经济学的研究范畴。社会网络理论起源于英国，发展于60-70年代的哈佛，后来形成了多种理论分支，本文主要对社会资本理论和网络结构理论进行阐述。

1. 社会资本理论

（1）社会资本的内涵

社会资本的概念是 Bourdier（1980）首次正式提出的。他认为社会资本具有一定的特殊性，主要体现在：第一，社会资本具有不可转让性（Loury，1987）。第二，社会资本不会随着使用而减少，但会因为不使用而消失。个体或企业网络成员保持互动、维持信任与互惠等，社会资本会随着使用而不断增加。第三，共同物品性。社会资本不仅能使拥有者受益，而且还能让其他人受益。企业社会资本具有目标指向性和动态性等独特性。

（2）社会资本的作用

社会资本不仅是一种用于分析社会现象的重要理论工具，而且能够揭示社会网络结构价值以及内嵌于其中的各种关系资源的价值（军伟等，2007），这种一系列潜在价值会对企业的行为及其结果产生重要影响。

第一，社会资本对企业创新能够产生重要影响。Powell 等人（1996）通过对生物科技行业的实证研究发现，企业社会资本越丰富，网络联系越紧密，彼此间通过交流和学习越能激发企业创新。Phelps（2010）在研究电子信息行业的联盟网络时，企业联盟合作伙伴的技术多样性能够促进探索式创新。国内学者陈劲和张方华（2002）认为，社会网络资源已经成为衡量技术创新能否成功的关键因素。

第二，社会资本对企业知识转移存在潜在的影响。Boschma（2005）认为，作为企业一种重要的战略资产，社会资本有利于降低企业的交易成本，从而促进企业与网络成员间知识的交换。以信任为主要特征的社会资本是企业与网络成员进行社会交换的基础（Konovsky 等，1994），为减少合作方之间的猜忌、芥蒂和促进网络间信息的快速传递提供了重要的情感性信任基础（Aryee 等，2002）。企业社会资本中基于共同语言和表达的认知性嵌入是企业从社会网络中获取、吸收和整合知识的内在力量（周小虎和陈传明，2004）。

第三，社会资本对企业价值创造能带来积极的影响。研究表明社会资本能够帮助企业获取资源，促进企业间资源交换和资源整合，对提升企业的产品创新能力、降低企业交易成本和提升企业利润等都有好处，因此说社会资本对企业价值创造能带来积极的影响。

2. 网络结构理论

德国社会学家齐美尔是最早对网络结构理论研究的学者，他认为社会元素之间构成了"网"，他将社会结构形象地比喻成网络。在社会网络中的特定位置会带来信息优势，这种信息优势能够转化为企业的异质性资源，形成企业的竞争优势。

Burt（1992）提出①了结构洞理论，他认为，结构洞能够给具备这种网络结构特征的社会参与者带来特定的竞争优势。第一，信息优势。能够从不同的接触群体中获取和整合多种异质性的信息和知识。第二，占有优势。拥有结构洞的参与者往往处于网络中的优势位置或者是中间位置。信息优势和占有优势能帮助企业在竞争中获胜。

三、动态能力理论

基于资源视角理论（RBV）主要是一种静态理论，没有解决企业如何在动态环境中整合资源和能力的问题（Kraaijenbrink 等，2010）。由于服务公司通常会在动态环境中与多个利益相关者进行交互，因此除了使用 RBV 来解释价值创造和服务创新过程外，为了在动态市场中保持竞争优势，服务公司应通过将外部网络与公司内部资源整合来不断发展创新流程。DCF（动态能力框架）解释了企业如何在动态环境中更快地刺激服务创新（Helfat 和 Peteraf，2003）。因此，除了 RBV 之外，我们还将使用动态能力理论探索本文的研究主题。接下来将对动态能力理论进行阐述。

动态功能超出了 RBV 使用的宝贵、稀有、独特和不可替代的资源的基础集。DCF 解决了企业在使用 RBV 的基本原则的同时不断进行适应和创新的能力。动态能力使公司能够调整其战略和资源，以维持竞争优势（Wade 和Hulland，2004）。对 DCF 的研究强调了管理能力的关键作用，而不是像 RBV 那样坚守资源（Baker 等，2011）。DCF 还专注于独特的跨部门资源组合。从组织和经验的角度来看，动态能力是嵌入公司的流程（Barney，1991；Peteraf，

---

① Burt, R. S. Structural Holes: The Scocial Structure of Competition [M] . Cambridge, MA: Harvard University Press, 1992.

1993）。没有这种持久的动态能力，竞争优势可能会迅速消失。DCF 的讨论对于通过创新进行价值创造至关重要。Teece 等人（1997）提出了 DCF，该 DCF 是指通过公司内部的技术、组织和管理流程衡量的创新来源和方法。这些过程被称为公司在公司内部运作的学习程序，并且从根本上由公司的特定资产状况和为获得竞争优势而继承的演变路径所塑造（Teece 等，1997）。尤其是，他们认为学习过程本质上是社会的，并且对于新的创新来源是集体的。

许多研究证明了动态能力对各种创新的影响，例如组织、技术、产品、过程、根本、渐进和服务创新（Subramaniam 和 Youndt，2005；O´Connor，2008）。最近在服务行业中强调了外部资源的重要性，例如与外部知识的协作和客户参与度的提高（Agarwal 和 Selen，2009；Sher 和 Lee，2004）。因此，外部资源与内部能力之间的关系对于服务业创新的成功至关重要。

动态能力属性包括动态性、高阶属性、开拓性和开放性。第一，动态性。动态能力最明显的特征是具有动态性、整合和重构，以构建和培育企业动态竞争力体系，有效地克服企业组织惯性或路径依赖性，从而增强企业环境适应性。第二，高阶属性。动态能力具有两种高阶能力（Winter，2003)①，包括一阶能力（应对环境变化的适应能力）和二阶能力（创造新能力的能力），动态能力是一种能够改变企业基础运营能力的高阶能力（Cepeda 和 Vera，2007）。动态能力的背后隐藏着丰富的知识架构体系，是一种按照一定的学习机制而逐渐形成的高阶能力。这种高阶能力不断促使企业对外部环境中的知识进行获取和吸收，并不断与现有知识架构体系进行融合和碰撞，甚至产生新的知识，从而不断识别外部环境中的机会和威胁，及时调整资源和能力，把握有利机会或规避不利的威胁，进而增强企业环境适应性。第三，开拓性和开放性。为了更好地适应外部环境的变化，动态能力需要具有开拓性和开放性，以便更有能力从外部获取所需资源，动态整合企业外部资源和能力，塑造和保持竞争优势。黄江圳和谭力文（2002）提出②，动态能力需要更加关注企业动态效率，克服惯性，在注重内部资源整合的同时，还强调通过建立外部途径获取资源、能力和机会等。

动态能力理论能够较好地运用于平台能力的研究和探讨，尤其是将平台能力作为中介变量，揭示对价值共创的内在机理。

---

① Winter S G. Understanding Dynamic Capabilities [J]. Strategic Management Journal, 2003, 24 (10): 991-995.

② 黄江圳, 谭力文. 从能力到动态能力: 企业战略观的转变[J]. 经济管理, 2002 (22): 13-17.

第四节 本章小结

本章首先对文章中涉及的主要概念进行界定，其次，对研究变量服务主导逻辑、价值共创、顾客参与、网络嵌入和平台能力相关研究变量进行文献综述，最后对文章涉及的相关理论进行阐述。相关变量的主要内容小结如下。

1. 服务主导逻辑是价值共创的重要理论基础。服务主导逻辑认为，服务是交换的核心目的，产品是提供服务的载体；知识和技能等操作性资源是竞争优势的源泉；价值不是企业独立创造的，而是根据顾客需求提出价值主张，并通过企业、顾客、供应商和利益相关者共同创造的。如今，服务主导逻辑正在朝服务生态系统方向发展和演进。

2. 价值共创是近年来企业界和理论界关注的焦点，是企业赢得顾客信赖，实现企业可持续增长的重要方式。近年来国内外学者对价值共创开展了很多研究，研究领域涉及生产领域、消费领域和虚拟品牌的价值共创，研究成果涉及价值共创的参与角色、影响因素、共创过程和行为等。但仍存在以下不足：一是现有研究中除了企业和顾客二元参与角色外，顾客与顾客之间以及多方利益相关者多角色参与价值共创的研究还不是很多，尤其是多方之间如何实现资源和能力互补方面的研究更少。二是在价值共创的驱动影响因素方面，对平台能力的讨论和研究比较少。三是现有价值共创的研究背景大多是传统经济模式下的研究，对数字经济时代下新商业模式的研究比较少，尤其是对服务生态环境下的价值共创方面的研究更少。针对目前价值共创研究中的不足，对服务主导逻辑下的价值共创机理进行研究，尤其是以平台能力作为中介进行研究，具有较强的理论意义和现实意义。

3. 顾客参与是价值共创的微观基础。本文建议将顾客参与解释为关注品牌或公司产品和活动的客户行为表现形式，发生在客户对公司和客户对客户之间的互动中，并且由心理因素（态度、动机和社交）引起。现有的研究主要是从顾客参与的态度和行为进行的，但针对顾客参与意愿的激励机制建立、顾客参与所需的平台以及顾客参与需要的支撑（如政策告知、业务培训等）研究比较少，相关的企业实践实证研究更少。因此，本研究将从顾客参与激励机制的建立、顾客参与平台的提供以及顾客参与的支撑等相关内容，以案例企业的具体实践为例，进一步探索顾客参与的意愿、行为和支撑顾客参与的环境和条件，推动顾客参与企业价值共创的理论不断完善。

4. 网络嵌入是企业开展价值共创的重要内容。网络嵌入是研究企业在社会网络中开展经济活动的重要工具。国内外学者对网络嵌入都有不同的定义，本文研究认为，价值共创主体涉及顾客、企业以及多个利益相关者，多个利益相关者又形成了一定的社会关系网络，这些社会关系网络嵌入在价值创造活动中，能够更好地促进价值创造。本研究在参考前人研究的基础上，研究网络嵌入对价值共创的影响和作用机理。

5. 平台是连接双边或多边市场的虚拟或实体场所。国内外学者对平台有了很多研究，但对平台能力的研究较少，尤其是把平台能力作为价值共创的中介进行研究的非常少见。因此，本文提出，要实现多方利益相关者参与企业价值创造，需要构建平台，通过平台为参与者提供连接和互动。本研究认为，价值共创平台是利用互联网、大数据、人工智能等信息技术，通过多方的资源整合和服务交换的多边平台，连接着顾客、企业和利益相关者。本研究将从理论和实践两个方面对平台能力作为企业价值共创的中介作用进行分析和实证研究。

第三章

价值共创机理分析、理论模型和研究假设

本章内容包括本文价值共创机理分析、理论模型和研究假设三个方面。本章是在第二章对研究变量文献综述的基础上，首先，对价值共创机理进行了分析，分析了影响价值共创的要素和它们之间的关系进行分析，以及它们对价值共创的作用机理；其次，根据价值共创的机理分析，构建了本研究的理论模型；最后，根据理论模型，提出了本文的研究假设，对各个自变量与因变量之间的关系进行了理论分析。本研究遵循"理念-行动-结果"的逻辑，指出，服务主导逻辑是理念，顾客参与、网络嵌入和平台能力是行动，价值共创是结果。其中，顾客参与是价值共创的微观基础、网络嵌入是价值共创的关键行动、平台能力在价值共创中发挥中介作用。

第一节　机理分析

平台型价值共创的基础是依托服务平台，并以平台需求方、供给方、互补方、分销商等利益相关者作为价值共创的主体。本研究认为，价值共创遵循"理念-行动-结果"的逻辑，价值共创的作用机理是以服务主导逻辑为理念，以顾客参与、网络嵌入、平台能力为行动的四者之间的相互作用，最终产生价值共创的结果。价值共创是理念对行动的指导，以及行动之间相互作用的结果。影响价值共创的四个因素之间关系如下：服务主导逻辑是价值共创的理念，指导各参与方以为其他参与者提供服务开展价值共创；平台是参与者互动并进行价值创造的场所；顾客参与是价值共创的基础；网络嵌入是各参与者参与价值共创的过程的行动；顾客参与和网络嵌入是侧重于供需双方和利益相关者采取行动对平台价值共创过程的影响。（价值共创作用机理如图3-1所示）

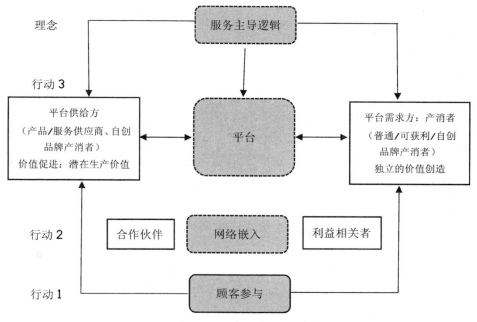

图 3-1 价值共创影响因素和作用机理

（资料来源：作者绘制）

一、服务主导逻辑是价值共创的理念

组织研究提出认知距离的概念来捕捉两个实体之间的知识和技能或认知框架的差异（Hendriks Jansen，1996；Weik，1995）。认知距离可以沿着多个维度来测量，包括技术、营销和组织。企业间联盟的先前研究已经研究了联盟伙伴之间的技术距离对性能的不同方面的影响，包括创新（例如，Grimin 等，2008；Wuyts 等，2005）。

认知距离不同的不同行动者需要采用共同的世界观来确保生态系统的生存。这样的观点可能包括一组共同的商业和文化假设、评估方法或心理框架。共享世界观的概念可以追溯到网络中心战，其基本前提是地理上分散的军事力量的强大网络使信息优势转化为战争优势成为可能（国防部，2001）。通过信息共享，每个单元从步兵单位到飞机再到海军舰艇最后到指挥中心——"看到"所有其他单位所看到的总和。这种共享意识有助于自同步能力、虚拟协作和其他形式的灵活操作。同样的原则可以应用于创新情境（Nambisan 和 Sawhney，2007b）。共享意识对于生态系统利用网络中不同行动者的专业知识和能力之间的协同作用是至关重要的。例如，在开源软件开发社区的情况下，共享世界观可以包括如何解释和分享关于竞争和互补的技术和产品的知识，以及如何开发正在开发的软件解决方案与现有产品集成。

从服务生态系统的角度来看，一个共享的世界观确保了参与者能够一致地解释资源整合的机会，并迅速聚集在一起以改变或整合资源。那么，它的作用不仅仅是为了在不同行动者之间迅速共享信息，而且也促进了对环境变化的一致看法的发展。因此，研究的关键领域将是确定数字基础设施的哪些特征促进服务生态系统中的不同行动者之间共享的世界观的发展，以及某些制度逻辑是否允许或阻碍了它的关键。这里的主要目标将是增强生态系统价值共创的机会，并使服务生态系统在快速和动荡的环境变化（技术和市场）中相对于其他生态系统获得优势。

本研究提出，服务主导逻辑为价值共创主体提供了理念指导，该理念指出，价值不是在交换中实现的，而是在顾客使用中实现的；服务主导逻辑理念革新了服务理念，统一了价值网络上各主体对顾客价值的认知。因此，服务主导逻辑在消除参与者认知距离、统一对世界的认识起到了根本性的指导作用，它将参与者对产品和服务的认知统一起来，并对参与者在开展价值共创过程中的行为进行统一指导。

二、顾客参与是价值共创的微观基础

本研究提出，顾客参与是价值共创的行动，顾客参与是促进平台价值共创的微观基础，顾客参与可以为企业提供异质的资源，促进企业的新产品和新服务开发，帮助企业更好地实现价值创造。Felin 等人（2015）提出了微观基础运动的概念，该运动认识到，要理解集体现象，我们需要理解构成集体现象的组成部分：个人及其社会互动。微观基础方法提供了一个多层次的解释。Caoleman（1990）在他的原始著作中区分了社会事实导致社会结果的宏观-微观解释和行动条件导致可观察到的行动的微观-微观的解释。以科尔曼的想法为基础，Hedström 和 Swedberg（1998）介绍了社会机制的类型。他们认为存在三种类型的机制：（1）他们标记了情境机制的宏观-微观机制，其目的是了解宏观层面产生的条件或环境如何影响参与者；（2）他们标记行动形成机制的微观机制，解释了单个参与者如何将情境条件转化为行动；（3）他们称之为转化机制的微观-宏观机制，旨在描述许多行为者如何通过其行动和相互作用产生宏观水平的结果。

根据科尔曼的观点，参与者参与价值共创的过程如图 3-2 所示。图中描绘了服务主导逻辑的主要宏观-宏观解释（箭头 1），这意味着在服务生态系统的制度逻辑所提供的背景下，基于服务交换的价值共创的结果。但是，相对独立的概念意味着服务生态系统可能嵌套在较大的系统中或成为较大系统的一部分。因此，服务生态系统是其中各种系统相互作用的系统，可以应用不同级别的分析：微观（参与者参与），中观（参与者及其资源集合）和宏观（生态系统和制度逻辑）。

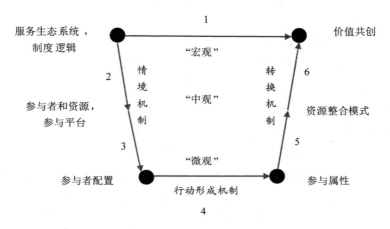

图 3-2　参与者参与价值共创的过程

（资料来源：根据 Storbacka 等人（2016）参考文献①整理）

　　服务生态系统的制度逻辑形成了参与者在互动平台上利用其资源进行互动的环境（箭头 2）。这些情景机制形成了影响参与角色的行动的中观水平条件（箭头 3），并且与参与角色的参与配置相结合，它们导致了参与活动，其特征可以通过观察到的参与属性来描述（行动形成机制——箭头 4）。随着许多参与者的参与，中观级别出现了各种资源整合模式（箭头 5），这转变了参与者的现有资源配置，从而导致了价值共创（箭头 6）。因此，参与者参与（AE）在概念上既是参与者的部署，又是在服务生态系统提供的体制环境中参与资源整合的交互过程的活动。

　　因此，要实现顾客参与价值共创需建立三种机制：即情景机制（宏观—中观—微观）、行动形成机制（微观—微观）和转化机制（微观—中观—宏观）。

　　1. 情境机制

　　特定的服务生态系统的制度逻辑是构成情境机制的基础。为了使顾客参与

①　Storbacka K, Brodie R. J, B hmann T, et al. Actor Engagement as a Microfoundation for Value Co-creation [J]. Journal of Business Research, 2016, 69 (8): 3008-3017

发生，需要有顾客参与和参与平台来实现。因此，企业为了吸引顾客参与价值共创，需要从宏观上建立服务生态系统的制度和环境，从中观上建立顾客参与的平台。

2. 行动形成机制

为了鼓励顾客参与，企业需要制定激励顾客参与的激励机制，如顾客通过自助渠道进行自助服务比通过人工服务更加可以获得优惠；顾客向其他顾客提供服务以获得企业提供的酬金奖励；顾客通过分享传播企业的产品和服务获得企业提供的奖励等。通过激励机制，鼓励顾客有意愿并采取行动参与企业价值共创。

3. 转换机制

具有各种性格、不断变化的参与者主体，各种参与平台和各种活动产生的参与性质构成了不断发展的资源整合要素模式，定义为这些要素的独特组合。

中观水平的转化机制在微观-宏观-宏观的解释中起着关键作用，这种解释将顾客参与的微观过程与价值的宏观共同创造联系起来。作用的关键机制是资源集成过程。Peters 认为过程有两种类型，一是基于资源之间的累加或聚集关系的资源整合（同质资源整合），二是基于资源之间的涌现关系的资源整合（异质资源整合）。加性聚合意味着单个行为个体产生的效应的简单累积，而复杂聚合则意味着参与者相互依赖和相互影响，导致结果令人惊讶且无法预料。复杂聚合可以被看作是出现的解释，因此可以解释服务生态系统出现的现象。

因此，异质性资源整合可以看作是新兴的机制，其中产生了新的属性（如实体、结构、整体、概念、质量、容量、质地、机制等）。亚瑟（2014）表明，复杂系统的出现与中观水平模式的发展有关。由于许多参与者的集体行动，各种发展轨迹汇聚成一种能够实现创新的模式。因此，企业需要确定有效的资源整合模式，并使用此类模式设计有效的顾客参与流程，帮助顾客参与和资源整合，实现价值共创。

三、网络嵌入是价值共创的关键行动

随着客户需求的变化和技术的不断进步，企业的组织边界越来越模糊，企业过去传统封闭地进行价值创造的方式已经不能适应市场发展的需要。因此，平台企业要吸纳多方参与者成为价值共创主体，通过价值网络上成员之间的信息互动、知识分享和资源互补实现价值共创，本章把价值网络合作伙伴之间的嵌入行为称为网络嵌入。本章提出，也是价值共创的行动，也是价值共创的关键。

首先，建立共同的愿景、价值观和认同的文化，实现认知嵌入。其次，在服务主导理念的指导下，保持开放的心态，优化网络结构、扩大网络规模来获取更多的信息。第三，通过参与者的关系嵌入，促进价值网络主体的资源整合。平台聚集了供应方和需求方，供求之间通过平台进行了连接，价值是在供求之间通过资源和关系互动，并通过供应方、平台企业、顾客和利益相关者等利益主体通过资源整合和服务交换共同创造的。各参与方在价值网络上通过关系和资源的嵌入，实现价值创造。因此，网络嵌入是价值共创的关键行动。

1. 认知嵌入：统一价值共创理念

在平台生态系统中，平台上的成员企业和伙伴都需要拥有共同的愿景和共同的价值创造目标，让生态系统中的人在未来的事业中找到共鸣，激发出每个人认同、激情、承诺、奉献和忠诚的态度。参与主体是"价值共生体"，它的创建、生长、发展与进化可以从社会生物学的理论中得到启示。根据社会生物学家的定义，模因是理念，是价值观，是文化进化和传承的驱动因素。

（1）价值共创系统的"模因组合"

曹仰峰（2015）提出①，一个生态系统能否持续健康发展，关键在于其文化是否能够持续健康地进化。而在推动生态系统文化进化的过程中，有两个重要的因素，分别是愿景和使命。愿景回答了"未来是谁（who）"的问题，即定义了一个生态系统长期发展的方向和目标；使命回答了"为什么（why）"的问题，定义了一个生态系统存在的价值和理由。

愿景是对生态系统未来发展的期望和想象，它首先为生态系统的战略方向提供了一幅"蓝图"，同时也为整个生态系统进行产业布局提供了指引。比如，从阿里巴巴的愿景中，我们可以看出阿里巴巴生态系统的方向是以客户为中心，让客户们共建未来的商业生态系统。生态系统的使命源于愿景，使命也是实现愿景的重要手段。

愿景和使命二者有机融合才能激发生态系统的所有合作伙伴实现共创共赢。要发挥愿景和使命对平台上参与者的行为的影响力，就需要平台提供者制定相关措施来传播平台生态系统的愿景和使命，并设计相应的机制来指导参与者将愿景和使命转化为内在的标准。生态价值观是一个生态系统内所有合作伙伴和参与者的行为准则，它是将愿景和使命"共享和内化"的重要工具。因此，在网络嵌入中首先要实现的就是认知嵌入，只有参与者有共同的认知，才能实现资源和关系的有效嵌入。

---

① 曹仰锋. 第四次管理革命［M］. 北京：中信出版社，2019. 5

（2）价值共创的共同理念和文化

面对传统市场的日趋饱和、数字经济发展的重大机遇、竞争和客户关系的变革颠覆，为适应客户需求的变化、弥补自身资源能力短板、赢得客户和市场，典型企业在企业战略中频频打出数字化转型、开放共赢、以客户为中心等旗帜。

国内外典型企业都积极拥抱数字化和智慧化转型，强调开放、共赢，满足客户对美好生活的体验。数字经济时代企业与客户的关系发生了深刻变革，定制化的产品、开放性的客户关系越来越彰显"人"的重要性，强调企业为"人"（客户）创造价值，企业价值由"人"（员工）创造。

国内企业如腾讯和海尔等积极推进数字化转型。腾讯：以用户价值为依据，实施以开放为核心的战略，利用互联网加速与各行各业的深度融合，实现数字化转型升级。海尔：秉承员工和用户价值合一，员工创造用户价值，股东价值是员工和用户价值合力的结果；做"用户传感器"而非"产品传感器"；物联网时代要做用户数字化交互平台，而非仅仅电商交易平台。

国外企业如 SingTel，提出"加速数字化转型"战略，以"做亚太地区最好的电信运营商"为战略目标，增强核心竞争力和创新差异化数字服务。AT&T，明确"做一流软件公司"战略，以"创造世界上最好的娱乐和交流体验"为战略目标。

因此，本研究提出，价值创造的共同理念和文化是以客户为中心，通过开放共赢，实施数字化转型，为顾客创造价值，实现顾客、供应方、企业和利益主体多方价值共创共赢。

2. 结构嵌入和关系嵌入：通过整合资源实现价值共创

各参与者提供资源进行价值共创的机理是创造主体提供的基于财产的资源和基于知识的资源，在平台上相互嵌入，通过平台的动态整合、重构和提取能力实现价值共创。同时，企业必须准备应对动态挑战，以在无法预测的市场形势下修改其例行程序，以产生最有价值的动态服务能力（Zahra 等，2006）。

（1）动态整合能力

动态整合能力是指将资源和关系功能结合起来以实现成功的价值共创的能力。Menguc 和 Auh（2006）将整合定义为公司级资源拥有的动态能力，并将其嵌入社交互动、公司级系统和例程中。尽管整合能力在概念上不同于其他资源和功能，但是它会影响服务创新。资源和能力的混合形式与改善服务创新有积极的关系（Zahra 和 Nielsen，2002）。公司内部的整合可以创造价值，但是外部参与者（例如客户、供应商和合作伙伴）的参与可以带来更好的价值创造，从而产生更多的价值。

在动态整合能力下，公司可以更有效地提供服务组合。价值创造活动需要一定数量的资源和关系能力的整合，因此作为价值共同创造者的客户可以根据需要整合更多或更少的资源和关系能力（Michel 等，2008）。此外，公司内部的战略优势需要外部协调，例如客户、供应商和竞争对手（Teece 等，1997）。因此，资源和能力的有效整合是一个良好发展的、新的竞争优势来源的核心。

（2）动态重构能力

动态重构能力包括复制、资源分配、修补和代理公司内部的资源（Eisenhardt 和 Martin，2000）。该过程着重于在公司内部使用不同的资源和能力。如果知识共享在企业的结构中非常活跃，但是技术和工程原理不能系统地应用，那么它就不能具备这种能力（Teece 等，1997）。转型过程很复杂，需要学习机制。Zollo 和 Winter（2002）指出，学习机制影响动态能力，例如研发过程、重组、重新设计和收购后整合，以适应惯例的发展。公司的知识可以由内部和外部参与者进一步定义。公司管理者通过外部参与者的反馈，将资源和能力的部署作为战略流程进行影响（Amit 和 Schoemaker，1993）。因此，为了价值共创中创造竞争优势，公司必须具有利用其现有资源和能力的能力。

（3）动态提取能力

动态提取能力与实现有效绩效的扣除能力有关（Zahra 等，2006）。例如一些航空公司通过利用现有资源和能力使业务适应低成本模式。通过取消许多传统的客运服务，这种新的低成本模式通常可以降低票价。低成本航空公司通过支付相对较小的票价来满足从一个位置转移到另一位置的航空公司客户的需求。为了提供较低的票价，航空公司必须重新设计产品和服务，例如取消免费食物或饮料以及使用较低的登机口费用和使用辅助机场。也就是说，由于航空公司专注于安全，可靠的行李运送和客户支持等核心服务，因此可以提高运营效率并为客户提供更多的社会和经济利益。为了创造竞争优势，公司可以利用其现有资源和能力，同时，为开发其目前无法预期的未来产品或服务创建新的平台（Marsh 和 Stock，2006）。

总而言之，基于财产的资源和基于知识的资源使公司在静态环境中具有可持续的竞争优势。关系能力使公司可以通过与供应商、客户、竞争对手和政策的互动来建立关系。将内部公司资源与关系能力相结合，可以引入创造价值的活动，并可以为企业带来战略优势（Michel 等，2008；Teece 等，1997）。我们认为，具有外部关系能力的整合、重新配置或提取内部资源的公司将展示出更强大的实力。将多样异质的资源输入平台，通过平台能力整合重构后形成价值共创的过程。（如图3-3所示）

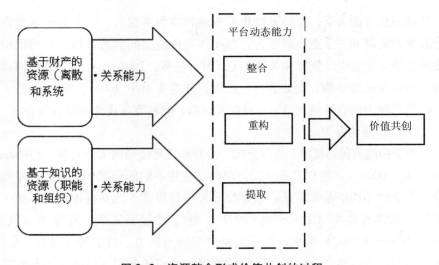

图3-3 资源整合形成价值共创的过程

（资料来源：根据 Kim 等（2015）参考文献①改编）

四、平台能力是价值共创的核心能力

平台是价值共创的场所，平台能力是价值共创的核心。平台是为供需双方提供交易的场所，平台是价值共创的重要载体。当前，平台正在从双边市场的连接向价值网络中心化方向发展，以生态系统的方式运营，包括更多的角色。除了聚焦供应方和需求方外，还聚集了资源互补方、合作伙伴、分销商以及政府、企业和社会组织等利益相关主体（MÄKINEN 等，2013）。平台是以平台提供者为核心企业，多个利益相关者共同建设和运营的。平台包括以下角色，一是平台提供者，平台提供者负责制定平台商业模式、战略规划、市场设计、资源整合和技术能力等，扮演多个群体的连接者和匹配者；二是平台需求方，需求方通常是终端用户；三是平台供给方，平台供给方是平台上提供产品和服务的；四是平台合作伙伴和利益相关者。

有平台支持才能实现顾客与企业之间、顾客与顾客之间的互动。本研究认为，平台能力包括价值链整合能力、组织核心能力和技术创新能力。其中，价值链整合能力是指建立价值共创的协同机制，吸引更多的参与者参与，为平台企业构筑差异化和领先的竞争优势营造了良好的环境和氛围；组织核心能力通

① Kim M, Song J, Triche J. Toward an Integrated Framework for Innovation in Service：A Re-source-based View and Dynamic Capabilities Approach ［J］. Information Systems Frontiers，2015，17（3）：533-546

过组织内部长期积累的客户服务、市场运营和人财物管理能力，将网络嵌入获得的资源、技术和知识转化为自身的优势，对价值共创提供了很好的能力支撑；技术创新能力通过运用先进的技术不断创新，将外部资源和内部优势进行有效整合，为平台价值共创提供技术支撑。

1. 价值链整合能力是核心

平台型商业模式就是利用平台对价值链进行整合，对商业模式进行重构。价值链整合是对"价值创造"和"价值分配"的结构进行重新整合，并通过激发网络效应来实现更大的价值创造。价值链整合能力指整合多方资源、实现多方利益共赢的能力。本章提出，价值链整合的能力体现在以下三个方面。

（1）直接连接的能力。平台的出现，核心就是消除更多的中间环节，提升价值链的运营效率。通过平台实现了对供需双方的直接连接。

（2）激发多元的能力。平台在实现供需双方直接连接的同时，可通过设立机制调动更多合作伙伴参与，从双边连接向多边连接发展。一是共享闲置资源，提升资源利用效率。如前文案例中顾客利用闲置时间参与企业的产品销售、滴滴出行共享司机和车辆等。二是资源切分配置，按需动态匹配。平台通过对资源的分割配置，调动了资源方的积极性，提高了响应速度，提升了资源利用效率。例如，滴滴公司将过去的年租、月租和日租车服务变为时租，极大地提升了资源的利用效率，同时，也实现了对客户需求的实时响应。三是激发顾客参与兴趣，实现共创共享。随着顾客的需求日益趋向个性化和多样化，平台需要调动消费者的积极性，使他们将需求及时传递至供给方。

（3）协同整合的能力。平台的建立，不仅需要更好地协同上下游伙伴，还需要实现同业与外部协同整合，甚至跨界整合。

第一，协同上下游，促进行业发展。通过平台促进信息沟通，消除供需信息不对称，帮助上下游之间进行信息整合，推动整个产业更好地发展。

第二，协同友商，实现竞合。虽然竞争对手在同一领域中运作，向同一客户提供或多或少的相似类型的产品，但他们仍可能会使用不同的独特资源和能力从合作中寻求收益（Bengtsson 和 Kock，2000）。因此，可以认为合作竞争是企业利用其资源互补性进行市场扩展的先天驱动力。例如，一家公司可能具有非常专业的线上服务能力，而另一家公司可能有广泛的线下触达能力，通过整合这两家的资源，建立双方共赢的商业模式，可能会提高两家公司的市场潜力，同时能为客户提供更好的服务。

第三，为顾客创造全新的价值。通过跨界整合，将会创造出全新的价值，给顾客带去惊喜。

2. 组织核心能力是关键

随着技术的不断变革，价值共创的商业模式演变为平台型商业模式，为了更好地适应商业模式的变化，企业组织结构和组织能力也应随之变化。同时，客户需求的快速变化和外部环境的不确定性要求企业能够对外界变化敏捷响应。当前，组织理念从管理转向赋能，企业的组织形态正在从传统的科层制、职能型、矩阵式向开放式、网络化、共生型演变，组织正在从传统的前后台分离转型到深化前中后台运作模式。因此，组织能力是支撑企业战略落地的核心能力，是平台能力的关键。

（1）组织理念的转变，从管理到赋能。

赋能型组织的核心是赋能，通过提供平台，内部向员工赋能，外部向顾客和合作伙伴赋能。通过赋能提升他们的能力，激发他们的创造性，通过内外部的连接、协同和创新，更好地实现价值创造。

打造全新的赋能型组织，可从三个方面来开展。首先，营造"顾客至上"的企业文化。通过共同的企业文化，凝聚志同道合的员工和顾客加入其中，方便员工和顾客共同创造。其次，设计互动机制。有研究表明，互动机制对于组织的有效作用大于对个体的激励。增强人与人之间的互动设计包括增强员工之间的互动和顾客之间的互动，通过增加彼此互动的机会，提供共创的可能性。最后，通过平台和工具，提供赋能的支撑。

（2）组织形态的演变，从传统科层制向开放式网络化演变。

在赋能的模式下，传统的企业组织形态已不能适应企业发展的需要。随着信息技术和通信技术的发展，价值创造的模式从过去的线性、静态、封闭的模式向网络、动态、开放的价值网络模式演变，因此，新型的企业组织形态出现了。未来"小团队+大平台"的模式是对传统科层式组织的一种深刻颠覆，打破了传统的正金字塔结构，逐步向开放式、网络化组织转型。组织形态的演变如图3-4所示。

（3）组织转型的推动，从前后台分离向深化前中后台模式转型。

组织转型从传统直线职能、矩阵架构，走向"前端整合-中台集约-后端共享"的前中后台运作模式；强化前端组织的市场响应效率；提升中台组织流程和处理效率；后端从管控走向服务，后端服务共享，发挥服务价值。因此，近年来世界级企业（如华为），都在应用"大平台+小团队"的组织形式。这种组织灵活性高，大平台通过聚合中台和后台的力量为小团队提供支持，形成整体的组织能力为顾客带去价值。

第一，前端整合。一是针对客户群体，强化市场关联性、重新组合前端部门。基于客户需求、匹配客户属性、强化市场关联性、重新组合事业群。如德国电信基于市场关联性，将中小企业市场划拨至公众市场，并统筹规划移动和家庭市场；腾讯等互联网公司基于业务管理属性和平台战略，整合类似业务重组事业群。二是针对客户触点，线上线下渠道统筹管理，内部外部触点融合发展，为顾客提供一致体验。

第二，中台集约。为快速应对市场变化，中台模式迅速兴起。大型公司为了解决内部存在的系统重复建设和缺乏沉淀等问题，以阿里巴巴为代表的互联网公司开始探索智慧中台模式。

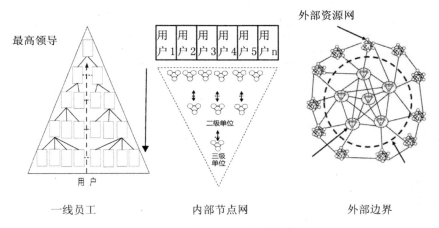

图 3-4　企业组织形态的演变

（资料来源：许可．运营商数字化转型的十大方向及策略做法．DETECON，2020.11）

中台模式具有如下四方面优势：一是赋予业务快速创新和试错能力：标准化业务中心为项目快速创新提供了基础，为产品试错提供了条件；二是培育业务创新的环境：共享服务体系能很好地培养出特定领域的专家；三是打造数字化运营能力：中台模式将数据的格式和标准统一，这为大数据平台项目初期和同步带来有利条件；四是改变组织阵型带来组织效能提升。

以运营商为例，智慧中台的发展蓝图如图 3-5 所示。首先是明确中台定位和目标；其次是规划中台体系，分别从组织中台和 IT 中台两个方面入手；最后是明确中台发展路径，制定相应保障机制。通过智慧中台的规划和建设，成为融合业务统一服务者、资源统一汇聚者和业务统一支撑者，最终实现公司业务集中、高效的运营与发展。

第三，后端共享。缩减后端职能部门，并对前端事业部/事业群形成直接职能对接。如 T-Systems 组织架构中的人力和财务两大职能部门嵌入到三大 BU 中，支撑部门"电信 IT 部"负责 T-Systems 乃至整个 DT 的 IT 支撑。后端职能支撑部门专业化运作，并与业务部门全面对接，后端去中心化与共享——职能部门嵌入化，打造网状组织。

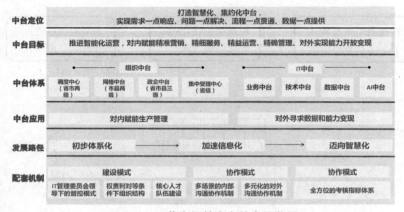

图 3-5　运营商智慧中台的发展蓝图

（资料来源：许可.运营商数字化转型的十大方向及策略做法.DETECON，2020.11）

曹仰锋在《第四次管理革命》一书中指出，在一个生态系统中，人、财和数据是最为重要的三大核心资产，生态企业在构建共享平台时，需要重点构建三个核心的共享平台，即人力资源共享平台、财务共享平台和数据共享平台（如图 3-6 所示）。这三个共享平台可以提高生态企业对生态系统中人、财、数据三大核心资产进行配置整合的能力，将其价值最大化，并形成强大的"中后台能力"，为一线的前台业务提供及时和高效的服务，大大提高了一线企业或者团队的敏捷力和价值创造能力。

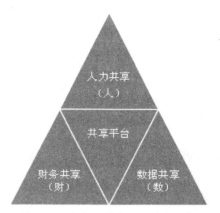

图3-6 生态系统中三大共享平台

（资料来源：曹仰锋.第四次管理革命［M］.北京：中信出版社，2019）

3. 技术创新能力是根本

在平台商业模式中，平台是价值共创的场所，平台的技术创新能力是支撑平台连接利益主体开展价值共创的根本。技术创新能力主要体现在以下五个方面。

（1）人工智能（A，即 Artificial Intelligence）

人工智能是指让机器拥有人类智能的技术。对人工智能而言，最重要的是三个因素：算法、数据及计算能力。亚马逊是人工智能技术领域的领导者，并将人工智能技术应用到亚马逊的各种服务场景中。国内某电信运营商的服务部门也是通过利用人工智能技术，在与客户的语音和文本交流中都提供了智能化。如智能语音门户导航，客户可以说出需求，系统根据语音识别客户需求，为客户提供服务；文本的智能应答，客户将需求以文本形式输入，系统根据文本内容智能回答客户咨询的问题。

（2）区块链（B，即 Block Chain）

区块链这个概念于2008年提出，最初与加密货币（比特币）关联在一起。作为一项新技术，区块链将减少企业对某些第三方中间商（如银行、律师和经纪人等）的依赖，这就是去中介化。区块链还可以不受办公时间的限制，加快交易处理，提高流程效率，所有参与者都能查看其中的信息，但不能修改信息，这有助于防范风险和欺诈，建立生态系统中的信任关系，让业务更加透明。由于区块链具有分布式和加密的特性，它很难受到非法供给，因此，区块链还能保障业务和物联网的安全。

（3）云计算（C，即 Cloud Computing）

这个词最早是谷歌公司定义的。云计算的核心是通过资源共享达成规模经济，比如亚马逊作为云服务提供者，集成大量的资源在 AWS 平台上供多个用户使用，用户可以非常方便地使用计算资源，并根据需要随时调整使用量，将不需要的资源释放回云端。

（4）大数据（D，即 Big Data）

在商业、经济及其他领域中，决策将依赖于数据和分析，而并非基于经验和直觉。企业对大数据的利用和其数据存储、计算能力等有关。大数据一直是营销分析的重要信息来源。从几十年前开始，大数据的研究一直在发展（Chen，Chiang 和 Storey，2012），当时它主要基于数据库管理系统，该系统分析了组织内的结构化内容。在市场营销方面，这导致了 CRM 工具和应用程序的开发，包括使用预测变量（例如广告、研发和品牌）进行建模。大约 15 年前，大数据分析开始包括使用文本和 Web 分析进行分析的基于 Web 的非结构化内容。这使公司可以直接与客户互动并使用 Cookie，从而使组织可以收集数据来了解客户的偏好和需求。它还迎来了对用户生成的内容和社交媒体的分析，然后使用计算语言工具对其进行了分析以捕获情绪。

当前，大数据的第三个时代正在兴起（Chen 等，2012），这主要是由于智能手机和平板电脑在全球范围内取代了移动性较差的计算机的兴起。物联网（IoT）和嵌入式系统将进一步支持这个时代。我们发现这个时代与 SD 逻辑非常吻合，因为它可以通过数据分析实现适应并创建系统动态的新型企业（Zeng 和 Lusch，2013）。简而言之，大数据允许通过高级分析（例如网络分析、文本分析、非线性动态建模）和大量计算工具（例如遗传算法）使用基于移动和基于传感器的内容实时捕获以客户为中心的行为算法（如模糊逻辑、神经网络和基于主体的建模）。因此，一个突出的研究问题是如何在服务生态系统中使用大数据来捕获以客户为中心的行为，并提供校准市场参与者（例如供应商，公司，客户）的非线性动态模型的方法？

（5）边缘计算（E，即 Edge Computing）

"边缘计算"把计算能力从云端转移到智能终端，而不需要将所有传感器都与云端连接。在边缘计算的架构模式下，分析和运算更接近于数据的源头，还可以提高响应力。比如，制造企业在进行数字化转型时会部署和连接大量的智能化终端和设备，边缘计算就可以帮助企业计算和处理日常的大量业务数据，提高智能设备的实时响应能力。

在当今数字经济时代，企业需要充分利用 ABCDE 技术带来的机遇，结合企业发展实际，不断进行技术创新，以增强平台的能力，更好地支撑企业与顾客、合作伙伴开展价值共创。

五、价值共创是利益主体的共同目标

本研究提出，价值是在服务主导逻辑的理念指导下，在顾客参与和网络嵌入的共同行动下，通过平台能力的中介作用共同创造的。价值创造过程具体见图3-7。

价值共创是利益主体的共同目标。根据原磊（2007）的①研究表明，顾客价值是基础，伙伴价值是支撑，企业价值是目标，价值是顾客、伙伴和企业三方共同创造的。

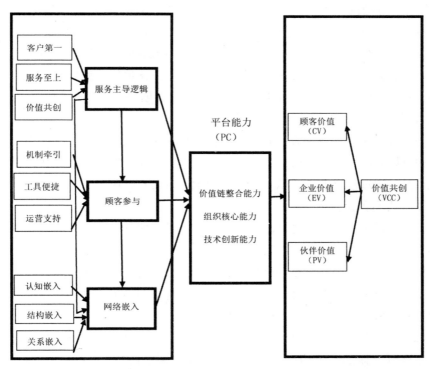

图3-7 价值共创的过程

（资料来源：作者绘制）

---

① 原磊. 商业模式体系重构[J]．中国工业经济，2007，6（231），70-79

1. 顾客价值是基础

顾客价值是指顾客使用产品或享受服务过程中感知和获得的利益组合。包括使用价值、体验价值、情感价值和实践价值等。使用价值是顾客在产品和服务使用中获得的一种有形产品或无形服务。体验价值是指顾客参与产品的设计、研发、生产或销售过程中的体验和感受，也包括对产品和服务使用的感受。情感价值是指顾客投入情绪到产品和服务的生产或销售中，以及使用产品和服务时的认同感，情感价值与体验价值一般是同时发生的。同时，由于采用了新技术，顾客突破了时空的限制，随时随地都可以获得产品和服务，节约了大量的时间和成本，也就相当于增加了用户的闲暇时间。顾客参与企业价值共创，目的也是为了提高上述价值内容，因此说顾客价值是基础。

2. 伙伴价值是支撑

伙伴价值是合作伙伴在价值共创中所获得的利益组合。在平台商业模式中，平台提供者是价值创造的主体，顾客是重要的异质资源。同时，平台聚集了供应方、互补方、渠道分销商等多个参与者。参与者在价值共创网络中一边发挥自身优势，提供相关的资源与其他伙伴进行价值共创，一边分享价值创造成果，实现共赢。

一方面顾客作为需求方，向平台提供者提交个性化的需求；另一方面，供应方根据顾客的个性化需求，整合互补方资源，研发和生产满足顾客需求的个性化产品，通过价值创造过程，合作伙伴的价值得以实现。

3. 企业价值是目标

企业价值是价值共创的目标。企业价值一般有两种模式，即收入模式和成本模式。

（1）收入模式。一种是谷歌模式，即第三方广告模式。该模式在顾客层面是免费的，通过第三方支付广告费用的模式实现赢利。另一种是腾讯模式，即平台免费、增值业务收费，如 QQ 和微信等。

（2）成本模式。平台提供者通过提供平台，构建价值网络，由相关合作伙伴提供资源，通过利用互补方提供的资源，最大限度地降低成本。

总之，价值共创是利益主体的共同目标，通过建立合理的价值分配机制，根据各主体的贡献程度进行价值分配，使得顾客价值、伙伴价值和企业价值均得以实现。

因此，价值共创的机理研究表明，价值共创遵循"理念—行动—结果"的逻辑，在服务主导逻辑理念的统一指导下，顾客参与、网络嵌入和平台能力三个行动缺一不可。其中顾客参与是基础、网络嵌入是关键、平台能力是核心，四者之间相互作用，共同促进顾客、平台提供者、供应方、合作伙伴、利益相关者的资源整合和服务交换，最终实现价值创造。

第二节　理论模型

一、研究理论模型

本节是在上节对价值共创作用机理分析的基础上，构建了本章的理论模型。（如图 3-8 所示）

该理论模型指出，企业在价值共创中，应重视服务主导逻辑的理念革新，引导顾客积极参与，并通过网络嵌入结构的不断优化和完善，共同构建统一的平台，并不断提升平台动态能力，发挥平台网络效应，实现顾客、企业和合作伙伴多方的价值共创（杨路明等，2020）①。

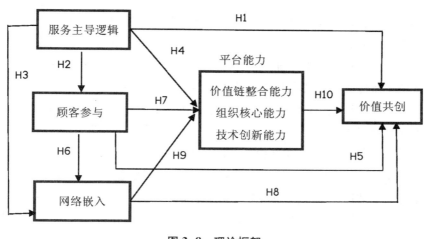

图 3-8　理论框架

（资料来源：作者绘制）

二、研究变量定义

鉴于目前服务企业在发展中价值共创研究的必要性，结合企业的实践需要，

① 杨路明，张惠恒，许文东.服务主导逻辑下价值共创影响研究—平台能力的中介作用 [J] .云南财经大学学报，2020，36（5）：76-89.

确定本文的研究变量及其主要因素如下。

1. 自变量

自变量包括服务主导逻辑、顾客参与、网络嵌入和平台能力。其中服务主导逻辑在本研究框架中是理念；顾客参与是基础，顾客参与包括组织认同感、参与感、自我效能感、利得感和顾客价值共创行为五个因素；网络嵌入是关键，包括认知嵌入、结构嵌入和关系嵌入三个因素；平台能力是价值共创中的核心能力，包括价值链整合能力、组织核心能力和技术创新能力三个因素。

Vargo 和 Lusch（2004a）提出了服务主导逻辑，他们认为，首先是从服务对服务的交换而不是从商品对商品或商品对金钱的交换来理解营销活动（以及一般的经济活动）。换句话说，是人们为自己和他人所做的专门知识和能力所产生的活动（即服务和应用能力）以及他们想要为他们完成的活动，它们代表价值的来源，并因此代表交换的目的。其次，价值是共同创造的，而不是由一个参与者创造并随后交付的。

顾客参与是指顾客通过投入时间、精力、智力和情感等资源，参与到企业价值共创中的行为。本研究提出，顾客参与有五个因素，具体包括：（1）组织认同感，即顾客认同参与企业的价值观，认可公司的使命和愿景等。（2）参与感，即愿意投入时间和精力去做与公司价值共创等相关的工作，如参与新产品或新服务研发、宣传和推广等。（3）自我效能感，即具有购买和使用公司产品和业务的丰富经验，具备参与价值共创的专业知识和技能（如服务意识、业务熟练、人际技能等）；有能力参与企业价值共创工作中（如沟通能力、学习能力、人际交往能力等）。（4）利得感，参与企业价值共创活动后获得成就感、价值感和额外奖励等。（5）顾客价值共创行为，即为企业开发新产品和新服务提供创意或想法，主动向企业反馈消费体验和感受；通过各种途径向其他顾客宣传和推荐企业的产品和服务等。本章研究的顾客参与价值共创行为主要是针对顾客参与企业的产品和服务的宣传和销售等价值传递环节。

网络嵌入是通过参与者之间的资源互补，以及通过相互学习、吸收和整合进行价值创造。价值共创主体包括：顾客、平台提供者、供应商等。因为顾客的需求一般不能通过一个公司的资源来解决，因此，就需要通过多家公司合作，在相互支持及资源互补情况下共同努力才能完成。网络嵌入包括认知嵌入、结构嵌入和关系嵌入三个因素。①认知嵌入，指的是价值共创主体共同遵循的价值观和规范，共同的价值观有助于价值共创主体的资源投入。②结构嵌入，指的是网络成员的连接情况，网络成员越多，说明网络结构密度高，则网络上异质资源越多，反之则相反。③关系嵌入，指价值共创网络中共创主体的互动与资源承诺的程度，通过他们之间的关系反映价值共创活动过程中的配合程度。

平台是聚集顾客、供应方、互补方等多方主体的场所。本研究提出，平台能力是由平台组织的价值链整合能力、组织核心能力和技术创新能力三个方面构成的。第一方面，平台的价值链整合能力，即平台需具有跨界整合资源的能力，即平台需要有参与者共同认可并遵守的机制和制度，共享的价值分配机制确保参与者愿意参与等；价值共创主体间有建立良好的沟通协同机制（即价值共创主体间资源互补，有效协同）；平台有保持战略弹性和适应的能力（即平台有柔性，能快速响应客户需求等）。第二个方面，组织核心能力，即平台需要有为客户提供服务的服务能力和市场开发的营销能力；平台需要具备一定的内外部人力资源能力；平台具有人与系统结合的运营能力。第三个方面，技术创新能力，即平台拥有新技术的能力，并通过新技术的不断创新实现对产品和服务的创新和迭代的能力；如平台向价值共创主体提供的 IT 工具等。

2. 因变量

在本研究中，价值共创是因变量。价值共创是指在价值网络中包括顾客、平台提供者、供应商、互补方和分销商等在内的多方参与者，通过相互之间的信息分享、共同学习和资源整合，共同开展价值创造的过程，实现价值合理分配、利益共享、多方共赢。包括提升新的价值增长空间，如扩大用户群体规模、增加关系密度、增加利润空间等，以及提高价值创造效率，如降低交易成本等。

3. 中介变量

本研究中，平台能力是中介变量，它包括二阶变量平台能力以及一阶变量价值链整合能力、组织核心能力和技术创新能力。本研究中，服务主导逻辑、顾客参与和网络嵌入不仅通过一阶变量平台能力的中介作用对价值共创有影响，而且还通过价值链整合能力、组织核心能力和技术创新能力二阶变量的中介作用对价值共创产生影响。

第三节　研究假设

一、服务主导逻辑对价值共创的影响

价值共创的早期思想源于共同生产，从顾客体验视角发展到服务主导逻辑

（简兆权等，2016）①。Vargo 和 Lusch（2004a）概述了"SD 逻辑"的框架，他们认为，首先是从服务对服务的交换而不是从商品对商品或商品对金钱的交换来理解营销活动（以及一般的经济活动）。换句话说，是人们为自己和他人所做的专门知识和能力所产生的活动（即服务和应用能力）以及他们想要为他们完成的活动，它们代表价值的来源，并因此代表交换的目的。其次，价值是共同创造的，而不是由一个参与者创造并随后交付的。

该框架以服务对服务的交换方式来考虑价值创造。服务（通常是多元的）通过放弃无形的输出单位而重新概念化，这意味着它们是通过以工业、生产和商品为主导的取向而获得的，这种取向源于新古典经济学和工业革命的关注——对于采用流程含义（Vargo，Lusch 和 Morgan，2006；Vargo 和 Morgan，2005）——即服务（单数）。

服务主导逻辑自 Vargo 和 Lusch（2004）提出来后，两位学者分别在 2006年、2008 年和 2016 年对该理论进行了持续的修订，命题从 2004 年的 8 个发展到 2016 年的 11 个，其中多个命题都是对价值共创的描述。Vargo 和 Lusch（2016）将服务主导逻辑归纳为五个公理。（如表 3-1 所示）

表 3-1　SD 逻辑公理

公理/命题	公理
公理 1/FP1	服务是交换的根本基础
公理 2/FP6	价值是多个参与者共同创造的，始终包括受益者
公理 3/FP9	所有社会和经济参与者都是资源整合者
公理 4/FP10	价值始终是受益人唯一且在现象学上确定的
公理 5/FP11	价值创造是通过参与者产生的制度和制度安排来协调的

（资料来源：根据 Vargo 和 Lusch（2016）参考文献整理）

价值共创不限于任何一个交易所或服务系统的双重活动。它是通过将现有资源与可从各种服务系统获得的资源进行集成而发生的，这些资源可以为系统的环境状况所确定的幸福感做出贡献。交换中的价值是交换伙伴之间提供和接收的协商度量（例如金钱和价值主张）。服务提供商的资源经过调整，并与服务系统的现有资源集成在一起，并且价值是社会情境中得出和确定的。

---

① 简兆权，令狐克睿，李雷. 价值共创研究的演进与展望——从"顾客体验"到"服务生态系统"视角[J]．外国经济与管理，2016，38（9）：3-20.

SD 逻辑认为，只有在服务的受益者（通常是客户）将服务提供者的资源与其他资源（在其自己的、特定的、可用的资源范围内）（包括来自其他服务系统的资源）整合并应用后，才能创造价值……用 SD 逻辑的语言来说，这些服务系统被称为"资源集成商"（FP9）。因此，对来自服务提供商（例如公司和其他面向市场的公共和私人资源整合者）的（集成）资源的整合和应用，因为价值在于始终（在社会情境中）特定于受益人，它始终由受益人（FP10）确定。

关于共创的最突出观点之一是服务主导逻辑（Vargo 和 Lusch，2016 年）。这种观点没有强调价值共同生产的概念，而是强调了价值共同创造的必要性。本质上，交换的基本单位是服务而不是产品，因此提供商在与客户互动期间通过交换服务来共同创造价值（Vargo，Maglio 和 Akaka，2008）。与被动价值响应者或接受者相反，客户被视为是主动价值创造者（Xie，Bagozzi 和 Troye，2008）。他们在关系交流中的作用是参与组织与参与者合作，通过整个服务价值链共同创造价值（Yi 和 Gong，2013）。在此角色下，客户可能会取代销售组织内传统上存在的活动和职责，例如自助服务（Mills 和 Morris，1986）或产生服务改进想法（Bettencourt，1997）。在这种情况下，他们始终参与价值的创造，并在定义每个产品或服务解决方案的相关收益方面起着至关重要的作用（Vargo 和 Lusch，2004）。在整个过程中，公司负责促进价值共创的过程，而不是直接一手交付价值（Payne 等，2008 年）。

因此，提出以下假设：

H1：服务主导逻辑对价值共创具有显著的正向影响

二、服务主导逻辑对顾客参与的影响

SD 逻辑的多个基础前提对于确定新兴的顾客参与概念的概念基础特别相关（Vargo 和 Lusch，2008a）。前提 6 指出"客户永远是价值的创造者"。SD 逻辑中前提 10 指出"价值总是由受益人唯一且在现象学上决定的。"具体来说，前提 10 强调了价值创造概念的高度经验性、内在主观性和上下文性。这种特定前提源自"体验经济"（Pine 和 Gilmore，1999），"服务遭遇"和"服务景象"（Bitner，1992）的概念。例如，Schembri（2006）建议，在 SD 逻辑中，客户通常以创造独特体验的方式充当"生产者"。"因此，他们不仅是接受者，也不是理性意义上的联合生产者，而是他们服务体验的创造者。"前提 8 指出："以服务为中心的视图本质上是面向客户和与客户相关的，"强调了服务的超越性和关系性（Vargo，2009）。这四个前提为顾客参与概念的发展提供了概念基础，顾客参与概念反映了客户与其他利益相关者在集中的、网络化服务关系中的互动和创造性体验。具体来说，卢希（Lusch）和瓦戈（Vargo）（2010）建议，特定的互动式和创造性客户体验可以解释为"参与"的行为。

SD 逻辑的多个 FP 认为，价值始终是需要在公司、其客户和其他利益相关方积极参与的互动过程中共同创造的。更具体地说，服务主导逻辑认为，企业不能创造和交付价值。他们只能提出价值主张（FP7），并提供服务作为服务受益人（通常是客户）实现价值的输入，顾客可以通过运用自身的专业技能和知识参与到企业的价值共创行动中。不同的顾客拥有不同的资源和信息，企业可以将顾客作为异质资源，在价值共创中进行信息分享、共同学习和资源整合。因此，顾客不仅是价值的接收者，更是价值创造的共同参与者，包括：提出产品和服务解决方案的需求、自助获取服务、分享产品或服务体验信息给其他人、帮助企业宣传产品或服务等。总之，顾客通过使用其技能将获得的资源与原有的资源进行整合来创造价值（GRÖNROOS，2017）。

因此，提出以下假设：

H2：服务主导逻辑对顾客参与具有显著的正向影响

三、服务主导逻辑对网络嵌入的影响

SD 逻辑是基于服务的、必须互动的，是以网络为中心共同创造价值的，并因此具有内在的关系。服务主导逻辑认为，网络和互动在价值创造和交换中具有核心作用。一些市场营销学者（例如 Achrol 和 Kotler，2006；GRÖNROOS，2006；Gummesson，2006）指出，互动和/或网络在价值创造和交换中起着重要的作用。SD 逻辑将营销视为社会和经济过程（Lusch 和 Vargo，2006b），其中互动的概念是核心。它包含这样一个思想，即价值创造是整合和转化资源（FP9）的过程，这需要交互作用并暗示着网络。同样，价值共创的中心 SD 逻辑概念是一个交互式概念。

网络理论的早期先驱者 Håkansson 和 Prenkert（2004）指出："…… 进行所有交换活动是为了通过交换实现服务，即释放潜在的资源服务并产生价值。换句话说，业务交换活动的结果是所提供的服务，而业务活动的目标是实现埋藏在所包含资源的最深处的潜在服务……，目的是通过释放资源中惯用的服务来创造价值"。这些服务以及相关的价值是通过"参与者"创建的，该参与者将在交换中访问的资源与其他内部和可通过其他交换获得的资源进行组合。该网络概念与 SD 逻辑的资源集成概念以及 Normann（2001）的密度概念紧密一致。

SD 逻辑的显著特征是将所有客户、员工和组织视为业务资源。在营销的许多网络文献中都可以找到相同的概念。它也构成了通过经济学的超边际分析研

究网络的基础（Yang，2003），它建立在史密斯从劳动分工的原始网络效应基础上，类似于 SD 逻辑及其具有价值共同创造和资源整合的方向。此外，它建立在 Ballantyne 和 Varey（2006）提供的对话的基础上，要求所有网络参与者之间进行交流，以通过信任、学习和适应共同创造价值。

Vargo 和 Lusch（2008）认为，服务对服务交换的是服务系统，它是通过价值主张与其他系统连接的资源（包括人员、信息和技术）的配置。他们认为，价值是嵌入公司产出并由价格捕获。对于 SD 逻辑，价值是来自操作性资源的有益应用，有时通过操作数资源或商品（Vargo 和 Lusch，2004）。因此，从这种观点来看，价值是通过公司、员工、客户等利益相关者共同创造的，但价值始终由受益人确定。这些参与实体构成了社会网络，而这些社会网络为企业价值共创提供了异质的信息和资源。

因此，提出以下假设：

H3：服务主导逻辑对网络嵌入具有显著的正向影响

四、服务主导逻辑对平台能力的影响

SD 逻辑是服务科学和服务系统价值创造研究的基础（Maglio 和 Spohrer，2008 年；Spohrer 等，2008）。对服务系统的研究强调了价值共创中的协作和适应，并为相互提供服务的系统建立了一个平衡且相互依存的框架。这些系统可以通过资源交换和应用而生存，适应和发展的个人或个人组（例如，家庭、公司、国家等），特别是知识和技能与其他系统一起使用。因此，通过服务系统之间的交换，共同为自己和他人创造价值。

第一，价值主张在服务系统之中建立了连接和关系。公司在价值创造、价值主张和服务提供中的作用是价值的中介共创过程。在价值共创中，价值最终是通过受益人（通常是客户）的参与，并通过在获取、使用和处置（霍尔布鲁克，1987）服务中产生。服务系统通过价值的主张、接受和评估来连接（Spohrer 等，2008）。服务提供商根据其能力和能力（技能和知识）在市场中提出价值。SD 逻辑文献（Akaka 等，2013；Lusch 和 Vargo，2014；Vargo 和 Lusch，2011；巴尔加斯等，2015；Venkatesh 等，2006）越来越多地认识到这些制度和制度安排是市场和其他地方价值创造的基本推动者。通过将它们概念化为资源集成、服务交换参与者，它们可以通过机构来安排约束和协调自己，从而更全面地了解网络。也就是说，经济（和其他社会）网络往往是自治的，自我调整的服务生态系统，在各种聚合水平上参与价值创造。已注意到并检查了四类资源：具有权利的资源、作为财产的资源、实体以及社会建构的实体。

Maglio 和 Spohrer（2008）建议，理解服务系统内资源交换的关键在于服务系统之间能力（例如知识和技能）的分布以及理解连接这些系统的价值主张。

第二，价值是通过服务系统之间的服务交换共同创造的。服务系统之间的交换共同创造价值。服务系统之间的相互依赖关系推动了服务之间的交换和资源集成。Spohrer 等人（2008）解释了服务系统为了共同创造价值而参与三个主要活动：提出价值；接受提议；实现该提议。因此，至少两个服务系统必须参与资源的应用和集成。SD 逻辑以资源集成和互服务提供为驱动力，专注于关系、协作和系统性价值创造，指出需要从动态服务生态系统角度进行思考（Lusch 等，2010；Vargo，2009）。

第三，参与者之间是通过语言、机制和技术的使用开展服务交换实现价值共创的。服务生态系统通过为服务提供服务，资源整合参与者之间的关系而出现和发展。①参与者是自发地感知和响应。②时空结构。③很大程度上松散耦合。参与者主要通过软合同与硬合同来联系组织内部和外部的其他人。④价值提议者。参与者不能为其他参与者创造价值，但可以提供具有潜在价值的要约，这是通过价值主张来实现的。⑤语言、制度和技术的使用。为了成功地进行交互，参与者需要一种通用语言，他们依靠这些和其他社会机构（例如货币体系，法律等）来规范接口和交换。另外，技术创新驱动着系统的发展和性能。⑥共同制作服务产品。⑦相互提供服务。⑧共同创造价值。

在 SD 逻辑的生态系统观点中，各种参与者直接或间接地联系在一起，并通过一种超越传统的交易和经济交换概念的关系网络变得相互依存。必须在超越交易（单个或重复）的复杂参与者（客户、雇员、供应商和其他利益相关者）网络之间的关系中理解公司活动和价值（共同）创造。要实现服务系统之间的服务交换，需要有平台为服务系统之间提供服务交换的支撑，并且平台需要具备服务系统之间的价值链整合能力、组织服务系统之间进行交换的组织核心能力，以及支撑服务系统更好地进行价值共创的技术创新能力。

因此，提出以下假设：

H4：服务主导逻辑对平台能力具有显著的正向影响

H4a：服务主导逻辑对价值链整合能力具有显著的正向影响

H4b：服务主导逻辑对组织核心能力具有显著的正向影响

H4a：服务主导逻辑对技术创新能力具有显著的正向影响

五、顾客参与对价值共创的影响

研究表明，共同创造是客户成果的积极影响因素（O´Cass 和 Ngo，2012）。

客户共同创造价值的定义是公司与客户共同创造价值（Payne，Storbacka，Frow和 Knox，2009）。此外，客户价值的共同创造对于帮助公司实现竞争优势至关重要，因为它会影响客户满意度和忠诚度（Navarro，Llinares 和 Garzon，2016）。

研究表明，价值共创对提供商和客户都有好处（Yim，Chan，&Lam，2012）。对于客户而言，积极参与共同创造价值的机会使他们比不积极参与的顾客更满意（Navarro 等，2016），鼓励客户更具创新精神（Franke 和 Schreier，2010），还可以提高客户的热情和承担风险的意愿（Glassman 和 McAfee，1990）。从共同创造中获得的感知价值导致客户承诺的增加和心理依恋关系，从而提高了客户在合作伙伴关系中做出更多自愿性努力的意愿（Maignan 和 Ferrell，2004）。

顾客参与对企业的绩效有积极影响。例如，Fang（2008）研究①结果表明，客户参与会通过增强信息共享和客户与供应商之间的协作来提高新产品开发过程的有效性，并通过增加客户和供应商在产品开发工作中的投入水平来影响新产品开发过程。Hienerth 等人（2011）实证研究结果发现，顾客创造了重要的产品创新，每项创新的支出大约比企业生产低 3 倍②。通过共同定义和解决问题，价值共创过程假定为每个参与人员建立共赢局面（Duleeep 等，2018）③。因此，客户被视为关键资源（Cossío-Silva，Revilla-Camacho，Vega-Vázquez 和 Palacios-Florencio，2016）。研究人员越来越强调，创造价值需要分享关键信息并完成有效的对话交流，而不是单方面促进（Ballantyne 和 Varey，2006；Prahalad 和 Ramaswamy，2000）。Ballantyne 和 Varey（2006）建议参与者需要制定共同的价值主张。换句话说，供应商和客户都需要提出他们对价值的看法，并明确指出通过相互承诺所期望的收益。客户非常重视交互的质量和服务流程：研究已将专业服务专业人员的响应能力、灵活性、可靠性和沟通技巧确定为客户感知的重要价值驱动优势（Lapierre，2000；Liu，2006）。除了金钱成本，客户还必须牺牲时间、精神和精力来获得收益（Lapierre，2000）。价值共创被概念化为联合问题解决，其中涉及在协作交互过程中集成的供应商和客户资源。供应商运用其专业的技能、方法和判断力，而客户则贡献诸如知识之类的资源，

---

① FANG E, PALMATIER R W, EVANS K R. Influence of customer participation on creating and sharing of new product value [J]. Journal of the Academy of Marketing Science，2008，36（3）：322-336.

② HIENERTH C, HIPPEL E V, JENSEN M B. User community vs. producer innovation development efficiency：A first empirical study [J]. Research Plolicy，2011，43（1）：190-201.

③ Duleeep Delpechitrea, Lisa L. Beeler-Connelly, Nawar N. Chaker. Customer value co-creation behavior：A dyadic exploration of the influence of salesperson emotional intelligence on customer participation and citizenship behavior [J]. Journal of Business Research，2018（92）：9-24.

以创造最佳的使用价值，即在要实现的使用价值与所需的牺牲之间达到最佳的平衡。

顾客参与的行为形式包括：客户与企业的沟通和反馈；客户之间的口碑传播；以及客户使用产品和服务过程中的投诉等。

因此，提出以下假设：

H5：顾客参与对价值共创具有显著的正向影响。

六、顾客参与对网络嵌入的影响

Edvardsson 等人（2011）研究认为，服务交换和价值共同创造的概念已嵌入到社会系统中。价值共同创造是由社会力量决定的，是由顾客和参与者在不断变化的角色中通过动态的服务交换而创造的[①]。顾客参与能够提升网络嵌入水平（姚琦等，2016）[②]。

第一，顾客参与影响认知嵌入。Bowden（2009a）将客户体验描述为提高客户忠诚度的"心理过程"。CE 的概念复杂性很大程度上是由于特定服务关系中固有的交互性、体验性导致的。具体而言，CE 发生在客户、焦点对象和/或服务关系中的其他利益相关者之间，因此需要第一手经验（Hollebeek，2011）。顾客参与使他们从使用经验中获得了满足感和归属感（Lin 等，2014[③]），增强了他们对产品或品牌的认同。盖洛普（Gallup）小组的顾问指出，CE 包含焦点品牌的"理性忠诚"和"情感依恋"（Appelbaum，2001）。敬业的客户可能会体验到对品牌的信心、信任、自豪感以及对品牌的热情（McEwen 2001、2004；McEwen 和 Fleming 2003）。对品牌的热情也导致某些行为（Matzler 等，2007）。Füller 等人（2008）研究表明，品牌热情会导致对品牌社区的认同。

同时，与品牌社区的认同被视为品牌社区的相关特征之一（Loewenfeld，2006），被定义为"对一个群体的归属感，一个人与该群体的认同结果"（Bhattacharya，Hayagreeva 和 Glynn，1995）。与品牌社区的认同是社区成员行为的主要决定因素之一（Algesheimer，Dholakia 和 Herrmann，2005），它具有认知成分

---

① Edvardsson B, Tronvoll B, Gruber T. Expanding Understanding of Service Exchange and Value Co-Creation: A Social Construction Approach [J]. Journal of the Academy of Marketing Science, 2011, 39 (2): 327-339.

② 姚琦，邓玉成，Web2.0下顾客参与共创品牌价值研究[J]. 企业管理，2016，（6）：108-110.

③ Lin H, Fan W, Chau P Y K. Determinants of Users' Continuance of Social Networking Sites: A Self-Regulation Perspective [J]. Information and Management, 2014, 51 (5): 595-603.

（消费者对社区成员的自我意识及其与社区成员的相似性）和情感成分（消费者对群体的情感参与，即对群体的情感承诺）（Bergami 和 Bagozzi，2000）。假设顾客对品牌信任、对品牌社区的认同以及品牌知识和品牌热情都对客户参与其偏爱品牌的开放式创新项目的意愿产生积极影响。因此，可以说品牌信任导致更高的顾客参与意愿，顾客参与对认知嵌入有正向影响。

第二，顾客参与影响结构嵌入。结构嵌入主要指网络规模、网络密度以及顾客连接社会的数量。品牌社区提供了与品牌和其他消费者之间的关系网络（Keller，2003；Quinn 和 Devasagayam，2005）。消费者通过互动交流过程交流产品信息并互相影响（Ahonen 和 Moore，2005；McAlexander 等，2002）。Füller 等人（2008）研究①认为，品牌社区可以成为有价值的创新来源。品牌社区成员被认为是在整个创新过程中增加价值并为各种创新活动做出贡献的理想手段，这些活动包括确定需求、提出想法、修改概念、开发原型和测试产品，并扮演不同的角色——从最终检查员到共同创作者（Nambisan，2002）。品牌社区的形成和认同是通过讨论消费活动和品牌含义而发生的（McAlexander 等，2002）。对品牌的关系和态度从根本上取决于集团成员之间的社会互动。

根据创造力理论，消费者创造新颖和有用想法的能力取决于他们的创造力水平（Sternberg 和 Lubart，1999）。根据 Amabile（1996）的框架，创造力包括三个主要部分：（1）与领域相关的技能；（2）与创造力有关的过程；（3）任务动机。正如最近所显示的那样，有创造力的人往往比没有创造力的人更愿意参与虚拟新产品的开发（Fuller，2007）。Muniz 和 O´Guinn（2001）表明，Macintosh 计算机社区成员与其他成员共享知识，以帮助他们并增强他们的计算机功能。Algesheimer 等人（2005）认为"……成员有兴趣帮助其他成员，参加联合活动，或者以社区认可的方式自愿采取行动，并提高其对自己和他人的价值。"品牌现有或新产品的改进或发展增加了品牌知名度价值，从而提高社区成员的价值。因此，顾客对品牌社区的信任和认同，将促进顾客更多地参与，有利于扩大网络连接规模，促进网络嵌入结构的优化，实现更多的资源链接和整合。

第三，顾客参与影响关系嵌入。Brodie 等人（2011）认为，CE 状态发生在共同创造价值的动态、反复的服务关系过程中。CE 的概念根源在于关系营销和 SD 逻辑的扩展视图，这凸显了特定交互、创造性体验过程的重要性，这是由于

---

① Füller J，Matzler K，Hoppe M. Brand Community Members As a Source of Innovation [J]. Journal of Product Innovation Management，2008，25，（6）：608-619.

特定人类交互的发生（Vargo 和 Lusch，2008a）。此类共同创造的价值的示例包括良好感知的客户/公司沟通、服务交付和/或对话，这可能有助于确保客户忠诚度结果。此外，基于 SD 逻辑，特定的共同创造的价值水平源自焦点服务关系情境中的特定交互。因此，即使没有观察到这样的先验价值创造意图，借助共同的互动体验，也会出现特定的共同创造价值水平。参与过程可以看作是一系列聚合的参与状态（Dunham，Klimczak 和 Logue，1993；Zhou，Hall 和 Karplus，1999）。基于此观察，CE 过程可能从短期到长期和/或相对稳定到高度可变，这可能会随着时间的流逝而产生不同水平的 CE 强度和复杂性。SD 逻辑中阐明关系的超越视图，强调了交互性和客户体验（例如，Vargo，2009）。

在组织机构中，已经发现，高度友善的员工对组织的情感依恋、认同感和参与度更高（Matzler，Renzl 等，2006）。由于与他人的愉悦和令人满意的关系对于拥有较高认同度的人很重要（Organ 和 Lingl，1995），并且由于这些人可以在品牌社区中找到这种关系，因此人们认为，认同度与品牌社区识别正相关。在人格心理学中，许多研究已将人格特质与情感状态相关联（Larsen 和 Katelaar，1991；Rusting 和 Larsen，1997）。在许多研究中发现外向性与积极情绪正相关（Costa 和 McCrae，1980；Watson 和 Clark，1992）。在营销环境中，一些研究将外向性与消费者情境中的积极情绪相关（Matzler 等，2005；Mooradian 和 Olver，1997）。Guido（2006）发现外向性与享乐主义购物价值呈正相关。Baumeister 和 Bratslavsky（1999）认为，人格对人的热情有很大的影响。Matzler 等人（2007）表明外向性与品牌热情成正比。同时，开放与积极的想象力，审美敏感性，对内心的专心，对多样性的偏爱，智力上的好奇心和判断力的独立性有关。高度开放的人表现出智力上的好奇心、创造力、灵活的思维和文化（Dingman，1990）。在开放性上得分高的人被描述为对内在世界和外在世界都更加好奇。他们也更乐于接受新颖的想法和非常规的价值，比起封闭的人，他们更能积极地感受到正面和负面的情绪（Costa 和 McCrae，1992）。因此，开放性与消费者的技能、创新性和品牌知识正相关。关系嵌入能够提升顾客体验感知，提升企业品牌价值，促进企业绩效的提升。

因此，提出以下假设：

H6：顾客参与对网络嵌入具有显著的正向影响。

七、顾客参与对平台能力的影响

近年来，社交媒体平台不断涌现，通过交换用户生成的内容（例如，文本、图像、音频和视频内容）为消费者提供了一种相互交流的途径（Kaplan 和

Haenlein, 2010；Kietzmann, Hermkens, McCarthy 和 Silvestre, 2011）。值得注意的是，社交媒体空间中不断与公司及其品牌进行服务交换的消费者是公司建立和保持强大的社交媒体影响力的结果（Kaplan 和 Haenlein, 2010；Schau, Muniz 和 Arnould, 2009）。此外，企业认识到社交媒体对消费者生活产生影响和作用的重要性，社交媒体平台所提供的功能使他们能够在日益数字化的商业环境中保持一致（Day, 2011；Kaplan 和 Haenlein, 2010）。最近，社交媒体平台（包括但不限于 Facebook, Twitter 和 Instagram）都被视为情境的，而不是其本身的参与者（Xiang 和 Gretzel, 2005 年）。有一些新兴的文献将诸如社交媒体平台之类的技术平台识别为"通过价值主张与其他系统（即参与者）相连的资源安排"（Vargo 和 Lusch, 2008）（另见 Barrett, Davidson, Prabhu 和 Vargo, 2015 年；Lusch 和 Vargo, 2014）。社交媒体平台越来越被视为基于技术的参与平台，其本身可以为网络中的其他参与者（即公司和客户）提供整合不同资源以共同创造价值的组合潜力（Yoo, Boland, Lyytinen 和 Majchrzak, 2012）（Barrett 等, 2015；Kietzmann 等, 2011；Maglio 和 Spohrer, 2008；Sashi, 2012）。Füller 等人（2008）认为，社交媒体平台在业务网络价值创造过程中具有作为技术参与平台的作用（参见 Frow, Nenonen, Payne 和 Storbacka, 2015），同时验证了社交媒体平台具备了模块化功能（请参阅 Meyera 和 DeToreb, 2001；Sanchez, 1995, 1999；Sanchez 和 Collins, 2001），并将社交媒体平台定位为促进者公司和客户之间的高阶资源形成（Madhavaram 和 Hunt, 2008），以解释价值共创成果在增强公司业务绩效中的作用。

在社交媒体环境中，客户将他们的知识和技能（例如产品专业知识或 Internet 技能）应用于社交媒体平台上在线可用的资源（例如内容共享、地理标记、产品／服务评级功能等），与公司共同创造价值（Paredes, Barrutia 和 Echebarria, 2014）。

根据 Singaraju 等人（2016）研究①认为，B2B 环境中的"顾客"通常被视为商业客户（即机构），在其直接的 A2A 中提供多种资源（即财务、自然、法律、人力、组织、信息和关系）的组合与客户进行服务交换。这些交换又在 B2C 上下文中提供了资源（即物质、社会和文化）组合，以通过资源整合来共创价值。同样，在 B2B 环境下（也被视为组织）的供应商公司在与其他参与者

---

① Singaraju S P, Nguyen Q A, Niininen O, et al. Social media and value co-creation in mufti-stakeholder systems：A resource integration approach ［J］. Industrial Marketing Management, 2016, 54：44-55.

互动时提供了机构资源（即财务、自然、法律、人力、组织、信息和关系）的典型组合。从这个意义上说，SD 逻辑不仅使商业客户进入价值共同创造的过程，而且还可以看到源自商业客户网络（包括消费者参与者）的其他参与者。这种方法主张一种观点，即资源整合遍及所有 A2A 服务交换，并在新兴文献流中占据领先地位，这种观点主张通过服务生态系统的视角来审视 SD 逻辑，以更有效地阐明多主体资源整合环境（请参阅 Akaka，Vargo 和 Lusch，2012，2013；Vargo 和 Akaka，2012；Vargo，Wieland 和 Akaka，2015）。在这方面，所有参与者（例如客户、公司、社交媒体平台等）都被视为大型企业网络中的通用节点，可以通过多对多方法有效实现价值共创（Gummesson，2006）在与商业客户互动的供应商公司及其网络之间，特别是 Cova 和 Salle（2008）提到的消费者之间。

因此，本研究认为，顾客参与能促进平台能力的提升，包括对价值链整合能力的提升、对组织核心能力的提升以及对技术创新能力的提升。

第一，顾客参与有利于平台能力中价值链整合能力的提升。Ramaswamy 等人（2016）研究[①]认为，品牌产品和品牌关系作为参与平台，强调了基于参与的品牌能力架构的重要性。

共同创建企业的品牌参与平台被一个更大的品牌能力生态系统所笼罩——一个自然、社会、公民和经济系统的内部活动领域，其品牌能力架构虚拟化了品牌价值的传统创造（Ramaswamy 和 Ozcan，2014）。每种类型的联合代理机构都可以描述为潜在能力的多样性，可以通过参与平台加强这些联合能力，并可以实现新的经验价值来源。这些生态系统能力对于构成企业能力生态系统至关重要（Ramaswamy 和 Ozcan，2014），因为系统中的所有实体都具有无限数量的影响，可以与企业中其他共同创造机构共同依赖地转化为能力。多个品牌参与平台的战略架构是品牌价值共同创造。品牌能力生态系统中出现了一个新兴过程，体现在实际的品牌体验领域中。基于对企业生态系统中不同类型的利害关系人有意义的品牌体验，同业企业将更广泛的品牌价值视图纳入其运营中，从产生有意义的品牌体验的互动角度出发的环境，重点关注利益相关者在品牌参与中的价值，以及更好的管理通过利用个人和社区所有人的知识和技能来建立利益相关者与品牌之间的关系（Ramaswamy 和 Ozcan，2014；Frow 等，2015）。

[①]　Ramaswamy V, Ozcan K. Brand Value Co-Creation in a Digitalized World：An Integrative Framework and Research Implications［J］. International Journal of Research in Marketing，2016，33，（1）：93-106.

这也意味着战略性地设计品牌能力，以支持企业生态系统中多个品牌参与平台上的多个利益相关者。特定的互动平台必须实现不同类型的个性化共同创造体验，平台的互动创意品牌参与设计及其所提供的环境会随着时间的推移而发展。

第二，顾客参与有利于平台能力中组织核心能力的提升。关系品牌参与平台需要围绕企业活动设计的组合系统，例如与客户、员工、合作伙伴或任何其他利益相关者联系，创新/营销产品，客户服务/支持以及诸如品牌/用户社区之类的集体活动，无论是自有组织的或其他方式。

由从业者的角度来看，管理者需要营造一种信任的环境，使参与者的参与度不断提高，参与者可以自由地进行创造，并创造共同的品牌价值。管理者需要不断提供反馈，并将自己视为"文化结构"的一部分（Kozinets 等，2008）。就在线品牌社区而言，虽然内在动机可能会推动参与，但管理人员还必须开发机制以使人们能够有效地做出贡献（Ind 等，2013）。通过参与平台设计同伴互动，必须考虑各种任务，参与的强度和程度，多媒体工具，激励措施和支持/信誉，以在社区内产生引人注目的，流动性和支持性的互动体验（Fuller，2010）。通过品牌参与平台共同创造品牌关系体验，需要针对客户和组织学习的机会来设计和管理相遇（Payne 等，2009）。这也指出了人际关系的观点（Fournier 和 Yao，1997），以刻画和探索已确立的品牌关系，随着时间的推移，其特征是相互承诺和相互信任，以及与品牌的身心联系。

第三，顾客参与有利于平台能力中技术创新能力的提升。在数字化世界中，产品需要以技术为基础的实物商品和零售环境的增强，以及专门设计为品牌参与平台的纯数字服务。通过交互式平台的可扩展性，交互创建的实践跨越了活跃项目和组织结构的交互。研究者们将敏捷参与定义为在互动中体现体验（Deleuze 和 Guattari，1987；Taylor，1993；Sheehan，1998；Wrathall，2006）。Ramaswamy & Ozcan（2016）对"体验式"的使用强调参与者作为体验者的经验形成。经验丰富的参与者的经验性"成为"源于海德格尔的"存在于世界中"，解释并促进了他们存在和拥有经验的环境。该定义建立在现有研究的基础上并做出了贡献（请参阅 Brodie，Hollebeek，Juric 和 Ilic，2011 年；Brodie，Ilic，Juric 和 Hollebeek，2013；Chandler 和 Lusch，2015；Jaakkola 和 Alexander，2014；van Doorn 等人，2010），涉及市场营销和商业研究文献中的行动者参与（有关行动者参与度的最新讨论，请参见 Storbacka，Brodie，Böhmann，Maglio 和 Nenonen，2016）。

Ramaswamy 和 Ozcan（2016）定义了一个结构化组织，即互动系统环境中的参与者网络关系，包括"他们能创造什么"和"他们创造什么"。根据 Callonian

的观点，组织中的主要互动之一是"网络化，因为组织的成功关键取决于选择适当的要素，在它们之间建立适当的联系，并按照一个共同的目标调整由此产生的网络"（Cochoy，2014）。因此，结构化组织可以稳定平台的 APPI（A，即 Artifacts，指工件或人工制品；P，即 Person，指人员；P，即 Processes，指流程；I，即 Interfaces，指接口或界面；APPI 是指由工件、人员、流程和接口构成的交互式平台）组件之间的异构关系。数字化互动平台是一个主动的"中介者"，实体本身也被卷入其中（Latour，2005），它们"不是被动调解者或中立渠道"（Orlikowski 和 Scott，2015），而是让参与者参与制定互动式价值创造。

跨主动参与和组织结构进行交互创建的社会物质实践需要在平台交互的 APPI 组件之间配置异构关系。数字化已在交互创作的联合领域中实现了连接界面和流程方面的新功能，这些领域将人员和工件聚集在一起（通过照片和视频分享客户体验），因为扩展平台提供了多种类型的环境，个人可以通过它们共同构建潜在的有价值的体验。因此，数字化界面的日益普及使交互创作实际上可广泛应用于几乎任何类型的产品。更一般而言，交互性创造需要挖掘可能作为潜力存在的能力，并通过交互平台来调动它们。

因此，顾客参与由于个性化体验的需要，将会对平台的技术创新能力提出更好的要求，同时，要实现顾客参与的良好体验，就需要有数字化的 IT 技术创新能力提供数智化的服务支持。顾客向企业提交信息、反馈需求以及参与产品或服务开发时，将会促进顾客与企业之间、平台提供者与供应商多方的联动和协同，通过多方的资源整合和协同，满足客户的需求，同时促进企业绩效的提升。在本研究中，顾客参与概念中的顾客既包括了客户，也包括了供应商、分销商、互补商等利益相关者。价值共创的每个主体在参与中都会贡献自己特有的信息和资源，发挥自身的优势，会为平台注入不同的异质信息和资源，这些异质信息和资源是平台上的宝贵资产。

因此，提出以下假设：

H7：顾客参与对平台能力具有显著的正向影响。

H7a：顾客参与对价值链整合能力具有显著的正向影响。

H7b：顾客参与对组织核心能力具有显著的正向影响。

H7c：顾客参与对技术研发能力具有显著的正向影响。

八、网络嵌入对价值共创的影响

关系营销和价值共创文献（Payne 等，2005；Saarijärvi 等，2013；Lusch 和 Vargo，2014）倾向于将利益相关者作为参与者（Frow 等，2015），例如客户、供应商、合作伙伴和影响者。营销文献从互动价值形成的角度认识到价值创造的重要性（参见 Prahalad 和 Ramaswamy，2000，2004；Vargo 和 Lusch，2004）。与将价值概念化为嵌入产品或服务不同，"这种观点认为，供应商与客户合作，共同创造服务和产品。这意味着价值不是在一个分离的、非互动的生产和消费过程中增加的，而是在同时生产和消费过程的社会环境中共同创造、实现和评估的"（Echeverri 和 Skålén，2011）（另见 Prahalad 和 Ramaswamy，2004；Ramrez，1999；Vargo 和 Lusch，2004）。工业营销与采购（IMP）互动方法模型认为，商业市场的价值是通过活跃参与者之间的二元关系中的互动事件发生的交换而产生的（Håkansson，1982）。通过引入现在经典的行动者—资源—活动（ARA）模型，IMP 文献的后续发展认识到每家公司都在一个复杂的业务网络中运作（Ford，2011；Ford 等，1998；Håkansson 和 Snehota，1995）……这种认可将商业市场价值创造研究的重点从二元关系转移到了网络层面（参见 Håkansson，Ford，Gadde，Snehuta 和 Waluszewski，2009；Håkansson 和 Snehota，1995）。

SD 逻辑认识到企业只能提出"价值主张"（SD 逻辑的基本前提 7）。Vargo 和 Lusch（2004a）认为，价值本身就是一个连续的过程，随着客户参与价值创造过程而不断发展。SD 逻辑还认识到，客户和供应商都是资源整合者，与价值共同创造的概念一致。SD 逻辑不仅使客户进入价值共同创造的过程，而且使组织的合作伙伴遍布整个价值网络。因此，SD 逻辑认识到每个实体都应与其他实体合作并与它们集成资源。价值创造网络或星座向参与价值共同创造的参与者开放："客户和供应链合作伙伴在整个营销过程中都是合作者"（卢施和瓦尔戈，2006b）。然而，如果我们将 SD 逻辑推向极限，那么我们将超越价值链的概念，以达到价值创造网络或行动者群的概念。在这一点上，卢斯与瓦尔戈（2006b）同意诺曼（Normann）和拉米雷斯（Ramirez）的观点，他们谈到了星座价值，其中的参与者聚集在一起共同创造价值（1994），这些参与者既来自供应网络又来自客户网络。Cova 等人（2008）认为①，根据 SD 逻辑，服务不只是提供产品或服务，而是提供解决方案。（如图 3-9 所示）

---

① Cova B，Salle R. Marketing Solutions in Accordance With The SD Logic：Co-Creating Value With Customer Network Actors［J］. Industrial Marketing Management，2008，37，（3）：270-277.

图 3-9　根据 SD 逻辑提供策略的三个支柱

（资料来源：根据 Cova 等人 ［2008］ 参考文献整理）

因此，在提供解决方案的策略中，与客户网络参与者共同创造价值的过程分为两个阶段：首先，在供应商（包括其供应网络）与某些供应商之间共同创造价值。然后，客户作为网络参与者，在供应商和他的网络以及顾客和他的网络之间共同创造价值。供应商与客户及其网络中的某些参与者共同构建了解决方案。旨在提供解决方案的提供策略发生在供应商与客户的关系中，后者是更广泛的情境中的一部分：即业务网络。利益相关者在本质上被视为非商业行为者，例如非政府组织、各级政府、行业利益、科学和技术专长（Flyvbjerg，Bruzelius 和 Rothengatter，2003 年），他们对项目有正面或负面的反应，因此可以调节社会认可度（Miller 和 Lessard，2000）。

Edvardsson 等人（2011）研究认为，价值应该被理解为社会情境中的价值，而价值是一种社会建构。服务交换和价值共同创造的概念已嵌入到社会系统中。价值共创主体通过网络嵌入构建开放的价值网络。价值网络以顾客体验为中心，通过纵向和横向的跨界融合实现资源的快速配置和灵活整合，为顾客和企业创造价值。纵向整合，指对价值链上下游，融合顾客需求和供应商生产供给；横向整合，指跨行业的整合，超越单一供应链，实现多行业整合。

根据杨路明等人（2020）的研究表明，价值共创主体通过认知嵌入、结构嵌入和关系嵌入对价值共创带来影响。首先，认知嵌入会促进成员之间开展价值共创。认知嵌入一方面包含成员之间相互认同，另一方面促进组织成员间的互动，鼓励成员对组织目标的贡献和投入。其次，结构嵌入有利于平台企业获得更多有价值的信息和异质资源，参与者越多，越能促进不同参与者之间的资源整合，有助于价值创造。最后，关系嵌入能够促进价值共创主体之间开展合作。良好的关系质量和关系强度，能够增加组织间的信任和互动，促进信息和知识的分享，有利于价值的共同创造。

因此，提出以下假设：

H8：网络嵌入对网络平台价值共创具有显著的正向影响。

九、网络嵌入对平台能力的影响

资源整合被定义为"将参与者的资源整合到其他参与者的过程中"（Gummesson 和 Mele，2010）。为了更细致地考察网络中多个参与者的资源整合动态，本文采用了系统性的参与者对参与者（A2A）模型（Håkansson 和 Snehota，1995）。A2A 平台提供了情境手段，以在相互关联的互惠服务提供系统中阐明参与者的系统性相互作用。在社交媒体环境中，客户将他们的知识和技能（例如产品专业知识或 Internet 技能）应用于社交媒体平台上在线可用的资源（例如内容共享、地理标记、产品/服务评级功能等），以与公司共同创造价值（Paredes，Barrutia 和 Echebarria，2014）。理解这些相互作用的参与者（即公司—客户—社交媒体平台）在数字空间中交换所带来的资源的重要性（Paredes 等，2014）。参与者网络必须整体上视为基于服务的网络与网络的关系，包括"客户网络"（Cova 和 Salle，2008）。这种观点既包括公司也包括客户，他们同时具有能力，作为服务交换中服务提供的提供者和受益者（Vargo 和 Lusch，2008）。从这个意义上说，所有类型的参与者（例如客户、公司、社交媒体平台等）一般都被视为大型商业网络和 A2A 交易（服务交换）中遍及并在企业内部无处不在的另一个节点。业务网络的更大范围，可以作为进一步创造价值的平台（Vargo 和 Lusch，2011）。

根据杨路明等人（2020）研究表明，网络嵌入提升对平台能力具有正向的影响，具体如下：

第一，网络嵌入有利于价值链整合能力的形成。与客户网络参与者共同创造价值的方法使公司在设计其价值主张时富有想象力：在 SD 逻辑的影响下，客户价值主张（CVP）的设计正在发生转变。为了更好地理解这种转变，有必要分析复杂服务主张的组成部分。解决方案供应商的价值主张根据完全致力于帮助客户及其网络开展活动的体系结构而更加结构化。因此，与 SD 逻辑相一致的客户价值主张必须在客户方面集成网络和星座的概念，从而提出可能的客户网络价值主张概念（Cova 等，2008）。这个概念可以理解为供应商及其供应网络向客户及其客户网络交付的利益的陈述。然后，可以将整个营销解决方案的方法组织为网络动员（Mouzas 和 Naudé，2007），这与客户/供应商的关系流程

（Tuli 等，2007）从而形成了客户网络价值主张。（如表 3-2 所示）

根据 SD 逻辑提出的概念框架，我们已经确定了价值的共同创造，供应网络和客户网络是旨在提供解决方案的这种方法的支柱。分两个阶段实现，首先在供应商（包括其供应网络）和某些客户网络参与者之间共同创造价值；然后在供应商和他的网络以及顾客和他的网络之间共同创造价值。实现客户网络中的价值共创，这种分析也使开发客户网络价值主张的概念成为可能。

表 3-2　处理客户网络价值主张

序号	步骤	关键点
1	识别客户网络中的参与者	代表客户网络识别可见和不可见的参与者
2	在客户网络中定位参与者	为参与者的选择奠定基础
3	确定目标参与者的动员因素	确定每个参与者面临的风险
4	建立针对客户网络中的参与者的方法	使用直接或间接（第三方）访问目标参与者
5	与每个客户网络参与者建立价值共同创造方法	整合供应网络中的资源

（资料来源：根据 Cova 等人［2008］研究文献整理）

第二，网络嵌入有利于组织核心能力的形成。根据 Mcintyre 和 Srinivasan（2017）的研究结果，组织间网络的研究主要集中在管理选择和控制网络合作伙伴之间关系的建立和成功的行动上。由于平台与补充者之间的关系是组织间网络的一种特殊形式，因此调用这些概念和理论可以使未来的研究受益，从而更好地理解平台公司和补充者的具体联系选择如何影响绩效结果。许多组织间网络的研究都借鉴了网络理论的概念，例如中心性、嵌入性和优先关系，以理解合作伙伴选择和成功的决定因素（Gulati，1995；Uzzi，1997；Ahuja，2000；Podolny，2001）。通过借鉴战略管理中的概念，特别是组织间网络中的概念（例如，Powell 等，2005；Uzzi，1997；Venkatraman 和 Lee，2004），可以更好地理解平台企业获得互补者支持的能力，从而了解第三方开发者和平台提供商优先选择如何影响平台成功。

平台作为集体创新系统的技术管理概念（Gawer，2014）也可以扩展，以更好地概念化间接网络效应。例如，互补者对平台的支持可以通过设计动作，如移植（在竞争性平台上重新启动现有互补者）或增强（在平台上推出独家互补者），对平台的价值产生不同的影响（Baldwin，2000）。这些研究的结果可能对于寻求利用网络效应的力量并在竞争平台上获得差异化优势的公司而言，这具有重要意义。Mcintyre 和 Srinivasan（2017）研究认为，平台的成功通常取决于互补产品的提供，以增加平台对最终用户的吸引力。他们认为，未来平台设置研究的重要途径将是采用互补者观点，以了解补充者在"平台-补充者"生态系统中的属性和结构位置如何影响其对平台的支持可能性。系统地解释第三方互补者的激励和行动作为这些因素的函数的研究，将是了解网络效应如何在动态平台中产生和演变的关键的第一步。

通过平台提供商和第三方互补者有意识和持续的资源投入来增强网络效应的影响。平台公司进行投资以创建一个互补的生态系统，互补者随后会评估并投入其资源来支持一个或多个平台（Venkatraman 和 Lee，2004）。当独立公司决定将其产品和服务与平台的核心架构保持一致时，由于间接网络效应会出现在平台上，所以网络效应的重要驱动因素是平台的基本架构（McIntyre 和 Subramaniam，2009）。因此，研究平台企业如何设计和修改其架构，可以扩展对间接网络效应的理解，重点放在企业如何增强其互补基础以获得竞争优势。

第三，网络嵌入有利于技术创新能力的提升。随着数字化和嵌入式智能增强非人类技术（例如，交互传感技术）的交互能力，它带来了新的创造潜力。平台的"开放系统"性质，平台的模块化资源可供其他交互参与者（即客户和公司）访问（Kietzmann 等，2011）。这使企业网络中的客户和公司能够积极参与在社交媒体平台中的模块化资源之间建立资源接口的过程（Dubois 和 Araujo，2006）。这些资源接口促进了资源整合过程，使每种资源的性质都受到其他相互作用资源的技术，经济和社会特征的影响（重新）形成新资源（Baraldi 和 Strömsten，2006，2008）……在选择识别、衡量和关注特定资源组之间的期望联系之上（Baraldi，2003）时，客户和公司在给定的使用环境下整合资源并在服务交换中共同创造价值主张。

通过这种方式，平台在情境独特的资源群中进行（重新）组合，以在客户和公司之间的资源整合阶段中，可以在业务网络级别上实现最佳价值。这有效地将社交媒体平台定位为客户和公司之间的系统资源集成商，从而在社交媒体环境中为业务网络级别上所有交互参与者的集体福祉做出了贡献。从这个意义上讲，社交媒体平台构成了客户与公司之间 A2A 互动中协作价值形成动态的根本转变。这种转变是由社交媒体平台（即功能）所提供的资源独特性质实现的，社交媒体平台（即功能）获得了价值，并通过其他参与者（即客户和公司）共同参与提供信息，最终成为资源。信息是为社交媒体平台提供的模块化功能提供价值的货币。因此，我们假设信息将社交媒体平台中原本纯粹是技术上的

"功能"转换为资源。在这方面,社交媒体平台被视为中介角色,扮演着系统集成商的角色,从而实现了更无缝的资源集成。如果没有社交媒体平台提供的模块化资源功能,则业务网络中其他参与者(例如客户和公司)的能力将受到限制,他们将无法实现其在改善集体福祉方面的最佳价值共创潜力。

本文提出,网络嵌入有助于平台能力的提升。首先,网络嵌入有助于平台企业实现对上游供应商、下游分销商以及顾客等价值链整合,对平台提升价值链整合能力提供了有力支持。其次,网络嵌入能帮助平台提升组织核心能力。网络嵌入通过嵌入在网络上的社会关系实现了信息、资源和技术的分享和互动。同时,网络嵌入要实现客户资源(客户的知识和技能)和公司资源的整合,对平台的技术创新能力提出了更高的要求,促进了平台技术创新能力的提升。

因此,提出以下假设:

H9:网络嵌入对平台能力具有显著的正向影响。

H9a:网络嵌入对价值链整合能力具有显著的正向影响。

H9b:网络嵌入对组织核心能力具有显著的正向影响。

H9c:网络嵌入对技术创新能力具有显著的正向影响。

十、平台能力在价值共创中的中介作用

1. 互动平台是价值创造的源泉

从加强商品和服务的设计和交付(例如通过数字移动应用程序和社交媒体整合)到作为产品基础的数字平台本身,数字化参与平台已成为企业产品不可或缺的一部分(Avlonitis 和 Karayanni,2000;Ramaswamy 和 Gouillart,2010a)。Ramaswamy 和 Ozcan(2014)将品牌参与平台定义为人员(包括其他消费者、公司员工、合作伙伴和其他利益相关者)、工件(包括数据)、接口和联合参与过程的任何物理/数字交互集合,其设计强化了代理参与。企业可以有目的地设计特定的品牌参与平台,以在企业运营的价值创造系统中的任何地方进行联合代理体验创造。在一个数字化的世界里,无论利益相关者和企业之间的接触性质和强度如何,其核心都是共同确定品牌体验性质和方向的品牌参与机制。消费者的行为(作为给定品牌参与平台上的参与者)可以从"在一个连续体的一端发布评论和评价,到在另一端实际品牌的性质和方向"。公司本身只能在连续体的一端提供一个平台(作为平台的"设计者"),也积极参与其平台的另一端,包括公司员工作为联合参与者,例如提供服务。就人员密集型服务而言,可以将公司员工视为活跃于平台上的人员,以提供服务以及与消费者互动,以实现有意义的品牌体验。因此,品牌参与平台是品牌价值共创的核心机制,通

过这种机制可以进行各种各样的互动，并且可以将其嵌入品牌价值创造系统中的任何位置。

Ramaswamy 和 Ozcan（2016 年）提出①了一个品牌价值共同创造的整合框架，同时他们介绍了联合参与体验创造的逻辑，其中，联合参与体验的共同创造构成了品牌价值成果的共同行为（如图 3-10 右侧所示），这两种行为都是合并和包含的。图 3-10 中轴上下的垂直动态描述了在品牌体验领域中共同创建的品牌价值成果的体现，该成果是通过品牌参与平台实现的，并从品牌能力生态系统中产生。该框架综合了个人和企业的联合能力，将其作为品牌能力的生态系统，当个人和企业以不同的创造性方式（例如，在参与体验创造方面的"差异"，Deleuze，1994），通过这些平台互动时，互动平台就从中形成并得到支持进行互动时，互动平台就会出现并得到支持。Ramaswamy 和 Ozcan（2018）研究②提出，通过互动来实现共同创造，并将平台概念化为交互式平台。他们认为，一个交互式平台需要在组成它的组件（工件、人员，流程和接口，或简称APPI）之间建立多级异构关系，从而提供了多种交互式系统环境。根据一个实体通过交互平台作用于另一个实体所激活的组件的不同组合，可能会出现不同的结果。交互式平台的 APPI 组件是异构的，可以代理程序集的其他实例化的一部分。每个交互式平台组件也是一个组合，需要与其他 APPI 组件进行异构交互。例如，基于人的代理组合需要与工件、流程、接口界面和其他人进行异构交互。在通过设备的软件"接口"的世界中，必须协调 APPI 组件，使其成为一个交互式平台。

———————————

① Ramaswamy V，Ozcan K. Brand Value Co-Creation in a Digitalized World：An Integrative Framework and Research Implications ［J］. International Journal of Research in Marketing，2016，33，（1）：93-106.

② Ramaswamy V，Ozcan K. What is co-creation? An interactional creation framework and its implications for value creation ［J］. Journal of Business Research，2018，84：196-205.

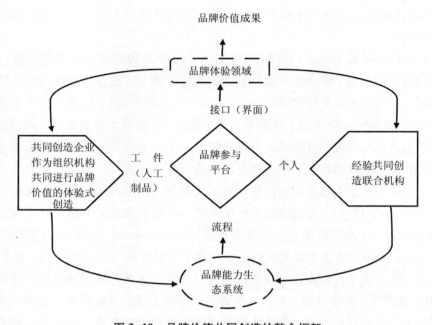

图 3-10 品牌价值共同创造的整合框架

（资料来源：根据 Ramaswamy 和 Ozcan［2016 年］参考文献整理）

互动创造的信号由于技术和数字化催化的新的互联时代而得到增强。首先，技术和数字化改变了人与物相互影响的方式。事物开始连接起来并变得更加智能，与此同时，人们正在配备新的界面，通过它们可以与其他人和事物互动。其次，随着交互创造在数字化环境中的实践，它将工件、流程、接口和人员聚集在一起（Ramaswamy，2009），形成平台化互动的专门构建系统环境，越来越多地由数字化技术平台实现。因此，交互式平台的概念对于我们理论上至关重要，它将创造性互动与资源能力如何产生结果联系起来。最后，交互平台是"有活力的"，因为在它们所提供的交互式系统环境中，它们固有持续地进行着异质关系的配置，它们包含了一种动态性，这种动态性既具有时间性又具有空间性。互动平台不仅仅是不同类型客户之间的中介，例如在需求方经济市场中（Rochet 和 Tirole，2006）；还是产品模块化，例如在供应方产品开发中（Gawer，2014）；还是中介的社会物质互动事件（Callon，2016），要求参与方和组织机构实现对参与者的价值成果。

因此，参与者通过交互平台进行交互，即通过交互平台进行价值创造，所以说，互动平台是价值创造的源泉。

2. 平台能力对价值共创的影响

根据 Singaraju 等（2016）的研究表明，社交媒体平台在促进参与者互动和资源整合方面具有中介性，因此模糊了 B2B 和 B2C 的业务边界。考虑到社交媒体平台提供的基本操作资源的整合质量，社交媒体平台是 B2B 和 B2C 情境中的中介角色。从这个意义上说，社交媒体平台是在 B2B/B2C 情境鸿沟的两侧进行交互的参与者（即非中介参与者）之间的中介系统。从这个意义上讲，社交媒体平台是系统集成商，它们在两者之间的非中介参与者之间架起了桥梁。

本研究提出，为了更好地实现价值创造，平台需要具备一定的能力，不仅能在价值共创中发挥中介作用，而且包括价值链整合能力对价值共创的作用、组织核心能力对价值共创的作用以及技术创新能力也对价值共创发挥中介作用。具体如下：

第一，价值链整合能力对价值共创具有中介作用。传统的价值链思维将公司划分为其在设计、生产、营销和分销产品中执行的离散活动，而迈克尔·波特将其"嵌入到更大的活动流中"，迈克尔·波特将其称为"价值体系"（波特，1985 年）。在波特价值链研究的基础上，互动价值创造的 CCF 框架（Ramaswamy 和 Ozcan，2018）通过网络化的非政府组织显式地简化参与者之间的互动，他们还提出参与者的互动机构与互动系统环境的网络结构之间的相互作用。参与者被认为参与了更广泛的网络关系模式，这种关系从二元关系到关系交互发生的更广泛环境（Anderson，Hakansson 和 Johanson，1994）。在联合价值创造活动中，参与者在配置交互平台时也扮演着不同的角色。例如，"参与"行动者不仅需要充当"消费者"的传统角色，而且也是"生产者"。同样，"组织"行动者不仅需要扮演"生产者"的传统角色，而且也是"消费者"。参与者在平台化交互中的角色差异也符合关系型企业对企业网络中"交互"参与者的概念（Hakansson 和 Snehota，1995）。CCF 合作框架更进一步将所有环节中的参与者网络关系（包括企业对消费者网络）视为"适应"参与者的互动机构。

Cova 等人（2008）的研究指出，在 SD 理论的基础上，服务不只是提供产品或服务，而是提供解决方案。集成解决方案实质上指产品将许多集成服务整合到客户的价值链中，并形成了不可分割的整体（Davies，Brady 和 Hobday，2006）。因此，解决方案似乎是众多要素的独特组合，将有助于为客户创造价值（Stremersch，Wuyts 和 Frambach，2001）。因此，解决方案不是产品和服务的简单组合，这些产品和服务"捆绑在一起，可以节省成本、提高效率、缺乏冗余等形式提供一定的利润增长，但是并不能创造新的价值。"（Sharma 和 Molloy，1999）。解决方案代表了价值主张的类型，它最能使进化与价值链中的更多集成和构成产品的要素之间的更多集成结合起来。因此，根据 Sawhney（2006）的观点，解决方案的价值可以概念化为以下各项的总和："构成解决方案的单个产品和服务的价值，再加上解决方案供应商提供的营销和运营集成的价值，再加上针对客户特定需求和环境的定制化价值"。

价值链整合能力是指利益分配机制，该机制能够吸纳更多的伙伴参与。通过价值共创主体间的资源整合和互补，形成新的竞争优势。价值链整合能力包含了两个维度，一个是价值共创主体之间达成的默契和学习"软能力"，另一个是各方资源形成集合的"硬能力"。因此，价值链整合能力通过软硬能力的组合，构成平台的核心能力，对价值共创带去正向影响。

第二，组织核心能力对价值共创具有中介作用。Singaraju 等人（2016）对由社交媒体平台提供的模块化功能支持的企业和客户之间的资源整合事件中出现的高阶资源的形成过程进行了研究，他们采用了三种理论模型：即 Madhavaram 和 Hunt（2008）的操作资源模型的层次结构；社交媒体的蜂窝（Kietzmann 等，2011）和消费文化理论（Arnould 等，2006），得出一个集成模型（见图 3-11 社交媒体平台资源整合图）。该模型结合了机构和个人消费者资源类别的多个方面，强调了参与交换的每个参与者（参与者 1-6）的操作性资源层次结构的三个层次（基本操作性资源、复合操作性和互联操作性资源）。

Madhavaram 和 Hunt（2008）认为，诸如公司之类的机构参与者应努力将基本操作资源（简称 BORs）转换为复合操作资源（简称 CORs），并最终实现相互关联操作的资源（简称 IOR），使公司能够为客户提供极有价值的建议。Madhavaram 和 Hunt（2008）所采用的操作性资源层次结构模型被用于表达公司的基本操作性资源（简称 BORs），包括财务、实物、法律、人力、组织、信息和关系等，以呈现价值创造通过资源整合动力学进行的流程，这些流程通常是公司资源转化的特征，从而使公司能够通过"更高阶"向客户提供独特的价值主张资源。

基本经营资源

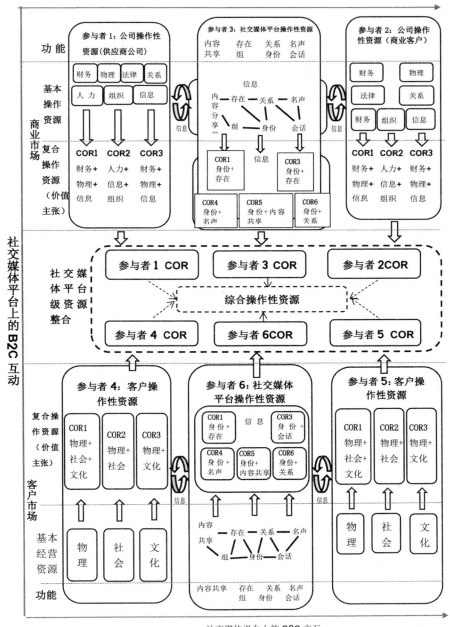

图 3-11 社交媒体平台资源整合图

（资料来源：根据 Singaraju 等人［2016］研究文献整理）

　　根据 Madhavaram 和 Hunt（2008）的观点，复合操作资源（COR）的定义是"两种或多种不同的基本资源的组合，它们具有较低的交互性，共同使公司能够有效地生产和/或有效估值的市场产品"。互连的操作资源（IOR）与 COR 类似。但是，强调了其构成的基本资源之间的交互性："IOR 是两个或多个截然不同的基本资源的组合，其中低阶资源显著相互作用，从而在使企业能够高效和/或有效地生产方面相互增强珍贵的市场产品"（Madhavaram 和 Hunt，2008年）。例如，COR 属于不同类型的功能（例如定价功能和客户响应功能），而 IOR 的示例是产品创新能力和知识创造能力。IOR 是 COR 的组合，是更高阶的资源整合。

　　在图 3-11 中，参与者 1 和参与者 2（机构参与者）中的资源通过资源组合交互作用的进展（Yoo 等，2012）展示了机构参与者的 BOR 被整合得出 COR（高阶资源）的方式。COR 是公司为客户提供的有效价值主张。然后，商业客户（Actor2）通过将 Actor1 COR 与他们自己的 COR（Actor2 COR）的价值相结合。从供应商公司（Actor 1）提供的价值比例中获得价值，并运用在其自身使用的情境价值（客户作为价值评估者，即情境中的价值）（Gummesson，2008）。Singaraju 等人（2016）认为，Madhavaram 和 Hunt（2008）的操作资源模型的层次结构很好地描述了社交媒体平台中公司与客户之间的互动中发生的资源组合。与公司和顾客提供的资源不同，社交媒体平台提供的功能通过公司和客户的积极互动在接收信息时获取其资源属性，即信息是为社交媒体平台提供的模块化功能（即身份、存在、群体、关系、声誉、共享和对话）提供价值的货币。在图 3-12 中，社交媒体平台在企业、商业客户和消费者在共同创造价值中的互动和资源整合事件中的中介作用由公司中社交媒体平台（参与者 3 和参与者 6）在企业与消费者沟通中的并列位置表示。他们进一步认为，通过接收信息，社交媒体平台中的模块功能可以有效地转换为社交媒体平台 BOR，如参与者 3 和参与者 6 中的资源进度箭头所示（图 3-11）。

　　Madhavaram 和 Hunt（2008）的操作资源模型层次结构的重要性超出了公司和客户（即企业客户和消费者）的直接交互作用。他们将其模型的应用扩展为理解在诸如社交媒体平台之类的中间角色中发生的高阶资源形成。社交媒体平台 BOR 在被不同配置（例如身份+在场）的公司合并时，形成了高阶资源或更精确地形成复合操作资源（COR）。

　　社交媒体平台的资源整合能力即平台的组织核心能力。本研究认为，组织核心能力由传统的"管控"转变为"赋能"，服务和驱动价值共创主体为顾客创造价值，为供应商、分销商的成长赋能"组织能力"，帮助价值链伙伴在平台上高效运营。这要求平台提供者要构建以顾客为中心，以顾客价值创造为核心目标的运营流程，构建"人+技术"的服务平台，通过人力资源、财务和数据的共享支撑，实现对前端多个触点的统一支撑，为后端专业化的运营做好连接。组织核心能力是企业经过多年的发展，长期沉淀形成的、能为顾客带去独特价值的能力。

第三，技术创新能力对价值共创具有中介作用。Singaraju 等人（2016）认为，社交媒体平台所提供的功能与客户和公司所提供的资源不同，它们本身并不是资源或功能，而是实际上具有模块化特征的技术功能（Meyera 和 DeToreb，2001；Sanchez，1995，1999；Sanchez 和 Collins，2001）。在描述社交媒体模块化功能时，我们采用 Meyera 和 DeToreb（2001）提供的定义，将模块化功能定义为"提供整个系统所需的特定功能的技术逻辑单元"。我们认为社交媒体平台功能是模块化的（Sanchez，1995，1999；Sanchez 和 Collins，2001），因为每个功能在合成通过社交媒体平台的信息时都扮演着特殊的角色。社交媒体平台以这种方式综合信息流的能力，与公司和客户通过在交换过程中运用他们的知识和技能（公司和客户操作资源）的积极参与相结合，可以实现以下方面的全新（重新）组合，促进价值共同创造过程中的资源（Barrett 等，2015；Yoo，Henfridsson 和 Lyytinen，2010）。从 Kietzmann 等人（2011）的观点来看，社交媒体平台功能在获取信息之前是没有价值的，商业网络中其他参与者（例如客户和公司）提供的资源本身具有价值。但是，在没有信息的情况下，社交媒体平台自身提供的技术"功能"（例如身份、对话、共享、存在、关系、声誉和群体）不具有内在价值。

Singaraju 等人（2016）在分析关于社会和商业中技术本质的两种理论的基础上主张这种观点。第一个是实体理论（McLuhan 和 Fiore，1967），该理论主张技术确定性观点，并认为技术本身具有内在价值。从这个意义上讲，技术是一种自主力量。技术是一种自我推动的、自我持久的和自我扩展的力量（Feenberg，1991）。技术的第二种理论观点是基于工具理论的理论（Tiles 和 Oberdiek，1995），其中技术工具主义者的观点直接反对实体理论，断言所有技术都是工具，主要在人的控制下（在参与者的控制下），并且价值取决于人们对技术的使用（即应用），而不是技术本身（Feenberg，1991）。在采用工具主义的技术观点时，我们认为，使用诸如社交媒体平台提供的技术功能之类的技术所获得的价值取决于这些模块化功能从交互参与者（即客户和公司）获得的信息以及这些技术在各种数据填充社会情境中的后续应用。通过客户和公司的共同参与，社交媒体平台提供的功能使信息得以收集、处理、分发并用于在服务交换过程中创造价值。由客户和公司提供的信息将动员起来以在社交媒体平台上填充这些模块化功能，有效地将"呼吸生命"转化为技术功能，并将这些原本没有价值的"功能"转化为"资源"。换句话说，信息将这些技术功能转换为资源。

由于社交媒体平台的"开放系统"性质，这些模块化资源可供其他互动参与者（即客户和公司）使用（Kietzmann 等，2011）。这使得商业网络中的客户和公司能够积极参与在社交媒体平台中的模块化资源之间建立资源接口的过程（Dubois 和 Araujo，2006）。这些资源接口促进了资源整合过程，使每种资源的属性都受到其他相互作用资源的技术，经济和社会特征的影响（重新）形成新资源（Baraldi 和 Strömsten，2006，2008）。在选择识别、衡量和关注特定资源组之间的期望联系时（Baraldi，2003），客户和公司在给定的使用环境下整合资源并在服务交换中共同创造价值主张。

通过这种方式，社交媒体资源被（重新）组合在独特的资源组合，以在客户和公司之间的资源整合事件中，在商业网络级别上实现最佳价值。这有效地将社交媒体平台定位为客户和公司之间的系统资源集成商，从而在社交媒体环境中为商业网络级别上所有互动参与者的集体福祉做出了贡献。从这个意义上讲，社交媒体平台构成了客户与公司之间 A2A 互动中协作价值形成动态的根本转变。这种转变是由社交媒体平台（即功能）所提供的资源独特性质实现的，社交媒体平台（即功能）获得了价值，并通过其他参与者（即客户和公司）共同参与提供信息，最终成为资源。信息是为社交媒体平台提供的模块化功能提供价值的货币。因此，将社交媒体平台的技术"功能"转化为资源。社会媒体平台资源为客户和公司提供了令人兴奋的高阶资源形成的可能性（Madhavaram 和 Hunt，2008），通过资源（再）组合共同创造价值。在这方面，社交媒体平台被视为一个中介角色，扮演系统集成商的角色，从而实现更无缝的资源整合。

本研究提出，价值创造模式从过去的企业单一创造向顾客与企业共创转变，很大程度上是由于技术的进步。技术创新能力是平台能力的重要基础能力，一方面企业需要提供价值共创的平台和工具，支持顾客参与，并为顾客提供良好的体验，实现对顾客和供应商的连接，这就需要平台企业具备良好的技术创新能力；另一方面，在价值共创活动开展过程中，平台需要不断进行技术迭代才能支撑价值共创主体之间进行资源整合和服务交换，实现对旧服务和旧产品的改造和重构，研发新产品和新服务。因此，需要平台企业拥有强大的技术创新能力。

由此，本文提出平台能力在价值共创中起到中介作用。具体如下假设：

H10：网络平台能力对网络平台价值共创具有显著的正向影响。

H10a：价值链整合能力对价值共创具有显著的正向影响。

H10b：组织核心能力对价值共创具有显著的正向影响。

H10c：技术创新能力对价值共创具有显著的正向影响。

因此，本研究根据文献综述内容，构建了价值共创的理论框架（如图 3-10 所示）。在理论框架的基础上，围绕理论框架内容展开理论阐述，提出了服务主导逻辑与价值共创的 10 个研究假设，以二阶潜变量平台能力整体及其 3 个一阶潜变量价值链整合能力、组织核心能力和技术创新能力等为中介变量，对服务主导逻辑、顾客参与、网络嵌入通过平台能力的中介作用对网络平台价值共创的影响机制进行了分析，提出了相关假设。

十一、研究假设汇总

根据本研究提出的理论框架，提出了四个方面 10 个研究假设，即：服务主导逻辑自变量对因变量价值共创的影响以及服务主导逻辑对顾客参与、网络嵌入和平台能力其他 3 个自变量的影响的 4 个假设；顾客参与自变量对因变量价值共创的影响以及对网络嵌入和平台能力 2 个自变量的 3 个假设；网络嵌入自变量对因变量价值共创的影响以及对平台能力自变量的 2 个假设；平台能力（包括价值链整合能力、组织核心能力、技术创新能力）作为中介作用对价值共创影响的 1 个假设。（汇总表见表 3-3）

表 3-3 研究假设汇总

代码	假设内容
H1	服务主导逻辑对网络平台价值共创具有显著的正向影响
H2	服务主导逻辑对顾客参与具有显著的正向影响
H3	服务主导逻辑对网络嵌入具有显著的正向影响
H4	服务主导逻辑对网络平台能力具有显著的正向影响
H4a	服务主导逻辑对价值链整合能力具有显著的正向影响
H4b	服务主导逻辑对组织核心能力具有显著的正向影响
H4c	服务主导逻辑对技术创新能力具有显著的正向影响
H5	顾客参与对网络平台价值共创具有显著的正向影响
H6	顾客参与对网络嵌入具有显著的正向影响
H7	顾客参与对网络平台能力具有显著的正向影响
H7a	顾客参与对价值链整合能力具有显著的正向影响
H7b	顾客参与对组织核心能力具有显著的正向影响

代码	假设内容
H7c	顾客参与对技术创新能力具有显著的正向影响
H8	网络嵌入对网络平台价值共创具有显著的正向影响
H9	网络嵌入对网络平台能力具有显著的正向影响
H9a	网络嵌入对价值链整合能力具有显著的正向影响
H9b	网络嵌入对组织核心能力具有显著的正向影响
H9c	网络嵌入对技术创新能力具有显著的正向影响
H10	网络平台能力对网络平台价值共创具有显著的正向影响
H10a	价值链整合能力对网络平台价值共创具有显著的正向影响
H10b	组织核心能力对网络平台价值共创具有显著的正向影响
H10c	技术创新能力对网络平台价值共创具有显著的正向影响

（资料来源：作者绘制）

第四节　本章小结

本章在文献研究综述的基础上，以服务企业开展价值共创的实际情况为依据。首先，对各因素之间的关系和作用机理进行了研究和分析；其次，构建顾客参与企业价值共创的理论框架模型；最后，对理论框架中各部分内容提出了研究假设。具体各部分小结如下：

（1）对价值共创机理进行研究和分析。本章在前文文献综述的基础上，对影响价值共创的因素进行分析，并对各因素之间对价值共创的作用机理进行了具体分析。遵循"理念—行动—结果"的逻辑，得出结论：服务主导逻辑是价值共创主体共同的理念，指导各参与方为其他参与者提供服务开展价值共创；平台是价值创造的场所，平台能力是价值共创的核心能力；顾客参与是价值共创的微观基础；网络嵌入是关键行动，参与者利用平台进行资源和知识整合，实现价值共创；价值共创是平台参与方各利益主体的共同目标。

（2）提出研究理论模型。在价值共创机理分析的基础上，从"理念、行动和结果"三个方面提出了服务主导逻辑、顾客参与、网络嵌入和平台能力对价值共创影响的理论框架模型。

（3）根据理论模型提出研究假设。本章根据整体理论模型，提出了10个研究假设，具体内容包括：①在服务主导逻辑相关文献研究的基础上，提出服务主导逻辑对价值共创、顾客参与、网络嵌入和平台能力具有显著正向影响的假设；②在顾客参与相关文献研究的基础上，提出顾客参与对价值共创、网络嵌入和平台能力有显著正向影响的假设。③在对网络嵌入相关文献研究的基础上，提出网络嵌入对价值共创和平台能力有显著正向影响的假设。④在对平台相关研究的基础上，提出平台能力对价值共创有显著正向影响，并具有中介作用的假设，包括价值链整合能力、组织核心能力和技术创新能力对价值共创作用的假设。

第四章

问卷开发与设计

　　根据第三章的价值共创机理分析，提出的研究理论框架和研究假设，为进一步对理论框架和研究假设进行检验。本章对问卷进行开发与设计，通过小样本的问卷调研来测试和分析问卷的合理性，其中量表设计以采用目前现有成熟量表为设计基础，结合实际情况进行了调整。本章阐述了样本检验结果假设的形成所需数据分析方法和检验工具及相关样本检验资料的信息来源与数据采集工作流程。

　　为了有效率地保证数据检验量表的分析精准性，本章先进行小样本数据对研究变量进行了探索性因子分析、信度和效度分析。根据小样本数据验证情况，对问卷进行修改和优化，确定正式量表问卷，然后再开展大样本调研和实证分析。

第一节　问卷开发的思路和原则

　　本问卷调查以中移在线服务公司作为平台提供者为例来开展调研。（中移在线服务公司是中国移动的专业子公司，主要通过中国移动 10086 呼叫中心为主要触点，承担中国移动的客户服务工作等）。设计目标是验证平台化企业价值共创的影响因素和内在机理，即在服务为主导逻辑的经营理念下，运用平台的商业模式，通过消费者和顾客的参与、互联网嵌入以及平台功能建设，打造共生型的生态链体系，实现了顾客、平台提供者、供应商等多个消费者和主体价值的共创。

　　本问卷设计的主要流程如下：

　　第一，检索并阅读大量相关文献。文献研究分析是调查问卷中进行概念定义及其变量检验的基础与前提。在本次调查问卷的分析和初步调查过程中，根据所要研究的主题和内容，通过针对服务主导逻辑、顾客参与、网络嵌入、平台的能力以及价值共创等各变量相关国内和国外的文献进行了梳理回顾，明确研究问题中的概念内涵，各变量测量指标在借鉴现有文献中较为成熟的量表，以保证各个测量变量的内容效度，同时结合实际情况进行修改完善，以此形成研究设计的初始问卷。

第二，咨询并参考学者专家和其他学术探索工作者的建议。为了大大提高问卷设计的结构是否合理、与本研究的主题和目的是否有相关性以及变量测量和概念表达的是否准确性等，初始问卷设计后，向研究领域相关的专家和学者进行了咨询并征求意见，针对问卷的表述是否明确、内容是否易于理解等一些重要问题做了再次修改，从而大大提升了问卷设计的可靠性和其准确度。

第三，进行对小样本的预测实验。为进一步提高初始调研问题分析的有效性和对问题分析的准确可靠度，本次在初始调研问题分析设计任务全部完成后，将预测试的问卷发放给企业的相关管理者和选择一定样本的外部客户进行填写，根据所搜集的样本资料对其中相关变量的信度和效度分析，以检查问题提项的设置是否合理，并适当修改个别题项，从而形成最终的问卷。

一、服务主导逻辑问卷设计

服务主导逻辑是 Vargo 和 Lusch（2004）提出的，其中最核心的主张内容包括：（1）一切的经济活动所依赖的基本经济理念就是服务，即一切经济可以是服务的经济；（2）价值通过企业和其他伙伴的互动共同创造；（3）可操作性的资源是获得竞争优势的基础和源泉。

此部分问卷旨在了解对服务主导逻辑理念的认同情况。参考武柏宇等人（2018）[①] 的研究，以及参考借鉴前文关于服务主导逻辑相关参考文献，结合企业实际，设计下列问题：

（1）我认同"价值是由顾客和多个参与者（总是包括受益人）决定并共创的"。

（2）我认同"价值创造是交互的"。

（3）我认同"操作性资源是竞争优势根本来源"。

（4）我认同"一切的经济活动所依赖的基本经济理念就是服务，即一切经济可以是服务的经济"。

（5）我认同"服务生态系统的形成"。

---

① 武柏宇，彭本红. 服务主导逻辑、网络嵌入与网络平台的价值共创—动态能力的中介作用[J] .研究与发展管理，2018, 30（1）：138-150.

二、顾客参与问卷设计

顾客参与是指顾客投入资源与企业进行价值共创的行为。参与行为包括产品和服务的生产和传递等。

此部分问卷旨在了解作为顾客，参与平台企业价值共创的组织认同感、参与意愿、参与成就、获得利益以及价值共创行为等五个维度。参考赵晓煜等人（2018）研究①以及顾客参与相关文献，结合实际，设计下列问题：

（一）组织认同感

1. 我们公司的核心价值观与我们每一个人的核心价值观之间具有共同相似性（中移在线的核心价值观：做到了客户第一，服务优先；拥抱时代的改变，持续发展与进步；真诚服务，有责任心；人人为了顾客而负义务）。

2. 我接受公司的使命（中移在线的使命：让我们为客户创造便捷和快乐）。

3. 我们认同了公司的愿景（中移在线的愿景：努力成为一名令人满意的客户、社会信赖服务专家）。

（4）我关注公司的相关信息和发展情况。

（二）参与感

1. 我愿意参与公司价值共创的活动（产品研发、宣传和服务等）。

2. 我愿意投入时间和精力去做与公司价值共创等相关的工作。

3. 我对公司的业务很感兴趣，愿意花更多的时间去学习相关知识。

（三）自我效能感

1. 我具备参与价值共创的专业知识和技能（如服务意识、业务熟练、人际技能等）。

2. 我具有购买和使用公司产品和业务的丰富经验。

3. 我具备了参与企业价值共创的工作（例如在沟通、学习、人际关系的能力）。

（四）利得感

1. 我期望在参与公司价值共创活动后能获得额外的奖励。

2. 积极参加公司的价值共创活动让我有了更多的成就感和愉快的心情。

3. 参与公司价值共创活动获得的收获符合我的预期。

（五）顾客价值共创行为

1. 我会为公司开发新产品和新服务提供自己的创意或想法。

---

① 赵晓煜等著. 顾客价值共创行为的管理策略[M]. 北京：经济管理出版社，2018. 12.

2. 我愿意与公司的员工共同完成某项任务。

3. 我愿意主动向公司反馈我的消费体验和感受。

4. 我愿意通过各种途径向其他顾客宣传和推荐公司的产品和服务。

5. 我愿意为其他顾客提供公司产品和业务的信息咨询、问题解答和业务代办服务等。

三、网络嵌入问卷设计

网络嵌入是指价值共创主体之间战略合作关系与相互影响的程度，促进合作者主体之间的资源互补及相互学习，从而降低成本，达到利润最大化。（价值共创主体包括顾客、平台提供者、供应商等）。例如顾客需求不能通过一个公司来解决，需通过几家公司合作，在相互支持及资源互补情况下共同努力才能完成，因此，价值共创主体之间是合作伙伴关系。

此部分问卷旨在了解网络嵌入在平台企业价值共创中的情况。参考张秀娥等人（2012）研究①文献、Hacklin 等人（2009）文献②、Tiwana 等人（2010）研究③文献以及网络嵌入其他文献，设计下列问题：

（一）认知嵌入

1. 我认为平台上价值共创主体间有共同的愿景与规范。

2. 我认为价值共创主体间有文化的认同与融合。

3. 我认为价值共创主体间有知识的传播与共享。

（二）结构嵌入

结构性的嵌入就是指把一个经济性的交易平台镶嵌到一个社会关联网的整体结构中，由共同的社会连接说明了交易进行的机制和可能性，强调了对该平台所有者的社会控制。

1. 我认为价值共创主体各种关系网络需具备一定的规模。

2. 我认为价值共创主体各种关系网络需具有一定的密度。

3. 我认为价值共创主体各种关系网络的位置是合适且有利的。

---

① 张秀娥，姜爱军，张梦琪. 网络嵌入性、动态能力与中小企业成长关系研究［J］. 东南学术，2012（6）：61-69.

② Hacklin F, Marxt C, Fahmi F. Coevolutionary cycles of convergence：An extrapolation from the ICT industry［J］. Technological Forecasting and Social Change, 2009, 76（6）：723—736.

③ Tiwana A , Konsynski B, Bush A A. Research commentary——Platform evolution：Coevolution of platform architecture, governance, and environmental dynamics［J］. Information Systems Research, 2010, 21（4）：675—687.

（三）关系嵌入

关系嵌入性质所指的既不单指多边经济关系对于经济行为者和其他经济管理活动的嵌入作用，也指其在人际互动和利用资源上所实现承诺的嵌入程度。

1. 我认为价值共创主体间的互动和合作是紧密的。

2. 我认为价值共创主体间的联系是有情感的。

3. 我认为价值共创主体间是相互依赖、协同互补的。

4. 我认为价值共创主体彼此之间是有互惠承诺的。

四、平台能力问卷设计

通过创新提供与平台互补的产品，满足客户多元化的需求。可以提供技术、信息和商业支持，吸引更多供给方入驻；可以提供用户基础，用户基础内容是平台重要资产；可以提供在线品牌社区，信息和商业服务，与供给方匹配。

此部分问卷旨在深入了解平台企业中各种平台能力之间的价值链融合能力、组织核心能力以及技术革命性创新能力三个维度对于平台企业进行价值共创的影响。参考 Suzuki 等人（2004）研究①文献、易加斌等人（2017）研究②文献以及平台能力其他文献，设计下列问题：

（一）价值链整合能力

1. 我认为平台具有跨界资源整合的能力（如共赢的商务模式和利益分配机制，吸纳更多供给方入驻等）。

2. 我认为价值共创主体间有建立良好的沟通协同机制（即价值共创主体间资源互补，有效协同）。

3. 我认为平台有保持战略弹性和适应的能力（即平台有柔性，能快速响应客户需求等）。

（二）组织核心能力

1. 我认为平台具备客户服务和市场运营的专业能力。

2. 我认为平台具有内外部人力资源的整合能力。

3. 我认为平台具有人与系统结合的运营能力。

4. 我认为平台具备线上线下协同的触点整合能力。

---

① Suzuki, J, Kodama, F. F. Technological diversity of persistent innovations in Japan: Two case studies of large Japanese firms [J]. Research Policy, 2004, 33（3）: 531 — 549.

② 易加斌，王宇婷. 组织能力、顾客价值认知与价值共创关系实证研究[J]. 科研管理. 2017（38）: 259-266.

（三）技术创新能力

1. 我认为平台具有提供价值共创工具和平台能力（如人人分销工具等）。

2. 我认为平台要具有创造新产品和新服务的研发能力（即提供客户多元化需求的产品和服务，如终端、异业商品的销售和服务等）。

3. 我认为平台具有改进旧产品和旧服务的重构能力。

4. 我认为平台推出新产品和新服务的速度是很快的，且质量是可靠的。

五、价值共创问卷设计

Vargo 和 Lusch（2016）最新的价值定义报告指出，价值共创正在逐步成熟发展并形成一种由共同资源整合、互惠性强的服务者和供给者之间的共同服务产品所一起创造的共同价值。通过一个服务整体、丰富的服务经历和用户体验共同产品创造各种价值，在相互之间重叠的公共服务价值生态系统中共同进行价值管理与服务安排。

平台的价值共创主要是指多方主体，通过彼此之间的交流合作和信息资源的共享，创造一种网络效应，共同进行价值的创造，包括了提升其价值所能创造的效率，拓展其价值所能创造的空间，如降低交易成本、扩大其用户群体规模、增加关联度密度、创造新的市场增长空间。参考 Aarikka 等人（2012）研究①文献、张婧等人（2014）研究②文献以及价值共创其他参考文献，设计下列问题：

1. 我认为价值共创的主体的目标和期望是一致的，即以顾客需求来设计和服务，为客户提供满意服务，致力于建立顾客的忠诚度。

2. 我认为价值共创主体通过平台能实现共赢，包括成本降低、效率提高和收入增加等。

3. 我认为价值共创主体间的资源配置流动和协同配合是良好的。

4. 我认为通过该平台有良好的互动体验。

---

① Aarikka — Stenroos L, Jaakkola E. Value co-creation in knowledge intensive business services: A dyadic perspective on the joint problem solving process [J]. Industrial Marketing Management, 2012, 41（1）: 15-26.

② 张婧, 何勇. 服务主导逻辑导向与资源互动对价值共创的影响研究[J]. 科研管理, 2014, 35（1）: 115-122.

第二节　问卷量表设计及分析方法介绍

在前一章节的理论基础分析和关系理论假设，问卷的题项结构设计分析基础上，本小节主要介绍了目前实证统计研究中经常采用的统计量表、分析统计工具及其他的分析方法。

一、量表编码设计

本节主要研究的变量包括服务主导逻辑、顾客参与（整个产品和服务组织的品牌认同感、参与性、自我管理效能感、利得性、顾客群体价值感和共创的具体行为）、网络嵌入（整个消费者中的认知意识嵌入、结构意识嵌入、关系意识嵌入）、平台整合能力和整个产品服务价值链的共创。其中服务的主导逻辑、顾客的参与、网络嵌入属于中介变量，在充分地总结并参考借鉴前人的应用量表经验基础上，结合实际应用研究成果设计了各种量化图表的主要题项。采用李克特五点综合计分法，即用 1 分、2 分、3 分、4 分和 5 分，分别对"非常不同意""不同意""不确定""同意"和"非常同意"五个课堂教学问卷的题目分别进行了五点综合计分，由于上一章节已经设计了相关问卷题项，所以这一部分的题项进行量表设计便于后面论证分析。

我们结合实际对问卷题项进行了修改完善后形成下列量表，如表 4-1 所示。

表 4-1　服务主导逻辑下顾客参与企业价值共创问卷量表

编码	题项	题项来源	参考文献
SL1 SL2 SL3 SL4 SL5	1. 我认同"价值是由顾客和多个参与者（总是包括受益人）决定并共创的"。 2. 我认同"价值创造是交互的"。 3. 我认同"操作性资源（如知识和技能等）是竞争优势根本来源"。 4. 我认同"服务是交换的根本基础，所有经济都是服务经济"吗？ 5. 我认同"服务生态系统的形成"。	服务主导逻辑（SL）	Vargo 和 Lusch（2004，2008，2018 等）；武柏宇等（2018）

编码	题项	题项来源	参考文献
CP-OI1 CP-OI2 CP-OI3 CP-OI4	1. 公司的价值观与我个人的价值观具有相似性（中移在线的价值观：客户第一，服务领先；拥抱变化，持续进步；真诚服务，有责无界）。 2. 我认可公司的使命（中移在线的使命：让我们为客户创造便捷和快乐） 3. 我认同公司的愿景（中移在线的愿景：成为客户满意、社会信赖的服务专家）。 4. 我关注公司的相关信息和发展情况。	组织认同感	赵晓煜等（2018）
CP-SP1 CP-SP2 CP-SP3	1. 我愿意参与公司价值共创的活动（产品研发、宣传和服务等）。 2. 我愿意投入时间和精力去做与公司价值共创等相关的工作。 3. 我对公司的业务很感兴趣，愿意花更多的时间去学习相关知识。	参与感	
CP-SE1 CP-SE2 CP-SE3	1. 我具备参与价值共创的专业知识和技能（如服务意识、业务熟练、人际技能等）。 2. 我具有购买和使用公司产品和业务的丰富经验。 3. 我有能力参与公司价值共创工作（如沟通能力、学习能力、人际交往能力等）。	效能感	
CP-SG1 CP-SG2 CP-SG3	1. 我期望在参与公司价值共创活动后能获得额外的奖励。 2. 参与公司价值共创活动使我获得成就感和愉悦感。 3. 参与公司价值共创活动获得的收获符合我的预期。	利得感	
CP-CA1 CP-CA2 CP-CA3 CP-CA4 CP-CA5	1. 我会为公司开发新产品和新服务提供自己的创意或想法。 2. 我愿意与公司的员工共同完成某项任务。 3. 我愿意主动向公司反馈我的消费体验和感受。 4. 我愿意通过各种途径向其他顾客宣传和推荐公司的产品和服务。 5. 我愿意为其他顾客提供公司产品和业务的信息咨询、问题解答和业务代办服务等。	顾客价值共创行为	

编码	题项	题项来源	参考文献
NE-CE1 NE-CE2 NE-CE3	1. 我认为平台上价值共创主体间有共同的愿景与规范。 2. 我认为价值共创主体间有文化的认同与融合。 3. 我认为价值共创主体间有知识的传播与共享。	认知嵌入	赵晓煜等（2018）
NE-SE1 NE-SE2 NE-SE3	1. 我认为价值共创主体各种关系网络需具备一定的规模。 2. 我认为价值共创主体各种关系网络需具有一定的密度。 3. 我认为价值共创主体各种关系网络的位置是合适且有利的。	结构嵌入	张秀娥等（2012）；武柏宇等（2018）；Hacklin等（2009）；Tiwana等（2010）
NE-RE1 NE-RE2 NE-RE3 NE-RE4	1. 我认为价值共创主体间的互动和合作是紧密的。 2. 我认为价值共创主体间的联系是有情感的。 3. 我认为价值共创主体间是相互依赖、协同互补的。 4. 我认为价值共创主体彼此之间是有互惠承诺的。	关系嵌入	
PC-VCIC1 PC-VCIC2 PC-VCIC3	1. 我认为平台具有跨界资源整合的能力（如共赢的商务模式和利益分配机制，吸纳更多供给方入驻等）。 2. 我认为价值共创主体间有建立良好的沟通协同机制（即价值共创主体间资源互补，有效协同）。 3 我认为平台有保持战略弹性和适应的能力（即平台有柔性，能快速响应客户需求等）。	价值链整合能力	
PC-OCC1 PC-OCC2 PC-OCC3 PC-OCC4	1. 我认为平台具备客户服务和市场运营的专业能力。 2. 我认为平台具有内外部人力资源的整合能力。 3. 我认为平台具有人与系统结合的运营能力。 4. 我认为平台具备线上线下协同的触点整合能力。	组织核心能力	Suzuki等（2004）；易加斌等（2017）

续表

编码	题项	题项来源	参考文献
PC-TIC1 PC-TIC2 PC-TIC3 PC-TIC4	1. 我认为平台具有提供价值共创工具和平台能力（如人人分销工具等）。 2. 我认为平台要具有创造新产品和新服务的研发能力（即提供客户多元化需求的产品和服务，如终端、异业商品的销售和服务等）。 3. 我认为平台具有改进旧产品和旧服务的重构能力。 4. 我认为平台推出新产品和新服务的速度是很快的，且质量是可靠的。	技术创新能力	Suzuki 等（2004）；易加斌等（2017）
VCC1 VCC2 VCC3 VCC4	1. 我认为价值共创的主体的目标和期望是一致的，即以顾客需求来设计和服务，为客户提供满意服务，致力于建立顾客的忠诚度。 2. 我认为价值共创主体通过平台能实现共赢，包括成本降低、效率提高和收入增加等。 3. 我认为价值共创主体间的资源配置流动和协同配合是良好的。 4. 我认为通过该平台有良好的互动体验。	价值共创	Aarikka 等（2012）；张婧等（2014）

（资料来源：作者绘制）

二、数据分析方法与工具

量表分析的软件工具，使用 SPSS 主要目的就是描述函数特征的量化统计，例如函数公式分析、因子分析、信度的统计函数分析、相关的统计函数分析、回归的统计函数分析和方差分析，Amos 广泛应用于统计分析、结构方程分析。用 mplus8.0 的主要目的是用于对数据中介处理效应的分析检验，下面将对这几种通用数据处理分析方法的实际应用前景进行简要性的介绍。

1. 描述性统计分析

描述性统计分析主要目的是专门用于统计分析研究者对于被选取的样本资料数据都进行了统计分析，如对所有被选取人员的年龄、性别、学历、从事职业、工作的经验等数据进行描述性分析，得出各种变量在一定时间内出现的频率，统计分析所有被选取人员数据的基本分布状态，便于掌握一切研究样本在这些普遍性的水平。

2. 因子分析（Factor Analysis）

因子分析法是一种泛指从研究的变量中提取公共因子的方法。本文除了在对小样本采用了因子分析外，还根据实际情况在对大样本进行分析时，对问卷涉及的 5 个变量进行因子分析。

3. 信度分析（Reliability Analysis）

信度分析是检查量表中每个项目之间的稳定性与一致程度以及两次测量所得的结果是否完全一致。一般信度检验的指标为 Cronbach's Alpha 系数，克朗巴赫 α 测量系数越大，说明外部变量的各项性能之间相关度越大，测量标准的误差也就越小，意味着内部的测量标准一致性就相对越高。除了在小规模样本分析研究使用 Cronbach's Alpha 系数分析外，还需要在大规模的样本分析中使用 Cronbach's Alpha 系数的方法来检验变量服务主导的逻辑、顾客参与（如何组织顾客认同感、参与度、自我管理效能感、利得感、顾客认知价值整合共创驱动行为）、网络嵌入（顾客认知网络嵌入、结构网络嵌入、关系网络嵌入）、平台整合能力（顾客价值链优化整合共创能力、组织平台核心服务能力、技术创新驱动能力）和价值整合共创的信度。

4. 相关分析（Corelation Analysis）

相关性分析是一种专门用于探索随机变量之间的相关性，并且探索各个随机变量之间的相关性方向及其程度的分析方法，并探索各个随机变量之间的相关性方向及其程度。一般我们都说的是通过综合计算各种线性相关互动系数模型来精确描述任何一个科学研究周期变量在不同研究时期之间的各种线性相关互动复杂程度。本文主要采取了 Pearson 简单相关系数检验方法分析来进行检验全部的两个变量之间的简单相关性。

5. 结构方程模型（Structure Equation Modeling）

结构方程模型（SEM）是一种基于变量协方差矩阵分析变量间的相互关系的一种统计方法。它融合了传统的因子分析与路径剖析两大数据计算技术，可以被广泛应用来解释一个或几个自然变量与因变量之间的相互作用。我们将通过运用结构方程模型在相关剖析和回归剖析的基础上进行验证，来检查提出的模型是否合理，并对其进行评价和修正。本文将使用结构方程模型进行效度分析，并检验平台能力（价值链整合能力、组织核心能力、技术创新能力）的中介效应。

6. 中介效应分析

中介效应，指的是 X 对 Y 的影响是通过 M 来实现的，也就是说 M 是 X 的函数，Y 是 M 的函数（Y-M-X）。考虑到自因性变量中的 X 对因子特性变量 M 和 Y 的直接影响，如果自因性变量中的 X 通过变量 M 而没有影响到自变量中的 Y，则统统地声称变量 M 为一个中介因性变量。

中介效应变量（mediator）概念是一个非常重要的量子统计学基本理论基础概念。研究中介的目的是在已知关系的基础上探索 x 与 y 关系的内在机制。在这个过程中，对同一物体和其他物质进行原始研究时我们就可以将其与相似物体进行分析和解释，那时我们所需要的理论也就可以与其他物质进行分析和解释综合到一起，从而促进了现有理论的发展和更为系统。对于中介变量的深入研究不但可以分析和解释其之间的关系背后所存在的机制，还可以将其整合到现有研究或者基础上，这具有重要的科学技术理论和实际应用意义。

第三节　小样本问卷模型检验

一、小样本分析思路简述

为了分析变量测量的有效性，在大规模问卷发放前，本研究首先用小样本对问卷进行测试，并依据测验成果修改问卷，使问卷简捷有效。

在数据的预测和分析中，小样本的数据分析方法需要通过运用本章第一节所获得的题项初步构建一份问卷，收集一份关于小样本的数据，用这些数据检验量表的可信度和其有效性。这里主要采用探索性因子分析法，剔除不合理的正式设计问卷选题或者项目，形成正式的设计问卷。

1. 效度检验

效度就是指一个量表可以实际被度量的构念。效度测量检验过程是一个测量理论和实践的结合过程，研究人员搜集一些与测量相关的理论和实践在应用中的证据，从而清楚说明测量量表如何能有效地对测量目标数据进行效度测量和数据建构。通常从内容效度、结构效度等方面作为效度证据。

内容效性主要从三个重点方面考虑：被测的内容是否完全准确覆盖了待测目标的结构，指标是否有代表性，问卷的格式和话语措辞是否恰当，是否适用于被调查人员，是否满足其文化背景和话语习惯。本文的理论模型包含了服务的主导逻辑、顾客参与、网络的嵌入、平台的能力以及价值共创。在回顾大量文献研究的基础上，通过规范化地进行分析和逻辑推理而得。随后，学者、专家、顾问和企业经理从问卷的整体逻辑框架结构、内容的精炼准确和简单性以及各个具体事件的叙述与修辞等几个方面逐步被提出和讨论。所以，本文制定的问卷具有较高的内容效度。

为有效保证检验抽样结构效度，本文主要选择了采用抽样的结构探索性因子分析（EFA），具体方法主要介绍内容如下：首先，进行 KMO 的抽样球度试验和 Bartlett 球度抽样试验。KMO 的值越是接近于 1，越适用因子分析；如果 KMO

值小于 0.50，则不太适合对此进行影响因子分析。其次，使用了主成分分析法，转轴式方法是采用了最大公差，对各种指标之间的区别和效度进行了检验。只有当选择的题项仅在一个共同因子上的负载容量比例大于 0.45，我们才可以确定该选择的题项是否具有聚合效度；若题目中的每个共同因子上的负载容量都超过了 0.45，且均不在原始理论的构建中，则可以考虑撤销或删除此项目。而在删除这份项目的过程中，本研究是极其谨慎的，所以必须对原始问卷进行重新审核，数据分析得出的结果只是为了给我们提供一些参考。我们在删除某一个项后，就会重新对其中的值进行 EFA，这个测试过程中我们要反复地测试，直到我们所有的值都已经能够实现具有差异性的区分和聚合效度。

2. 信度检验

信度可以广泛地应用于量表稳定性。在对管理学研究样本的定量研究中，常用内部数据一致性准确的信度系数来确定评估系数量表内部各样本指标之间的数据同质性，也就是说，用内部数据一致性信度系数量表 α 的值作为评价检测总量样本表的数据准确的度的两个主要指标，分别从多个样本层次和不同总量样本表的数据可靠性两个主要方面对其进行综合检验。α 值的系数越大，量表的主要数据处理可靠性和数据通信度就越高越有利，但可能会下降变得负值越高，量表也就越稳定，等于 0.70 的一个 α 标度系数被视为标度空间边界值使它可以广泛地被接受。此外，每个级别的校正项目—总相关性（CITI）越高，每个层次的各项目与该层次的其他项目之间的总和之间的相关性就越高。删除的每个项的 Cronbach 系数值都不高于这一级别的 α 值，说明此项与其他项的内部一致性相对较好；反之，应该考虑删除。但这取决于 α 的值。

二、小样本测试描述性统计

本次研究调查主要以中国移动在线服务公司为例，以中国移动在线服务公司作为平台供应商。在中国移动相关部门和人员的支持与协助下，采取了简单的网上服务调查，调研对象主要包括：有意愿使用中国移动在线服务经验的个人或公司（如客户、代理商、分销店、移动合作伙伴、与中国移动在线服务行业有直接合作的企业或者合作伙伴等）。本次研究调查共收回问卷 50 份，其中 7 份问卷在不到 20 秒的时间内被踢出。因此，经过初筛和复筛，共收集到 43 份合格问卷。问卷回收率为 86%。这项研究需要处理五个变量。一般认为，探索性因素分析的最小样本数是变量数的 5~10 倍。这次收集的数据（样本量为 43，需要处理 5 个变量，样本量为变量的 9 倍）能够满足探索性因素分析的要求。

三、小样本测试分析

（一）服务主导逻辑测试分析

首先，对一个被变量解释的多个变量的以服务主导逻辑分析进行了针对探索性因子分析的有效性进行检验。使用软件 SPSS22.0.0 软件对小样本进行数据采集进行分析处理 KMO 值和 Bartlett 球面厚度检测的处理（结果如表 4-2 所示）。分析的实验结果表明，KMO 对抽样的影响适宜性大约为 0.641，表明它们适合于进行因子分析；Bartlett 球形测定的 X2 值为 49.203，达到了一个具有显著性的影响值（p<0.001），说明每一个因素总体的影响相关矩阵之间都认为具有一个共同的直接影响相关因素，适合于因子分析。

表 4-2 服务主导逻辑样本的 KMO 和 Bartlett 球形检验（N=43）

检测	—	结果
KMO 取样适切性量数	—	0.641
Bartlett 的球形度检验	近似卡方分布	49.203
—	自由度	10.00
—	显著性	0.000002

（资料来源：小样本测试问卷数据分析输出结果）

前文基于一些相关的研究文献，将服务主导逻辑设计了五个主要的问题，进行探索性因子分析，分析结果如表 4-3 所示。从表中我们可以明显地充分看出，每个题项（都在 0.573 以上），适合进行因子分析。对测量变量进行同源偏差分析检验，结合实际情况，抽取两个特征根大于 1 的公共因子，两个公共因子累积方差 69.746%，以便于达到 60% 的检验标准；以公共因子负载量大于 0.45 为基础选择测量标准，设计的五个测量题项与服务主导逻辑的基本理论相关适应符合。

表 4-3 服务主导逻辑中的探究性因子分析研究结果（主成分分析法 & 最大方差法）

题项（简略内容）	最大方差法旋转后因子负荷量		共同性
	因子 1	因子 2	
价值是由顾客和多个参与者决定并共创的	0.262	0.766	0.655

续表

题项（简略内容）	最大方差法旋转后因子负荷量		共同性
	因子1	因子2	
价值创造是交互的	0.917	0.200	0.882
可操作性的资源（技巧）	0.869	0.760	—
经济都是服务经济	0.757	—	0.573
服务生态系统的形成	0.861	0.386	0.890
特征值	—	2.141	1.347
解释变异量%	42.810	29.936	69.746

（资料来源：小样本测试问卷数据分析输出结果）

然后，对被诠释的变量服务主导逻辑的可靠性进行了信度测试。利用 SPSS 22.0.0 软件进行了对小型样本的数据分析处理，分析的结果如表4-4所示。分量表的内部信度一致性 α 系数大约应当等于 0.782（共有问题项5个），这就说明信度指标在分量表内部的一致性非常高。总之，以上的测试结果显示，本文所设计的以服务为主导逻辑量表的可靠性理想。

表4-4 服务主导逻辑量表的各层面的信度检验结果（N=43）

题项（简略内容）	CITI		删除该题项后 Cronbach's α Cronbach's α
价值创造就是由一个顾客和多位参与者共同决定并由其共创的	0.452	0.756	—
价值创造就是一种互动	0.694	0.697	
作性的资源（技能）就是竞争优势的根本来源	0.380	0.779	0.782
服务就是一种互动和交换的根本来源，所有的经济都应该是一种服务型经济	0.458	0.775	
服务型生态系统的形成	0.811	0.634	

（资料来源：小样本测试问卷数据分析输出结果）

（二）顾客参与测试分析

首先，对被诠释变量的顾客参与进行探究性因子分析的有效性进行检验。使用软件 SPSS22.0.0 软件对小样本进行数据采集进行分析处理 KMO 值和 Bartlett 球面厚度检测的处理结果见表4-5。分析结果显示，KMO 值是 0.738，显示适合进行因子分析；Bartlett 球形检验的 X2 值为719.253，达到了一个具有显著性的影响值（p<0.001），说明每一个因素总体的影响相关矩阵之间都认为具有一个共同的直接影响相关因素，适合于因子分析。

表4-5　顾客参与样本的 KMO 和 Bartlett 球形检验（N=43）

检测	—	结果
KMO 取样适切性量数	—	0.738
Bartlett 的球形度检验	近似卡方分布	719.253
—	自由度	153
—	显著性	0.000

（资料来源：小样本测试问卷数据分析输出结果）

根据有关文献，设计了 18 个供顾客参与解决的问题。探索性因子分析的结果如表4-6所示。从每一个题项的共同性（都在 0.806 以上）中得出，可以对其进行因子分析。对测量模型的数据分别进行同源偏差测试，抽取 6 个特征根大于 1 的公共因子，累积解释方差 69.746%，以便于达到 60% 的检验标准。以公共因子负载量大于 0.45 为基础选择测量标准，其中题项："公司的相关信息和发展情况"因子 2 和因子 4 的因子负荷量分别为 0.660 和 0.551，且在原构面上的因子负荷量最大。经过查阅相关文献资料后，仍依据原先题项归属的构面将之归类，类似的处理中还有一个问题项"对公司的业务很感兴趣，愿意花时间去学习相关知识""有购买和使用公司产品和业务的丰富经验""为公司开发新产品和新服务提供自己的创意或想法""愿意与公司的员工共同完成某项任务""愿意主动向公司反馈我的消费体验和感受"。因此这些题项不予删除。设计的 18 个题项与顾客参与的理论相符合。

表 4-6 顾客参与的探索性因素分析结果（主成分分析 & 最大方差法）

题项（简略内容）	最大方差法旋转后因子负荷量						共同性
	因子 1	因子 2	因子 3	因子 4	因子 5	因子 6	
公司的价值观与我个人的价值观具有相似性	0.181	0.182		0.297	0.811	0.203	0.863
公司的经营宗旨	0.159	0.439	0.210	0.147	0.353	0.696	0.892
公司的组织文化	—	0.291	0.113	0.850	0.215	0.111	0.881
公司的相关信息和发展情况	0.140	0.660	0.230	0.551	—	0.183	0.849
参与公司价值共创的活动	—	0.676	0.310	0.189	0.399	0.274	0.830
愿意投入时间和精力去做与公司价值共创等相关的工作	—	0.813	0.372	0.295	0.174	-0.107	0.933
对公司的业务很感兴趣，愿意花时间去学习相关知识	0.459	0.199	0.521	0.520	0.169	-0.225	0.872
具备参与价值共创的专业知识和技能	0.790	0.177	0.367	0.174	-0.121	—	0.837
有购买和使用公司产品和业务的丰富经验	0.662	0.273	0.526	—	—	—	0.806
有能力参与公司价值共创工作中	0.798	—	0.238	0.143	0.417	—	0.889
期望在参与公司价值共创活动后能获得额外的奖励	0.814	—	0.349	0.101		0.307	0.896
参与公司价值共创活动使我获得成就感和愉悦感	0.394	0.140	0.742	—	0.116	0.365	0.881
参与公司价值共创活动获得的收获符合我的预期	0.338	0.400	0.727	0.171	—	—	0.836
为公司开发新产品和新服务提供自己的创意或想法	0.671	0.330	0.164	-0.161	0.465	—	0.831

题项（简略内容）	最大方差法旋转后因子负荷量						共同性
	因子1	因子2	因子3	因子4	因子5	因子6	
愿意与公司的员工共同完成某项任务	0.698	0.564	—	—	0.194	0.235	0.904
愿意主动向公司反馈我的消费体验和感受	0.611	0.619	0.278	—	—	0.202	0.881
愿意通过途径向其他顾客宣传和推荐公司的产品和服务	0.394	0.753	0.186	0.218	0.103	0.216	0.861
为顾客提供公司产品和业务的咨询业务代办	0.309	0.355	0.702	0.126	0.210	0.195	0.813
特征值	4.496	3.693	2.927	1.729	1.583	1.127	—
解释变异量%	24.977	20.517	16.259	9.606	8.796	6.260	86.416
累计解释变异量%	24.977	45.494	61.753	71.359	80.155	86.416	—

（资料来源：小样本测试问卷数据分析输出结果）

　　然后，对被诠释的变量顾客参与的可靠性进行了信度测试。利用 SPSS 22.0.0 软件对小样本的数据进行分析处理，分析的结果见表 4-7。量表的内部一致性 α 系数都在 0.807（共 18 项），这就说明信度指标在分量表内部的一致性非常高。总之，以上的测试结果显示，本文所设计的以服务为主导逻辑量表的可靠性理想。

表 4-7　顾客参与量表的各层面的信度检验结果（N=43）

构念	题项（简略内容）	CITI	删除该题项后 Cronbach's α	Cronbach's α
组织认同感	公司的价值观与我个人的价值观具有相似性	0.582	0.787	0.814
	公司的经营宗旨	0.659	0.734	
	公司的组织文化	0.624	0.756	
	公司的相关信息和发展情况	0.651	0.735	

构念	题项（简略内容）	CITI	删除该题项后 Cronbach'sα	Cronbach's α
参与感	参与公司价值共创的活动	0.668	0.728	0.807
	愿意投入时间和精力去做与公司价值共创相关的工作	0.758	0.606	
	对公司的业务很感兴趣，愿意花时间去学习相关知识	0.556	0.825	
效能感	具备参与价值共创的专业知识和技能	0.756	0.796	0.868
	有购买和使用公司产品和业务的丰富经验	0.760	0.790	
	有能力参与公司价值共创工作中	0.723	0.838	
利得感	期望在参与公司价值共创活动后能获得额外的奖励	0.668	0.800	0.850
	参与公司价值共创活动使我获得成就感和愉悦感	0.806	0.695	
	参与公司价值共创活动获得的收获符合我的预期	0.663	0.833	
顾客价值共创行为	是指公司在市场上开发新的产品和新服务时所需要提供的一种创意或者想法	0.632	0.898	0.897
	愿意与公司的员工共同完成某项任务	0.810	0.846	
	愿意主动向公司反馈我的消费体验和感受	0.846	0.842	
	愿意通过各种途径向其他顾客宣传和推荐公司的产品和服务	0.800	0.853	
	愿意为顾客提供公司产品和业务的信息咨询、问题解答和业务代办	0.632	0.886	

（资料来源：小样本测试问卷数据分析输出结果）

（三）网络嵌入测试分析

首先，对一个被变量解释的多个变量的以网络嵌入分析进行了检验。使用软件 SPSS22.0.0 软件对小样本进行数据采集进行分析处理 KMO 值和 Bartlett 球面厚度检测的处理结果见表 4-8。分析的实验结果表明，KMO 对抽样的影响适宜性大约为 0.681，表明它们适合于进行因子分析；Bartlett 球形测定的 χ2 值为

634.627，达到了一个具有显著性的影响值（p<0.001），说明每一个因素总体的影响相关矩阵之间都具有一个共同的直接影响相关因素，适合于因子分析。

表4-8 网络嵌入样本的 KMO 和 Bartlett 球形检验（N=43）

检测	—	结果
KMO 取样适切性量数	—	0.681
Bartlett 的球形度检验	近似卡方分布	634.627
—	自由度	45
—	显著性	0.000

（资料来源：小样本测试问卷数据分析输出结果）

在相关文献的基础上，网络嵌入设计了 10 个问题进行探索性因子分析，分析结果见表4-9。从各项目的共性（均在 0.865 以上）可以看出，可见因子分析是适合的。对测量模型进行同源偏差检验，然后抽取 3 个特征根大于 1 的公共因子，结果显示累积解释的方差为 90.60%，达到 60% 的标准；以因子的负荷值大于 0.45 作为选择标准，其中有一个项目："价值共同创造的主体之间有一个共同的愿景。"因子 1 和因子 3 的因子负荷量分别为 0.546 和 0.679，原结构面上的系数荷载最大。看了语义，还是按照原项所属的结构平面分类，类似处理还有题项"价值共创主体各种关系网络的密度""价值共创主体各种关系网络的位置""价值共创主体与外部联系的频率""价值共创主体与外部联系的亲密程度"。因此这些题项不予删除。设计的 10 个题项与网络嵌入的理论相符合。

表4-9 网络嵌入的探索性因素分析结果（主成分分析 & 最大方差法）

题项（简略内容）	最大方差法旋转后因子负荷量			共同性
	因子 1	因子 2	因子 3	
价值共创主体间有共同的愿景	0.546	0.323	0.679	0.909
价值共创主体间文化的认同与融合	0.260	0.894	0.263	0.936
价值共创主体间知识的传播与共享	0.317	0.901	0.197	0.950
价值共创主体各种关系网络的规模	0.356	0.756	0.428	0.882
价值共创主体各种关系网络的密度	0.654	0.500	0.445	0.875
价值共创主体各种关系网络的位置	0.781	0.503	0.243	0.922
价值共创主体与外部联系的频率	0.546	0.323	0.679	0.865

题项（简略内容）	最大方差法旋转后因子负荷量			共同性
	因子 1	因子 2	因子 3	
价值共创主体与外部联系的情感强度	0.840	0.170	0.445	0.933
价值共创主体与外部联系的亲密程度	0.763	0.498	0.250	0.893
价值共创主体彼此之间的互惠承诺	0.878	0.258	0.243	0.896
特征值	3.783	3.247	2.030	—
解释变异量%	37.830	32.468	20.30	90.60
累计解释变异量%	37.830	70.299	90.60	—

（资料来源：小样本测试问卷数据分析输出结果）

接下来，对被解释变量网络嵌入进行信度检验。利用 SPSS 22.0.0 软件处理，分析结果见表 4-10。分量表的内部信度一致性 α 系数大约应当在 0.871（共 10 项）以上，这就说明信度指标在分量表内部的一致性非常高。总之，以上的测试结果显示，本文设计的网络嵌入的可靠性是理想的。

表 4-10 网络嵌入量表的各层面的信度检验结果（N=43）

构念	题项（简略内容）	CITI	删除该题项后 Cronbach's α	Cronbach's α
认知嵌入	价值共创主体间有共同的愿景	0.821	0.785	0.871
	价值共创主体间文化的认同与融合	0.886	0.699	
	价值共创主体间知识的传播与共享	0.831	0.754	
结构嵌入	价值共创主体各种关系网络的规模	0.808	0.920	0.924
	价值共创主体各种关系网络的密度	0.841	0.873	
	价值共创主体各种关系网络的位置	0.876	0.848	

构念	题项（简略内容）	CITI	删除该题项后 Cronbach'sα	Cronbach's α
关系嵌入	价值共创主体与外部联系的频率	0.795	0.937	0.939
	价值共创主体与外部联系的情感强度	0.908	0.898	
	价值共创主体与外部联系的亲密程度	0.887	0.905	
	价值共创主体彼此之间的互惠承诺	0.830	0.926	

（资料来源：小样本测试问卷数据分析输出结果）

（四）平台能力测试分析

首先，对一个被变量解释的多个变量的以平台能力分析进行了针对探索性因子分析的有效性进行检验。使用软件 SPSS22.0.0 软件对小样本进行数据采集进行分析处理 KMO 值和 Bartlett 球面厚度检测的处理结果见表4-11。分析的实验结果表明，KMO 对抽样的影响适宜性大约为 0.785，表明它们适合于进行因子分析；Bartlett 球形测定的 x^2 值为 811.427，达到了一个具有显著性的影响值（$p<0.001$），说明每一个因素总体的影响相关矩阵之间都具有一个共同的直接影响相关因素，适合于因子分析。

表 4-11　平台能力样本的 KMO 和 Bartlett 球形检验（N=43）

检测	—	结果
KMO 取样适切性量数	—	0.785
Bartlett 的球形度检验	近似卡方分布	811.427
—	自由度	55
—	显著性	0.000

（资料来源：小样本测试问卷数据分析输出结果）

主成分分析用于提取主成分的结果，转轴方法采用最大方差法。根据相关文献，针对平台能力设计了 11 个问题。进行探索性因子，分析结果见表4-12。从各个项目的共性（值在 0.799 以上）中我们可以明显地看出，可以进行因子分析。对测量模型的数据采用同源偏差测试，根据实际情况抽取 3 个特征根大于 1 的公共因子，结果显示累计解释方差 89.315%，已实现超过 60% 的测量标准；以因子负荷量大于 0.45 为标准，其中题项："保持战略弹性和适应的能力"的因子 1 和因子 3 的因子负荷量分别 0.652 和 0.665，且在原来构面上的所有因子负荷量最大。查看相关文献后，仍依据原先题项归属的构面将之归类，相似的处理还包括题项"客户服务和市场运营的专业能力""内外部人力资源的整合能力""人与系统结合的运营能力""创造新产品和新服务的研发能力""推出新产品和新服务的速度和质量"，因此这些题项不予删除。设计的 11 个题项与平台能力的理论相符合。

表 4-12 平台能力的探索性因素分析结果（主成分分析 & 最大方差法）

题项（简略内容）	最大方差法旋转后因子负荷量			共同性
	因子 1	因子 2	因子 3	
平台具有跨界资源整合的能力	0.108	0.354	0.859	0.875
共创主体间沟通协调的能力	0.417	0.292	0.771	0.854
保持战略弹性和适应的能力	0.652	0.301	0.665	0.958
客户服务和市场运营的专业能力	0.355	0.681	0.470	0.811
内外部人力资源的整合能力	0.467	0.617	0.448	0.799
人与系统结合的运营能力	0.808	0.487	0.192	0.926
线上线下协同的触点整合能力	0.377	0.818	0.329	0.919
提供价值共创工具和平台能力	0.251	0.904	0.258	0.946
创造新产品和新服务的研发能力	0.622	0.460	0.534	0.884
改进旧产品和旧服务的重构能力	0.900	0.276	0.287	0.968
推出新产品和新服务的速度和质量	0.576	0.304	0.679	0.884
特征值	3.340	3.249	3.236	—
解释变异量%	30.364	29.533	29.418	89.315
累计解释变异量%	30.364	59.897	89.315	—

（资料来源：小样本测试问卷数据分析输出结果）

接下来，对被解释变量平台能力进行信度检验。利用 SPSS 22.0.0 软件处理，分析结果见表 4-13。结果显示，子量表的内部测量信度一致性指标系数 α 均在 0.911 以上（共 11 项），这就说明信度指标在分量表内部的一致性非常高。总之，以上的测试结果显示，本文设计的平台能力的可靠性是理想的。

表 4-13 平台能力量表的各层面的信度检验结果 （N=43）

构念	题项（简略内容）	CITI	删除该题后 Cronbach'sα	Cronbach's α
价值链整合能力	平台具有跨界资源整合的能力	0.760	0.908	0.911
	共创主体之间沟通协调能力	0.828	0.837	
	保持战略弹性和适应的能力	0.858	0.815	
组织核心能力	顾客服务和市场运营的专业能力	0.878	0.956	0.962
	内外部人力资源的整合能力	0.967	0.929	
	人与系统结合的运营能力	0.858	0.934	
	线上线下协同的触点整合能力	0.920	0.944	
技术创新能力	提供价值共创工具和平台能力	0.813	0.929	0.938
	创造新产品和新服务的研发能力	0.894	0.904	
	改善产品和旧服务的重构能力	0.823	0.926	
	推出新产品和新服务的速度和质量	0.887	0.907	

（资料来源：小样本测试问卷数据分析输出结果）

（五）价值共创测试分析

首先，对一个被变量解释的多个变量的以价值共创分析进行了检验。使用软件 SPSS22.0.0 软件对小样本进行数据采集进行分析处理 KMO 值和 Bartlett 球面厚度检测的处理结果见表 4-14。分析的实验结果表明，KMO 对抽样的影响适宜性大约为 0.724，表明它们适合于进行因子分析；Bartlett 球形测定的 χ^2 值为 218.059，达到了一个具有显著性的影响值（$p<0.001$），说明每一个因素总体的相关矩阵之间都具有一个共同的直接影响相关因素，适合于因子分析。

表 4-14 价值共创样本的 KMO 和 Bartlett 球形检验 （N=43）

检测	—	结果
KMO 取样适切性量数	—	0.724
Bartlett 的球形度检验	近似卡方分布	218.059
—	自由度	6
—	显著性	0.000

（资料来源：小样本测试问卷数据分析输出结果）

在相关文献的基础上，设计了四个价值共创造问题进行探索性因子，分析结果见表4-15。从各项目的共性（均在0.983以上）中我们可以明显地看出，可以进行因子分析。对测量模型采用同源偏差检验，根据实际情况抽取2个特征根大于1的公共因子，累计解释方差94.959%，以因子负荷量大于0.45为选取标准，设计出来的4个题项均与价值共创理论完全相符。

接下来，对被解释变量价值共创进行信度检验。利用SPSS 22.0.0软件处理，分析结果见表4-16。结果显示，子量表的内部测量信度一致性指标系数α均在0.944（共题项4个），这就说明信度指标在分量表内部的一致性非常高。总之，以上的测试结果显示，本文设计的价值共创的可靠性是理想的。

表4-15 价值共创的探索性因素分析结果（主成分分析 & 最大方差法）

题项（简略内容）	最大方差法旋转后因子负荷量		共同性
	因子1	因子2	
期望一致性	0.908	0.387	0.984
经济价值的满足	0.383	0.924	1.000
资源流动配合程度	0.901	0.399	0.983
良好的互动体验	0.437	0.797	1.000
特征值	2.001	1.798	——
解释变异量%	50.013	44.945	94.959
累计解释变异量%	50.013	94.959	——

（资料来源：小样本测试问卷数据分析输出结果）

表4-16 价值共创量表的各层面的信度检验结果（N=43）

构念	题项（简略内容）	CITI	删除该题后 Cronbach's α	Cronbach's α
价值共创	期望一致性	0.877	0.922	0.944
	经济价值的满足	0.813	0.940	
	资源流动配合程度	0.891	0.916	
	良好的互动体验	0.882	0.921	

（资料来源：小样本测试问卷数据分析输出结果）

第四节　本章小结

本章在对问卷进行开发和设计的基础上，选择小规模样本对问卷进行测试，在小规模样本的分析基础上通过收集相关数据，对其情况进行有可描述性的具体统计数据分析，检验信度和效度，通过前面对解释变量和被解释变量的信度和效度的分析，发现不合理项目并剔除。

同时，征求行业内专家的意见，对问卷进行修订和完善。最终形成 48 个项目的问卷。有关调查问卷详细情况请参阅附录 1。

第五章

假设检验与模型检验

本章是在第四章的基础上，通过开展大样本的调研，对价值共创的机理、理论模型和研究假设进行数据分析，通过数据分析检验第三章提出的理论框架和研究假设的合理性和可行性。

第一节 数据收集与数据分析

本章是在小样本数据对量表题项检验后，确定正式量表问卷后，开展大样本调研和实证分析。

一、大样本数据收集

通过前面探索性研究和数据分析，本次研究以中国移动在线服务公司作为平台的提供商进行了调研。调研的对象主要包括：具有长期以上使用中国移动网络在线服务经历的个人或公司（包括诸如客户、代理商、分销店、移动业务合作伙伴、与中国移动网络在线的行业合作伙伴）。样品主要来自国内外的地区，包括中国 21 个省、香港、澳门、台湾等地区。抽样调查活动从 2019 年 9 月持续到 2019 年 11 月，累计收回问卷 1001 份。经过初筛和复筛，不合格问卷被淘汰，共回收有效问卷 918 份。从受访被调查人员的职业发展情况来看，近50%以上的受访者为企业中的从业人员。被调查者中，有 57%的客户是我们的顾客，其中 38%是运营商或中移在线的合作伙伴或者技术人员。从调查样本的整体分析情况来看，调研对象的数据分布广泛，均有大量使用中国移动在线服务的实践经验，了解企业的价值观，数据的有效性得到保障，符合本次调研的基础要求。

二、调研数据描述性统计

问卷回收整理后，我们将全部有效问卷编号，按照统一的规则录入数据库中。本次课题研究中所分析采用的数据样本从作者性别、年龄、职业、学历、从事工作经验生活状态等主要指标因素出发，进行了有可描述性的基础统计数据分析，了解样本的构成情况。本文进行问卷调查的样本人员资料信息状况如表5-1所示。

表5-1 样本人员信息统计分析（n=918）

	类别	频次	百分比%	累计百分比%
性别	男	346	37.7	37.7
	女	572	62.3	100.0
年龄	18岁以下	11	1.2	1.2
	18-25岁	144	15.7	16.9
	26-30岁	156	17.0	33.9
	31-40岁	347	37.8	71.7
	41-50岁	221	24.1	95.8
	51-60岁	34	3.7	99.5
	60岁以上	5	0.5	100.0
学历	初中及以下	82	8.9	8.9
	高中/中专/技校	185	20.2	29.1
	大专	260	28.3	57.4
	本科	336	36.6	94.0
	硕士及以上	55	6.0	100.0
职业	企业从业人员	488	53.2	53.2
	个体经营者	78	8.5	61.7
	政府部门和机关、事业单位人员	107	11.7	73.3
	学生	81	8.8	82.1
	自由职业者	46	5.0	87.1
	其他	118	12.9	100.0

	类别		频次	百分比%	累计百分比%
工作经验	客户	未选中	394	42.9	42.9
		选中	524	57.1	100
	分销员/直销员	未选中	821	89.4	89.4
		选中	97	10.6	100.0
	渠道代理商	未选中	856	93.2	93.2
		选中	62	6.8	100.0
	运营商工作人员	未选中	619	67.4	67.4
		选中	299	32.6	100.0
	运营商合作伙伴人员	未选中	872	95.0	95.0
		选中	46	5.0	100.0
	在线合作伙伴人员	未选中	770	83.9	83.9
		选中	148	16.1	100
	其他	未选中	722	78.6	78.6
		选中	196	21.4	100.0

（资料来源：大样本调查问卷数据分析输出结果）

三、题项描述性统计分析

本书涉及 48 个测量题项。我们对这 48 个主要指标进行测量。统计结果参见表 5-2。

表 5-2　测量题项描述性统计分析（n=918）

测量题项	平均值	标准差	最小值	最大值	偏度		峰度	
					统计值	标准差	统计值	标准差
SL1	4.71	0.611	1	5	-2.093	0.081	3.544	0.161
SL2	4.76	0.502	1	5	-2.736	0.081	7.501	0.161
SL3	4.69	0.568	1	5	-2.215	0.081	7.065	0.161
SL4	4.57	0.727	1	5	-1.888	0.081	3.800	0.161
SL5	4.72	0.531	1	5	-2.117	0.081	6.360	0.161
CP-OI1	4.77	0.460	2	5	-1.892	0.081	3.672	0.161
CP-OI2	4.77	0.464	2	5	-1.945	0.081	3.878	0.161

续表

测量题项	平均值	标准差	最小值	最大值	偏度		峰度	
					统计值	标准差	统计值	标准差
CP-OI3	4.78	0.464	1	5	-2.253	0.081	7.104	0.161
CP-OI4	4.74	0.485	3	5	-1.614	0.081	1.681	0.161
CP-SP1	4.74	0.507	1	5	-2.044	0.081	5.246	0.161
CP-SP2	4.74	0.501	2	5	-1.883	0.081	3.361	0.161
CP-SP3	4.73	0.515	2	5	-1.946	0.081	4.058	0.161
CP-SE1	4.70	0.535	2	5	-1.728	0.081	2.797	0.161
CP-SE2	4.67	0.555	2	5	-1.599	0.081	2.222	0.161
CP-SE3	4.72	0.497	2	5	-1.588	0.081	1.944	0.161
CP-SG1	4.76	0.470	2	5	-1.859	0.081	3.471	0.161
CP-SG2	4.75	0.476	1	5	-1.890	0.081	4.863	0.161
CP-SG3	4.64	0.656	1	5	-2.104	0.081	5.366	0.161
CP-CA1	4.74	0.485	3	5	-1.614	0.081	1.681	0.161
CP-CA2	4.76	0.466	2	5	-1.792	0.081	2.780	0.161
CP-CA3	4.76	0.459	3	5	-1.593	0.081	1.482	0.161
CP-CA4	4.75	0.470	3	5	-1.618	0.081	1.641	0.161
CP-CA5	4.74	0.500	1	5	-2.015	0.081	4.952	0.161
NE-CE1	4.72	0.501	1	5	-1.882	0.081	5.019	0.161
NE-CE2	4.73	0.478	2	5	-1.504	0.081	1.630	0.161
NE-CE3	4.73	0.492	1	5	-1.887	0.081	4.906	0.161
NE-SE1	4.73	0.467	3	5	-1.367	0.081	0.643	0.161
NE-SE2	4.72	0.487	2	5	-1.486	0.081	1.574	0.161
NE-SE3	4.71	0.509	2	5	-1.597	0.081	2.255	0.161
NE-RE1	4.74	0.481	2	5	-1.691	0.081	2.731	0.161
NE-RE2	4.74	0.483	2	5	-1.821	0.081	3.606	0.161
NE-RE3	4.76	0.447	3	5	-1.456	0.081	0.796	0.161
NE-RE4	4.76	0.454	2	5	-1.749	0.081	3.077	0.161
PC-VCIC1	4.75	0.460	1	5	-1.727	0.081	4.447	0.161
PC-VCIC2	4.74	0.453	3	5	-1.317	0.081	0.298	0.161
PC-VCIC3	4.74	0.473	2	5	-1.575	0.081	1.897	0.161

测量题项	平均值	标准差	最小值	最大值	偏度		峰度	
					统计值	标准差	统计值	标准差
PC-OCC1	4.76	0.452	3	5	-1.509	0.081	1.076	0.161
PC-OCC2	4.73	0.487	2	5	-1.587	0.081	1.949	0.161
PC-OCC3	4.75	0.463	2	5	-1.667	0.081	2.700	0.161
PC-OCC4	4.74	0.486	2	5	-1.720	0.081	2.823	0.161
PC-TIC1	4.74	0.478	3	5	-1.559	0.081	1.444	0.161
PC-TIC2	4.75	0.456	3	5	-1.401	0.081	0.666	0.161
PC-TIC3	4.74	0.468	3	5	-1.416	0.081	0.834	0.161
PC-TIC4	4.72	0.509	2	5	-1.646	0.081	2.126	0.161
VCC1	4.77	0.429	3	5	-1.403	0.081	0.332	0.161
VCC2	4.73	0.500	1	5	-2.170	0.081	7.547	0.161
VCC3	4.74	0.481	2	5	-1.682	0.081	2.696	0.161
VCC4	4.75	0.466	2	5	-1.626	0.081	2.090	0.161

（资料来源：大样本调查问卷数据分析软件输出结果）

Kline 认为，当偏度的绝对值小于 3，峰度的绝对值小于 10 时，表明该分析的数据服从一种正态分布。从对表 5-2 的分析实验结果我们可以明显看出，所有测量题型的偏度小于 3 和峰度的绝对值都小于 10。因此，我们可以充分确定本次样品问卷分析收集所得到的海量样品分析数据已经基本满足了正态数据分布的技术特点，能够满足进一步数据分析的要求。

第二节　数据的信度和效度检验

为了进一步深入观察各种变量的内部结构，验证各个指标的合理性，本文通过大样本的数据分析对量表信度和有效性进行了分析。

一、信度分析

信度是描述通过问卷获得数据的一致性，反映样本特征的可靠性。在研究过程中，本书利用 SPSS22.0 软件，利用克朗巴赫 α 系数值和 CITI 对测试量表的可靠性检验结果进行可靠性测试，对实际研究样本的数据进行可靠性测试分析后，信度检验结果如表 5-3 所示。

通过表 5-3 分析可以得知，整体模型中 Cronbach's α 都控制在 0.889 以上，大于其标准值 0.7，说明所选的测量模型则是具有较好的可靠性；修正的每一个题项 CITI 都在 0.676 以上，大于 0.5 的标准，被测变量与同尺度的被测变量高度密切地息息相关，说明被测变量具有一定代表性。

表 5-3　整体模型信度检测分析（n=918）

构念	题项	CITI	删除该题项 Cronbach's α	Cronbach's α
服务主导逻辑	SL1	0.693	0.861	0.889
	SL2	0.742	0.853	
	SL3	0.734	0.852	
	SL4	0.689	0.871	
	SL5	0.778	0.844	
顾客参与	CP-OI1	0.723	0.966	0.968
	CP-OI2	0.743	0.966	
	CP-OI3	0.713	0.966	
	CP-OI4	0.788	0.965	
	CP-SP1	0.796	0.965	
	CP-SP2	0.829	0.965	
	CP-SP3	0.791	0.965	
	CP-SE1	0.782	0.965	
	CP-SE2	0.767	0.966	
	CP-SE3	0.809	0.965	
	CP-SG1	0.756	0.966	
	CP-SG2	0.771	0.966	
	CP-SG3	0.676	0.968	
	CP-CA1	0.831	0.965	
	CP-CA2	0.815	0.965	
	CP-CA3	0.838	0.965	
	CP-CA4	0.824	0.965	
	CP-CA5	0.791	0.965	

续表

构念	题项	CITI	删除该题项 Cronbach's α	Cronbach's α
网络嵌入	NE-CE1	0.821	0.96	0.964
	NE-CE2	0.832	0.96	
	NE-CE3	0.802	0.961	
	NE-SE1	0.84	0.959	
	NE-SE2	0.851	0.959	
	NE-SE3	0.832	0.96	
	NE-RE1	0.846	0.959	
	NE-RE2	0.834	0.959	
	NE-RE3	0.855	0.959	
	NE-RE4	0.835	0.96	
平台能力	PC-VCIC1	0.819	0.969	0.971
	PC-VCIC2	0.843	0.968	
	PC-VCIC3	0.857	0.967	
	PC-OCC1	0.848	0.968	
	PC-OCC2	0.86	0.967	
	PC-OCC3	0.863	0.967	
	PC-OCC4	0.871	0.967	
	PC-TIC1	0.871	0.967	
	PC-TIC2	0.859	0.967	
	PC-TIC3	0.835	0.968	
	PC-TIC4	0.843	0.968	
价值共创	VCC1	0.821	0.901	0.924
	VCC2	0.795	0.91	
	VCC3	0.847	0.89	
	VCC4	0.829	0.897	

（资料来源：大样本调查问卷数据分析软件输出结果）

二、效度分析

使用 SPSS22.0.0 软件进行处理样本数据，KMO 值和 Bartlett 球形检验的结果如表 5-4 所示。整体模型的 KMO 都在 0.694 以上，大于 0.6 的选取标准；而且 Bartlett 检测全部都是显著（p <0.0001），累计解释方差都控制在 69.291% 以上，以达到 60% 的检测标准；因子的负荷量如果大于 0.5，说明每一个潜在的变量都应该具有良好的性能和区别效度。

表 5-4　整体模型效度检测分析（n=918）

构念	题项	因子载荷	累计方差贡献率/%	KMO	Bartlett的显著性	维度
服务主导逻辑	SL1	0.659	69.291	0.870	0.000	—
	SL2	0.713				
	SL3	0.700				
	SL4	0.645				
	SL5	0.748				
顾客参与	CP-OI1	0.774	76.741	0.845	0.000	组织认同感
	CP-OI2	0.802				
	CP-OI3	0.781				
	CP-OI4	0.713				
	CP-SP1	0.803	83.588	0.740	0.000	参与感
	CP-SP2	0.872				
	CP-SP3	0.832				
	CP-SE1	0.848	83.732	0.753	0.000	效能感
	CP-SE2	0.819				
	CP-SE3	0.844				
	CP-SG1	0.734	75.852	0.694	0.000	利得感
	CP-SG2	0.831				
	CP-SG3	0.711				
	CP-CA1	0.801	82.658	0.910	0.000	顾客价值共创行为
	CP-CA2	0.832				
	CP-CA3	0.844				
	CP-CA4	0.852				
	CP-CA5	0.804				

构念	题项	因子载荷	累计方差贡献率/%	KMO	Bartlett的显著性	维度
网络嵌入	NE-CE1	0.858	84.111	0.753	0.000	认知嵌入
	NE-CE2	0.825				
	NE-CE3	0.841				
	NE-SE1	0.843	84.657	0.758	0.000	结构嵌入
	NE-SE2	0.849				
	NE-SE3	0.848				
	NE-RE1	0.815	82.262	0.854	0.000	关系嵌入
	NE-RE2	0.807				
	NE-RE3	0.864				
	NE-RE4	0.805				
平台能力	PC-VCIC1	0.871	85.645	0.756	0.000	价值链整合能力
	PC-VCIC2	0.863				
	PC-VCIC3	0.835				
	PC-OCC1	0.822	84.501	0.858	0.000	组织核心能力
	PC-OCC2	0.856				
	PC-OCC3	0.839				
	PC-OCC4	0.862				
	PC-TIC1	0.854	84.196	0.865	0.000	技术创新能力
	PC-TIC2	0.842				
	PC-TIC3	0.860				
	PC-TIC4	0.813				
价值共创	VCC1	0.813	81.422	0.860	0.000	—
	VCC2	0.781				
	VCC3	0.842				
	VCC4	0.821				

（资料来源：大样本调查问卷数据分析软件输出结果）

第三节　理论假设检验

一、平台能力测量模型的实证检验

1. 探索性因子分析

通过第二章节使用 SPSS22.0 对样本数据的准确性进行探索性因子分析可知，平台上能力的 KMO 值在 0.756~0.865，大于 0.6 的标准；而且 Bartlett 的检测全部都是显著的（ $p < 0.0001$），累积的解释方差在 84.196%~85.645%，达到 60% 的检测标准；因子的负荷量都大于 0.5 标准，有较好的区别效度，表明该量表的内部具有良好的一致性。平台能力 Cronbach's α 信度系数为 0.971，信度系数在 0.7 以上，说明量表的信度能够满足研究需要。

2. 验证性因子分析

（1）一阶验证性因子分析

①模型适配度

为了更好地确定评价模型的结构维度，本文选择 Amos21.0 做一个具有验证性的因子分析，图 5-1 给出了具有验证性的因子分析评价模型。各个测量指标的载荷总重量均控制在 0.60 以上，在 0.87~0.91，说明该模型的基础适配程度良好。$X^2/df = 4.62$，$p \leqslant 0.000$，$RMSEA = 0.064$，$CFI = 0.971$，$AGFI = 0.891$，$GFI = 0.932$，$NFI = 0.968$，$IFI = 0.971$，模型中的估计参数大多满足模型自适应标准，有些参数小于 0.9，但也非常接近 0.9。因此，可以认为拟合效果理想，测量模型图可以接受。

②信效度检验

如果模型中一个个体测量指标的可信度值超过了 0.50，说明该模型内部质量已经得到了很好的检查。检测模型的内在质量需要两个重要的参照指标为平均方差萃取值（AVE）和组合信度（CR）。AVE 表示所有观察变量的方差可以被潜在结构解释的程度，而 CR 反映每个结构的所有观察指标在解释结构特征时的一致性。一般而言，$CR > 0.7$，$AVE > 0.5$ 表示所有潜在变量均具备理想的收敛功率。因子载荷系数主要是通过考察所使用的观察指标来判断其中对潜在变量的诠释程度。其中数值越高，观察指标和潜在变量之间的一致性越高，测量误差就越小。因子载荷系数最低不能小于 0.5。从图 5-1 中我们可以清楚地看出，因子载荷是大于 0.5 的标准，说明都是显著性。从表 5-5 中我们可以清楚地看出，CR 在 0.917 以上，均在 0.7 以上，说明该问卷模型内在质量相对较好，问卷信度也比较高；AVE 最小值 0.786，均大于 0.5，说明平台能力对行为规模创造的价值和行为规模有很高的收敛效度。

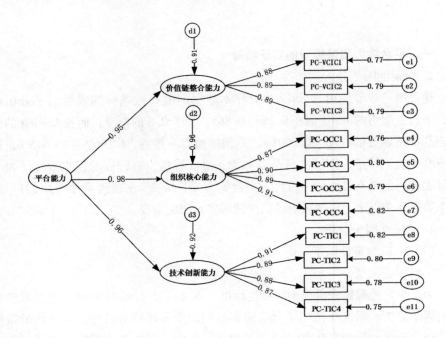

图 5-1　一阶验证性因子分析结构模型及分析结果

（资料来源：本研究调查结果软件分析数据结果）

表 5-5　一阶因子载荷系数、CR 和 AVE（n=918）

潜在变量	观测变量	因子载荷数	CR	AVE
价值链整合能力	PC-VCIC1	0.88	0.917	0.786
	PC-VCIC2	0.89		
	PC-VCIC3	0.89		
组织核心能力	PC-OCC1	0.87	0.94	0.797
	PC-OCC2	0.90		
	PC-OCC3	0.89		
	PC-OCC4	0.91		

潜在变量	观测变量	因子载荷数	CR	AVE
技术创新能力	PC-TIC1	0.91	0.937	0.788
	PC-TIC2	0.89		
	PC-TIC3	0.88		
	PC-TIC4	0.87		

（资料来源：本研究调查结果软件分析数据结果）

（2）二阶验证性因子分析

①模型适配度

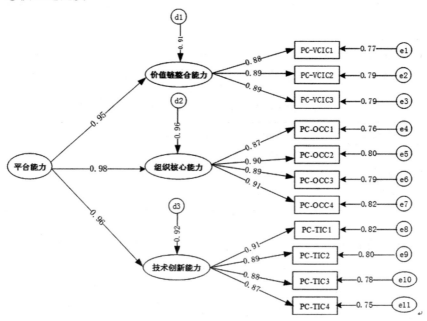

图5-2 二阶验证性因子分析结构模型及分析结果

（资料来源：本研究调查结果软件分析数据结果）

通过用 AMOS21.0 进行验证性因子分析，平台能力的三个一阶潜在变量，包括价值链整合能力、组织核心能力和技术创新能力的 AVE 值在 0.87 ~ 0.91（见图5-1），说明三个潜在的变量之间存在一定的相关性，且这三个相关性的比例较高（大于 0.5），可以在接收后继续进行二阶验证性因子分析。为此，本章采用 Amos21.0 做了二阶验证性的因子分析，$X^2/df = 4.53$，$p \le 0.000$，RMSEA = 0.062，CFI = 0.971，AGFI = 0.891，GFI = 0.932，NFI = 0.968，AGFI =

0.891，TLI＝0.961，PNFI＝0.721，模型中大部分估计参数满足模型自适应标准，有些参数小于0.9，但也非常接近0.9。因此可以认为拟合效果理想，测量模型图可以接受。图5-2给出了二阶验证性影响因素分析模型结果。一阶和二阶因子的标准载荷为0.6以上，在0.91～0.98，满足了显著性的要求，有力地说明了平台的能力是可以用二阶结构来进行测量的。

②信效度检验

从图5-2可以清楚地看出，模型中的一阶因子和二阶因子来测量数据指标的信度值都远远要高于0.50，说明这个模型的内在质量已经完全得到了很好的评估。表5-6给出的四个变量的数据组合信度（CR）的变化系数均超过了0.7，说明了该四个变量的模型内在数据质量良好。从图5-2中我们已经可以很清楚地看到，三个测量维度中每个测量维度指标的平均方差和标准化载荷都远远大于0.5，表明每个指标变量都能够有效地反映其所需要测量的建构性特质，且各个测量维度的平均方差变量所提取的平均值（AVE）都是一个大于0.05的计算标准（见表5-6），因此基于平台能力的价值共创行为量表具有较好的收敛效度。

表5-6 二阶因子载荷系数、CR 和 AVE（n=918）

潜在变量	观测变量	因子载荷数	CR	AVE
平台能力	价值链整合能力	0.95	0.975	0.928
	组织核心能力	0.98		
	技术创新能力	0.96		
价值链整合能力	PC-VCIC1	0.88	0.917	0.786
	PC-VCIC2	0.89		
	PC-VCIC3	0.89		
组织核心能力	PC-OCC1	0.87		
	PC-OCC2	0.90		
	PC-OCC3	0.89		
	PC-OCC4	0.91		
技术创新能力	PC-TIC1	0.91	0.937	0.788
	PC-TIC2	0.89		
	PC-TIC3	0.88		
	PC-TIC4	0.87		

（资料来源：本研究调查结果软件分析数据结果）

二、平台能力子维度影响价值共创的实证分析

通过回归分析，检验了我们前文中提出的一些研究假设。进一步分析了平台的功能性以及其应用的综合评估能力对于服务的主导逻辑、顾客参与、网络嵌入等影响价值共创的因素以及其产生的影响机制，本章通过结构方程建模的方法来研究和检验上述各个变量之间的相互关系。本章主要是运用 Amos21.0.0 软件进行其中的结构方程化建模。

根据前文的理论可知，平台能力分三个能力：价值链整合能力（PC-VCIC）、组织核心能力（PC-OCC）、技术创新能力（PC-TIC）。接下来我们验证了平台服务能力的三个主要变量与服务主导逻辑、顾客参与、网络嵌入与价值共创之间的相互关系，表 5-7 验证了研究假设 H4a、H4b、H4c、H7a、H7b、H7c、H9a、H9b、H9c、H10a、H10b、H10c，建立结构方程模型。

表 5-7　假设路径明细表

假设路径
H4a 服务主导逻辑→价值链整合能力
H4b 服务主导逻辑→组织核心能力
H4c 服务主导逻辑→技术创新能力
H7a 顾客参与→价值链整合能力
H7b 顾客参与→组织核心能力
H7c 顾客参与→技术创新能力
H9a 网络嵌入→价值链整合能力
H9b 网络嵌入→组织核心能力
H9c 网络嵌入→技术创新能力
H10a 价值链整合能力→价值共创
H10b 组织核心能力→价值共创
H10c 技术创新能力→价值共创

（资料来源：作者绘制）

1. 价值链整合能力在服务主导逻辑、顾客参与、网络嵌入影响价值共创中的实证分析

对价值链整合能力、服务主导逻辑、顾客参与、网络嵌入、价值共创五者

之间的关系构建初始模型，并利用 AMOS21.0 软件绘制可识别的结构方程模型，初始模型如图 5-3 所示。在此初始模型的基础上，通过相关数据分析进一步对本研究上文提出的相关假设 H4a、H7a、H9a、H10a 进行验证。

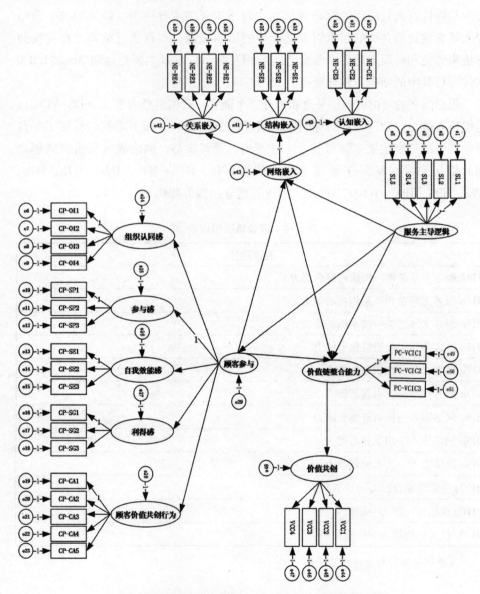

图 5-3　价值链整合能力——价值共创结构方程模型

（资料来源：作者根据本研究调查结果软件分析数据结果绘制）

从分析结果看，如表 5-8 所示，模型的拟合指数均在可接受范围内，因此综合来看，模型与数据的拟合程度是可以接受的，模型得以确认。

表 5-8　价值链整合能力——模型的拟合结果（n=918）

项目	X^2/df	IFI	TLI	CFI	RMSEA	PGFI	PNFI	PCFI
指标值	4.937	0.928	0.921	0.928	0.066	0.729	0.839	0.854
衡量标准	<5（大样本）	>0.9	>0.9	>0.9	<0.08	>0.5	>0.5	>0.5

（资料来源：本研究调查结果软件分析数据结果）

从路径分析结果来看，以显著性水平（p<0.05）作为评估标准，价值链的整合能力对于服务的主导逻辑、顾客参与、网络嵌入等所影响的价值共创七条路径都十分显著，服务的主导逻辑→价值链的整合能力（其中标准化路径系数分别为 0.951，p<0.001）、顾客参与→价值链的整合能力（标准化路径系数分别为 0.121，p<0.05）、网络嵌入→价值链整合能力（标准化路径系数分别为 0.881，p<0.001）、价值链整合能力→价值共创（标准化路径系数分别为 0.953，p<0.001）（见表 5-9）。因此可以认为，价值链整合能力在服务主导逻辑、顾客参与、网络嵌入影响价值共创中有积极的促进作用。故研究假设 H4a、H7a、H9a、H10a 通过验证。

表 5-9　价值链整合能力——模型的路径分析（n=918）

路径	路径系数	标准化路径系数	标准误 S.E.	临界比 C.R.	显著性 P
服务主导逻辑→价值链整合能力	0.933	0.951***	0.029	31.821	***
顾客参与→价值链整合能力	0.116	0.121*	0.048	2.395	0.017
网络嵌入→价值链整合能力	0.798	0.881***	0.05	16.018	***
价值链整合能力→价值共创	0.929	0.953***	0.028	33.037	***
服务主导逻辑→顾客参与	0.852	0.788	0.042	20.253	***
服务主导逻辑→网络嵌入	0.167	0.146	0.039	4.331	***
顾客参与→网络嵌入	0.84	0.796	0.043	19.366	***

注：＊表示 p<0.05，＊＊表示 p<0.01，＊＊＊表示 p<0.001。

（资料来源：本研究调查结果软件分析数据结果）

2. 组织核心能力在服务主导逻辑、顾客参与、网络嵌入影响价值共创中的实证分析

对组织核心能力、服务主导逻辑、顾客参与、网络嵌入、价值共创五者之间的关系构建初始模型，并利用 AMOS21.0 软件绘制可识别的结构方程模型，初始模型如图 5-4 所示。在此初始模型的基础上，通过相关数据分析对本研究提出的假设 H4b、H7b、H9b、H10b 进行验证。

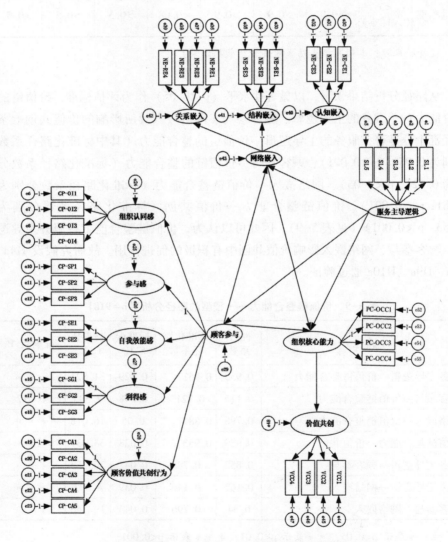

图 5-4 组织核心能力——价值共创结构方程模型

（资料来源：作者根据本研究调查结果软件分析数据结果绘制）

从上述数据分析所得结果综合来看（如表5-10所示），模型与综合数据的相互化与拟合综合作用程度两个指数都应该是在完全可以被广泛接受的程度范围内，因此我们从模型综合作用方法角度来看，模型与综合数据的相互化与拟化综合作用程度都应该是完全的且可以被广泛接受的，模型也因此得以得到确认。

表 5-10　组织核心能力——模型的拟合结果（n=918）

项目	X^2/df	IFI	TLI	CFI	RMSEA	PGFI	PNFI	PCFI
指标值	4.653	0.932	0.926	0.932	0.063	0.738	0.843	0.859
衡量标准	<5（大样本）	>0.9	>0.9	>0.9	<0.08	>0.5	>0.5	>0.5

（资料来源：本研究调查结果软件分析数据结果）

从路径分析结果来看，以显著性水平（$p<0.05$）作为评价标准，组织核心能力对于服务主导逻辑、顾客参与、网络嵌入等所影响的价值共创七条路径都显著明确，服务的主导逻辑→构建组织核心的能力（其中标准化路径关联度系数分别为0.943，$p<0.001$）、顾客参与→构建组织的核心能力（标准化路径系数分别为0.139，$p<0.01$）、网络嵌入→企业核心能力（标准化路径系数分别为0.781，$p<0.001$）、组织核心能力→企业价值共创（标准化路径系数分别为0.922，$p<0.001$）。（见表5-11）因此我们可以认为，组织核心能力在服务主导逻辑、顾客参与、网络嵌入影响价值共创中有积极促进作用。故研究假设 H4b、H7b、H9b、H10b 通过验证。

表 5-11　组织核心能力-模型的路径分析（n=918）

路径	路径系数	标准化路径系数	标准误 S.E.	临界比 C.R.	显著性 P
服务主导逻辑→顾客参与	0.831	0.773	0.042	19.912	＊＊＊
服务主导逻辑→网络嵌入	0.202	0.179	0.037	5.396	＊＊＊
顾客参与→网络嵌入	0.809	0.768	0.042	19.26	＊＊＊
服务主导逻辑→组织核心能力	0.898	0.943＊＊＊	0.026	33.967	＊＊＊
顾客参与→组织核心能力	0.134	0.139＊＊	0.046	2.93	0.003
网络嵌入→组织核心能力	0.713	0.781＊＊＊	0.047	15.244	＊＊＊
组织核心能力→价值共创	0.919	0.922＊＊＊	0.026	34.777	＊＊＊

注：＊表示$p<0.05$，＊＊表示$p<0.01$，＊＊＊表示$p<0.001$。

（资料来源：本研究调查结果软件分析数据结果）

3. 技术创新能力在服务主导逻辑、顾客参与、网络嵌入影响价值共创中的实证分析

对技术创新能力、服务主导逻辑、顾客参与、网络嵌入、价值共创五者之间的关系构建初始模型，并利用 AMOS21.0 软件绘制可识别的结构方程模型，初始模型如图 5-5 所示。在此初始模型的基础上，通过相关数据分析进一步对本研究上文提出的相关假设 H4c、H7c、H9c、H10c 进行验证。

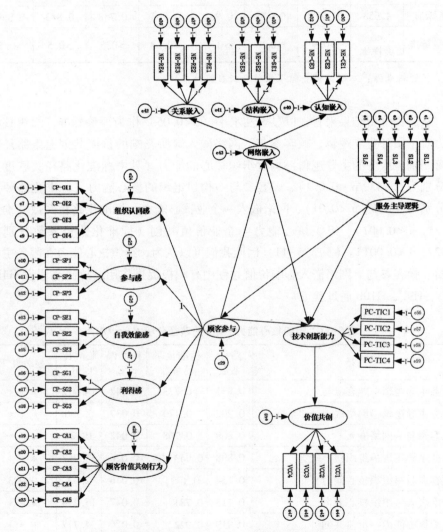

图 5-5　技术创新能力——价值共创结构方程模型

（资料来源：作者根据本研究调查结果软件分析数据结果绘制）

从上述数据分析所得结果综合来看（如表5-12所示），模型的与互化拟合作用程度两个指数都应该是在完全可以被广泛接受的程度范围内，因此我们从模型综合作用方法角度来看，模型与综合数据的相互化与拟化综合作用程度都应该是完全的且可以被广泛接受的，模型也因此得以得到确认。

表5-12　技术创新能力——模型的拟合结果（n=918）

项目	X^2/df	IFI	TLI	CFI	RMSEA	PGFI	PNFI	PCFI
指标值	4.713	0.93	0.925	0.93	0.064	0.737	0.844	0.86
衡量标准	<5（大样本）	>0.9	>0.9	>0.9	<0.08	>0.5	>0.5	>0.5

（资料来源：本研究调查结果软件分析数据结果）

从路径分析结果来看，以显著性水平（p<0.05）作为评价标准，技术创新能力对于服务主导逻辑、顾客参与、网络嵌入等所影响的价值共创七条路径都显著明确，服务的主导逻辑→技术创新能力（其中标准化路径系数为0.944，p<0.001）、顾客参与→技术创新能力（标准化路径系数设定为0.293，p<0.001）、网络嵌入→技术创新能力（标准化路径系数设定为0.675，p<0.001）、技术创新能力→价值共创（标准化路径系数设定为0.92，p<0.001）（见表5-13）。因此可以认为，技术创新能力在服务主导逻辑、顾客参与、网络嵌入影响价值共创中有积极的促进作用。故研究假设H4c、H7c、H9c、H10c通过验证。

表5-13　技术创新能力——模型的路径分析（n=918）

路径	路径系数	标准化路径系数	标准误 S.E.	临界比 C.R.	显著性 P
服务主导逻辑→顾客参与	0.851	0.789	0.042	20.226	＊＊＊
服务主导逻辑→网络嵌入	0.17	0.15	0.039	4.416	＊＊＊
顾客参与→网络嵌入	0.834	0.791	0.043	19.171	＊＊＊
服务主导逻辑→技术创新能力	0.928	0.944＊＊＊	0.03	31.281	＊＊＊
顾客参与→技术创新能力	0.289	0.293＊＊＊	0.049	5.911	＊＊＊
网络嵌入→技术创新能力	0.632	0.675＊＊＊	0.047	13.582	＊＊＊
技术创新能力→价值共创	0.905	0.92＊＊＊	0.025	36.289	＊＊＊

注：＊表示p<0.05，＊＊表示p<0.01，＊＊＊表示p<0.001。

（资料来源：本研究调查结果软件分析数据结果）

三、平台能力的中介效应检验

采用 Baron、温忠麟等国内外学者研究提出的判断方法，基于平台能力进行中介变量判定标准，对平台能力进行中介变量的判定。中介效应检测本次分析采用 Bootstrapping 分析方法。用 Mplus8.0 做中介效应检验，Mplus 提供两种形式 Bootstrap：一个标准化的和一个量化残差的。标准中的 Bootstrap 仅仅来说只适用于 ML、WLS、WLSM、WLSMV、ULS 和 GLS 估计方法，因为 MLR、MLF、MLM 和 MLMV 估计方法的标准 Bootstrap 与 ML 具有相同的结果。残差的 Bootstrap 只适用于连续变量的 ML 估计。通过使用 Bootstrap 语句、MODEL INDIRECT 和 CINTERVAL，可以得到间接效应和偏差修正的 Bootstrap 标准误差的 Bootstrap 置信区间。

其中的设计基本思路主要分为以下两个设计步骤：①观察 SRMS<0.08（标准化残差方根）、RMSEA<0.08（近似误差均方根）、CFI>0.90（比较拟合指数）、NNFI/TLI>0.90（非规范拟合指数）。②如果置信区间包含 0，则系数不显著；如果不包括 0，则系数显著。当上述条件都满足时，中介模型的假设检验就可以得到验证。

1. 服务主导逻辑路径模型

服务主导性逻辑定义为 X1，平台的能力定义为 M，价值链的整合能力定义为 M1，组织的核心能力定义为 M2，技术创新的能力定义为 M，价值共创的能力定义为 Y（如图5-6所示）。

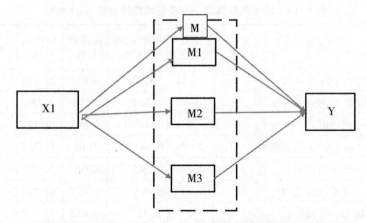

图5-6　服务主导逻辑—平台能力—价值共创路径图

（资料来源：作者绘制）

根据图 5-6 路径，通过使用 Bootstrap 语句以及 MODEL INDIRECT 和 CINTERVAL 进行 Mplus 程序编写：

TiTLE：TAM MODEL FOR PRACTICE（MEASUREMEBT MODEL）

DATA：FILE IS E：\ 临时项目 \ 论文 \ 价值共创 \ 20191020 文档 \ 46115699_ 1001_ 1001. sav \ mplus. dat；！指定数据存储位置。

VARIABLE：NAMES ARE Q1-Q63；！定义数据文件中的变量名。

USEVARIABLES ARE Q14-Q18 Q47-Q61；！文件中需要使用的变量

ANALYSIS：BOOTSTRAP = 200；

ESTIMATOR = ML；

MODEL：！MEASUREMEBT MODEL

X1 BY Q14-Q18；

M1 BY Q47-Q49；

M2 BY Q50-Q53；

M3 BY Q54-Q57；

M BY M1 M2 M3；

Y BY Q58-Q61；

！STRUCTURAL MODEL

M ON X1；

Y ON M；

Y ON X1；

MODEL INDIRECT：

Y IND M X1；

Y IND M1 X1；

Y IND M2 X1；

Y IND M3 X1；

OUTPUT：STANDARDIZED；

MODINDICES；

CINTERVAL（BOOTSTRAP）；

用 Mplus8.0 运行的结果展示，见表 5-14 和表 5-15：

表5-14 服务主导逻辑—平台能力—价值共创分析结果（n=918）

指标	Chi-Square Test of Model Fit	
—	Value	846.452
—	Degrees of Freedom	164
—	P-Value	0.0000
—	RMSEA（Root Mean Square Error Of Approximation）	
RMSEA<0.08	Estimate	0.067
—	90 Percent C. I.	0.063 0.072
—	Probability RMSEA ≤ .05	0.000
—	CFI/TLI	
CFI>0.90	CFI	0.965
TLI>0.90	TLI	0.959
—	SRMR（Standardized Root Mean Square Residual）	
SRMS<0.08	Value	0.024

（资料来源：本研究调查结果软件分析数据结果）

表5-15 服务主导逻辑—平台能力—价值共创BC95％置信区间分析结果

路径	估计系数	标准差	BC95％置信区间		P
			下限	上限	
$X_1 \to M \to Y$	0.992	0.053	0.668	0.826	0.000
$X_1 \to M_1 \to Y$	0.348	0.114	0.180	0.577	0.002
$X_1 \to M_2 \to Y$	0.523	0.168	0.222	0.954	0.002
$X_1 \to M_3 \to Y$	0.507	0.116	0.340	0.788	0.000

（资料来源：本研究调查结果软件分析数据结果）

综合以上分析结果来看，拟合的各项指标都是完全符合规定的标准，并且模型的拟合性比较高。从参数估算角度来看，二阶潜变量平台能力、三个一阶潜变量价值链融入能力、组织核心能力、技术创新能力等多重中介效应估算值均在0.384~0.0992的范围内，且95％置信度下的偏差校正 bootstrap 置信区间上下限均大于0，不包含0。研究结果表明，二阶潜变量平台的能力以及其三个一阶潜变量的价值链融入能力、组织核心能力与技术革命性创新能力对于服务主导逻辑与价值共创之间的中介效应均显著。

2. 顾客参与路径模型

顾客参与定义为 X2，平台能力定义为 M，价值链整合能力定义为 M1，组织核心能力定义为 M2，技术创新能力定义为 M3 ，价值共创定义为 Y（如图 5-7 所示）。

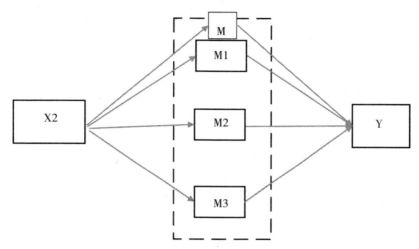

图 5-7 顾客参与—平台能力—价值共创路径

（资料来源：作者绘制）

根据图 5-7 路径，通过使用 Bootstrap 语句以及 MODEL INDIRECT 和 CINTERVAL 进行 Mplus 程序编写：

TiTLE：TAM MODEL FOR PRACTICE（MEASUREMEBT MODEL）

DATA：FILE IS E：\ 临时项目 \ 论文 \ 价值共创 \ 20191020 文档 \ 46115699_ 1001_ 1001. sav \ mplus. dat；! 指定数据存储位置。

VARIABLE：NAMES ARE Q1-Q63；! 定义数据文件中的变量名。

USEVARIABLES ARE Q19-Q36 Q47-Q61；! 文件中需要使用的变量

ANALYSIS：BOOTSTRAP = 200；

ESTIMATOR = ML；

MODEL：! MEASUREMEBT MODEL

a by Q19-Q21；

b by Q22-Q25；

c by Q26-Q28；

d by Q29—Q31;

e by Q32—Q36;

X2 BY a b c d e;

M1 BY Q47—Q49;

M2 BY Q50—Q53;

M3 BY Q54—Q57;

M BY M1 M2 M3;

Y BY Q58—Q61;

! STRUCTURAL MODEL

M ON X2;

Y ON M;

Y ON X2;

MODEL INDIRECT:

Y IND M X2;

Y IND M1 X2;

Y IND M2 X2;

Y IND M3 X2;

OUTPUT:

STANDARDIZED;

MODINDICES;

CINTERVAL（BOOTSTRAP）;

用 Mplus8.0 运行的结果展示，见表 5-16 和表 5-17：

表 5-16　顾客参与—平台能力—价值共创分析结果 （n=918）

指标	Chi-Square Test of Model Fit	
—	Value	2695.990
Degrees of Freedom	484	
P-Value	0.0000	
—	RMSEA（Root Mean Square Error Of Approximation）	
RMSEA<0.08	Estimate	0.071
90 Percent C.I.	0.068 0.073	
—	Probability RMSEA <= .05	0.000

指标	Chi-Square Test of Model Fit	
	CFI/TLI	
CFI>0.90	CFI	0.935
TLI>0.90	TLI	0.929
—	SRMR (Standardized Root Mean Square Residual)	
SRMS<0.08	Value	0.030

（资料来源：本研究调查结果软件分析数据结果）

表 5-17　顾客参与—平台能力—价值共创 BC95%置信区间分析结果

路径	估计系数	标准差	BC95%置信区间		P
			下限	上限	
X2 →M→Y	0.919	0.098	0.822	1.097	0.000
X2 →M1→Y	0.292	0.096	0.141	0.482	0.002
X2 →M2→Y	0.406	0.117	0.196	0.607	0.001
X2 →M3→Y	0.443	0.111	0.237	0.637	0.000

（资料来源：本研究调查结果软件分析数据结果）

　　综合上述的数据分析实验结果来看，各拟合度指标均符合标准，模型的参数拟量程度良好。从参数估计计算结果分析来看，二阶潜变量平台能力 3 个一阶潜变量价值链整合能力、组织核心能力、技术创新能力等能力的多重中介效应估计值均在 0.292~0.919 范围内，且 95%置信度下的偏差校正 bootstrap 置信区间上下限均大于 0，不包含 0，说明二阶潜变量平台能力及其 3 个一阶潜变量价值链整合能力、组织核心能力、技术创新能力对于顾客参与和价值共创之间的中介效应均显著。

　　3. 网络嵌入路径模型

　　网络嵌入定义为 X3，平台能力定义为 M，价值链整合能力定义为 M1，组织核心能力定义为 M2，技术创新能力定义为 M3，价值共创定义为 Y（如图 5-8 所示）。

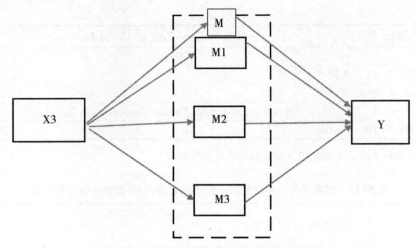

图 5-8　网络嵌入—平台能力—价值共创路径图

（资料来源：作者绘制）

根据图 5-8 路径，通过使用 Bootstrap 语句以及 MODEL INDIRECT 和 CINTERVAL 进行 Mplus 程序编写：

TiTLE：TAM MODEL FOR PRACTICE（MEASUREMEBT MODEL）！文件标题

DATA：FILE IS E：\ 临时项目 \ 论文 \ 价值共创 \ 20191020 文档 \ 46115699_ 1001_ 1001. sav \ mplus. dat；！指定数据存储位置。

VARIABLE：NAMES ARE Q1-Q63；！定义数据文件中的变量名。

USEVARIABLES ARE Q19-Q36 Q47-Q61；！文件中需要使用的变量

ANALYSIS：BOOTSTRAP = 200；

ESTIMATOR = ML；！选择估计方法，Mplus 默认的估计法为 ML。

MODEL：！MEASUREMEBT MODEL

a by Q37-Q39；

b by Q40-Q42；

c by Q43-Q46；

X3 BY a b c；

M1 BY Q47-Q49；

M2 BY Q50-Q53；

M3 BY Q54-Q57；

M by M1 M2 M3；

Y BY Q58-Q61；

! STRUCTURAL MODEL

M ON X3；

Y ON M；

Y ON X3；

M1 WITH M2@0；

M1 WITH M3@0；

MODEL INDIRECT：

Y IND M X3；

Y IND M1 X3；

Y IND M2 X3；

Y IND M3 X3；

OUTPUT：

STANDARDIZED；

MODINDICES；

CINTERVAL（BOOTSTRAP）；

用 Mplus8.0 运行的结果展示，见表 5-18 和表 5-19：

表 5-18　网络嵌入—平台能力—价值共创分析结果（n=918）

指标	Chi-Square Test of Model Fit	
——	Value	1621.239
—	Degrees of Freedom	266
—	P-Value	0.0000
—	RMSEA（Root Mean Square Error Of Approximation）	
RMSEA<0.08	Estimate	0.074
—	90 Percent C. I.	0.071 0.078
—	Probability RMSEA≤0.05	0.000
—	CFI/TLI	
CFI>0.90	CFI	0.951
TLI>0.90	TLI	0.945

指标	Chi-Square Test of Model Fit	
—	SRMR (Standardized Root Mean Square Residual)	
SRMS<0.08	Value	0.021

（资料来源：本研究调查结果软件分析数据结果）

表 5-19　网络嵌入—平台能力—价值共创 BC95%置信区间分析结果

路径	估计系数	标准差	BC95%置信区间		P
			下限	上限	
X3 →M→Y	0.962	0.200	0.809	1.090	0.000
X3 →M1→Y	0.239	0.173	0.040	0.551	0.017
X3 →M2→Y	0.369	0.162	0.091	0.905	0.023
X3 →M3→Y	0.453	0.134	0.429	0.663	0.001

（资料来源：本研究调查结果软件分析数据结果）

综合以上分析的结果来看，拟合各项指标都完全符合规范要求，并且模型的拟合性很好。从参数估计角度分析来看，二阶潜变量平台的中介能力、3 个一阶潜变量价值链整合能力、组织核心能力、技术创新能力多重中介效应都在0.239~0.962 范围内，95%的自举置信水平下偏差修正后自举置信水平区间的上下限均超过了 0，不含 0，说明二阶潜变量平台能力及其 3 个一阶潜变量价值链整合能力、组织核心能力、技术创新能力对于网络嵌入与价值共创之间的中介效应均显著。

四、理论整体模型的结构方程检验

根据我们前文的理论表述可知，接下来我们要验证的是服务主导逻辑、顾客参与、网络嵌入通过平台的能力影响和价值的共创之间的关系，即（表 5-20）验证研究假设 H1、H2、H3、H4、H5、H6、H7、H8、H9、H10，建立一个结构方程模型。本文采用 Amos21.0.0 软件进行结构方程建模。

表 5-20　整体模型假设路径明细表

假设路径明细
H1 服务主导逻辑→价值共创

假设路径明细
H2 服务主导逻辑→顾客参与
H3 服务主导逻辑→网络嵌入
H4 服务主导逻辑→平台能力
H5 顾客参与→价值共创
H6 顾客参与→网络嵌入
H7 顾客参与→平台能力
H8 网络嵌入→价值共创
H9 网络嵌入→平台能力
H10 平台能力→价值共创

（资料来源：作者绘制）

整个模型的结构方程分析通过对服务的主导逻辑、客户参与、网络嵌入、平台能力和价值共创之间的关系进行研究并建立了一个初始化的模型，并用 A-mos21.0 软件绘制了一个完全可以识别的结构方程模型。初始化模型框架如图 5-9 所示。运用 Amos21.0，从模型组织构建、模型 MI 指标校正以及模型分析三个角度来对结构方程模型展开分析。整体模型的拟合指标及其平均值见表 5-21，拟合指标均可以满足要求。

表 5-21　整体模型拟合指标值

项目	X^2/df	IFI	TLI	CFI	RMSEA	PGFI	PNFI	PCFI
指标值	4.76	0.921	0.915	0.921	0.064	0.723	0.841	0.858
衡量标准	<5（大样本）	>0.9	>0.9	>0.9	<0.08	>0.5	>0.5	>0.5

（资料来源：本研究调查结果软件分析数据结果）

整体模型结构方程中的路径系数及假设检验见表 5-22。

表 5-22　整体模型结构方程中的路径系数及假设检验

路径	路径系数	标准化路径系数	标准误 S.E.	临界比 C.R.	显著性 P	假设结果
H1 服务主导逻辑→价值共创	−0.016	−0.017	0.026	−0.618	0.537	否定

路径	路径系数	标准化路径系数	标准误 S.E.	临界比 C.R.	显著性 P	假设结果
H2 服务主导逻辑→顾客参与	0.793	0.759***	0.041	19.558	***	支持
H3 服务主导逻辑→网络嵌入	0.226	0.203***	0.036	6.217	***	支持
H4 服务主导逻辑→平台能力	0.192	0.204***	0.02	5.249	***	支持
H5 顾客参与→价值共创	−0.027	−0.029	0.041	−0.668	0.504	否定
H6 顾客参与→网络嵌入	0.799	0.75***	0.042	19.151	***	支持
H7 顾客参与→平台能力	0.146	0.155***	0.04	3.691	***	支持
H8 网络嵌入→价值共创	−0.106	−0.121	0.073	−1.453	0.146	否定
H9 网络嵌入→平台能力	0.705	0.795***	0.043	16.372	***	支持
H10 平台能力→价值共创	0.901	0.973***	0.085	13.24	***	支持

注: *表示 p<0.05, **表示 p<0.01, ***表示 p<0.001。

（资料来源：本研究调查结果软件分析数据结果）

由表 5-22 可以看出：

（1）服务的主导性逻辑、顾客的参与、网络的嵌入对于企业价值的塑造没有直接显著的影响，所有这些的目标是通过提升平台能力间接的影响和创造价值。

（2）服务主导逻辑是通过网络嵌入间接地影响平台的能力，并通过平台的能力协调生成价值。间接反映服务主导逻辑是理念，网络嵌入是厂家、供应商等；理念约束网络嵌入，通过平台能力实现价值共创理论提供指导意见。

（3）服务主导逻辑是通过客户参与、通过平台能力间接地影响价值的共创。

（4）顾客的主动参与显著地直接影响了企业网络路径嵌入，相应的网络路径嵌入系数均值也可以直接达到明显性质的水平，说明了企业顾客的产品需求导向可以直接地影响相关产品的直接供应商，促进了相关产品直接供应商的技术更新，不再销售是一种传统的由生产商品销售模式到服务顾客的转换模式。

因此，假设 H2、H3、H4、H6、H7、H9、H10 均得到支持，而且价值共创中平台能力起到重要的中介作用。

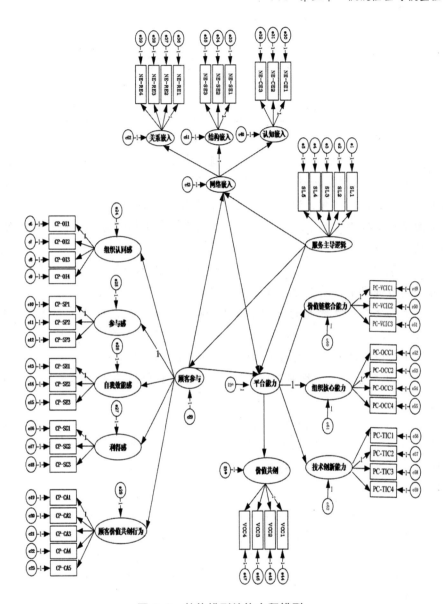

图 5-9 整体模型结构方程模型

（资料来源：根据本研究调查结果软件分析数据结果绘制）

第四节 本章小结

本研究通过对问卷调查结果的实证分析，验证了本文提出的理论模型和相关假设的检验。

首先，在小规模样本的分析基础上通过收集相关数据，对其情况进行有可描述性的具体统计数据分析、检验信度和效度。其次，本章在第四章的基础上，通过大样本数据，在充分论证满足了可信度和数据有效性的要求基础上，通过样本模型对上述论文提出的相关理论基础模型和基本假设数据进行了分析验证，得出结论如下：

（1）服务主导逻辑、顾客参与、网络的嵌入都不直接影响价值的共创，三者都是通过促进平台的能力，间接地影响了价值的共创。

（2）服务主导逻辑是通过网络嵌入间接地影响平台的能力，并通过平台的能力协调生成价值。间接反映服务主导逻辑是理念，网络嵌入是厂家、供应商等；理念约束网络嵌入，通过平台能力实现价值共创理论提供指导意见。

（3）服务主导逻辑是通过客户参与、通过平台的能力间接地影响价值的共创。

（4）由于顾客的参与对网络嵌入有很大程度的影响，所以对相应的路径系数都已经达到了显著性的水平，这就说明了顾客的需要能直接地影响到产品的供应商，促进了产品的供应商对其更新，不再是传统的由商品模式向顾客的模式转变。

实证研究的主要相关结论与发现充分证实了前文提出的理论假设，即服务为主导的逻辑是基本理念，顾客参与是基础，网络嵌入是行动，平台的能力是核心，最终对实现价值共创的模型进行验证，梳理了实证研究的基本思路，为后面的研究提供了一个服务型企业如何有效地进行顾客参与和企业价值共创的相关战略的有力理论依据。

第六章

顾客参与企业价值共创的要素与策略

通过前面章节的分析和研究，本文对顾客参与企业价值共创的机理进行了分析、提出了理论模型和研究假设。通过问卷调查和企业具体实践对理论模型和研究假设进行了检验，得出结论：影响价值共创的主要因素为服务主导逻辑、顾客参与、网络嵌入和平台能力，他们之间既相互联系又相互影响，尤其是以平台能力为中介，共同对价值共创进行作用。本章是在前面章节调查验证和案例实证分析的基础上，对影响价值共创的关键要素，以及它们对价值共创的作用机理进行提炼和归纳，同时，提出各要素在价值共创中的相关策略，推动价值共创理论研究进一步发展，同时，对企业开展价值共创实践提供指导。

本章的内容包括：第一，基于服务主导逻辑建立价值共创的价值主张，并通过服务创新发展新的价值主张；第二，构建共赢的价值共创商业模式来支持价值共创；第三，建立鼓励顾客参与的机制和流程，同时管理顾客参与的行为和结果；第四，创建参与者网络嵌入的服务生态系统；第五，提供价值共创的服务平台，并着力提升平台能力；第六，建立价值共创的评估体系。以上内容既是对价值共创的影响因素和作用机理的普遍规律进行归纳，同时又为未来价值共创的进一步研究指明了方向。

第一节　基于服务主导逻辑建立共同的价值主张

Lee 等人（2012）研究指出，共同创造和创造引人入胜的体验在价值创造中具有重要性。从客户的角度来看，与公司互动可以累积他们的消费体验，增强客户的品牌体验和加强客户与品牌的关系。共同创造的好处包括：增强员工敬业度、更好的供应链整合、改善股东承诺以及与竞争对手的知识共享，这种情况尤其发生在"竞争性"的情况下，既带来重大利益，又带来风险。因此，共同创造研究非常重要，尤其是在研究共同创造如何为企业提供新机会方面。

公司的竞争优势取决于其能创造比竞争对手更大的价值能力。反过来，更大的价值创造取决于企业成功进行创新的能力。为了在公司环境中获得成功这些外部变化要求其他参与者进行创新，从而将焦点企业嵌入相互依赖的创新生态系统中。因此，要实现参与者的价值共创，必须建立参与者共同的价值主张。

本研究是基于服务主导逻辑的重要理论，将服务主导逻辑的核心命题作为共同的价值主张，统一了参与者对价值共创的认知，尤其是对顾客价值的认知。通过共同的价值主张，吸引参与者参与，并开展价值共创。

一、通过服务创新建立新的价值主张

根据 SD 逻辑，服务是通过应用知识和技能，采取行动，以使另一个实体或实体本身受益。服务创新被认为是多种资源的重新组合，在给定的社会情境中创造一些有益的（价值体验）的新资源，这牵涉到一个行动者网络，包括受益者（如客户）。通过服务创新取得成功的公司除了拥有相应的资源外，还需要有吸引力的价值主张对资源进行整合。因此，管理价值主张所承诺的价值以及如何在内部促进与客户共同创造价值是关键。

1. 价值主张是服务主导逻辑的关键

SD 逻辑认为，公司提供价值主张，在互动过程中共同创造价值，并且价值由客户在情境中主观确定，例如，当客户使用产品或服务时，SD 逻辑强调价值①由客户、公司和其他参与者共同创造的；②由参与者在情境中评估的；③在整合和使用资源的过程中，参与者的活动和互动的结果。根据 SD 逻辑，企业的关键作用在于提供价值主张，这些价值主张在获得客户认可后，可以实现价值的共同共创。

根据 Per 等人（2015）①的研究表明，必须从客户的价值创造、客户体验的服务角度来进行服务创新和评估价值主张。因此，必须从顾客价值创造（顾客所接受的服务）的角度来进行服务创新和评价价值主张，而不仅仅是为企业创造价值的角度。当资源整合过程稳定下来，并且各实践之间存在稳定的关系时，就会存在旨在使客户的价值创造受益的价值主张。这些做法可以最大限度地利用公司的知识和技能，使其与其他各方进行互动。

SD 逻辑的价值主张概念与 GD 逻辑的价值主张概念区分开来：对共同创造

---

① Per S, Gummerus J, Koskull C. V, et al. Exploring Value Propositions and Service Innovation: A Service-dominant Logic Study [J]. *Journal of the Academy of Marketing Science*, 2015, 43 (2): 137-158.

的关注和资源整合的重要性。

①共创：根据 SD 逻辑，价值主张支持客户的价值创造。为了实现价值主张，公司必须通过直接互动的方式与客户共同创造价值，使客户的生活变得更好。通过直接交互，公司可以解释价值主张应如何使用价值主张以及如何将其与其他价值主张结合使用，从而尝试使公司流程与客户流程保持一致。一项研究（Ballantyne 和 Varey，2006；Ballantyne 等，2011；Frow 和 Payne ，2008，2011）认为，参与者（公司、客户和其他利益相关者）进行谈判是为了将自己的价值观念传达给对方。基于这种交流，企业制定了互惠的价值主张，而一家公司可能与不同的利益相关者具有多重价值主张。因此，建议企业和客户在制定价值主张时相互影响，而在稍后交互过程中实现价值。价值主张是共同创建的。价值主张有时仅由公司创建，客户数据扮演操作数资源的角色；有时它们由公司、客户和其他参与者共同创建。

②资源整合：SD 逻辑区分操作性资源，即在有形资源上进行操作和集成的知识和技能。Karpen 等人（2012）强调，操作性资源"使企业能够做出价值主张"。客户和公司在直接互动的同时协作整合资源，以便共同创造价值，而客户在使用过程中以产品和服务的形式整合资源，以便为自己或他人在使用中创造价值。资源还集成在公司以价值主张的形式向市场提供的配置中。但是，将资源整合到价值主张中也可能发生在多个行为者之间以及行为者网络中。Per 等人（2015）认为，价值主张是通过将操作性或操作数资源集成到价值创造承诺中的实践而创建的，这是一个价值主张。因此，价值主张是关于公司、客户和其他方如何在价值主张的基础上借助资源共同创造价值的承诺，在活动与合作之间提供了联系。因此，企业必须优化其资源整合流程，才能"利用优势价值主张"，这是指（共同）创造价值主张后需要对活动进行统一调整的必要性。因此，他们将价值主张概念化为（共同）创建的客户价值承诺，并通过计划来支持如何通过实践有效整合资源。

总而言之，SD 逻辑将价值主张视为由公司独立或与客户和其他参与者通过基于知识和能力的资源整合共同创造的价值创造承诺。

2. 通过服务创新创建有吸引力的价值主张

在以往的服务创新研究中，企业如何创造新的价值主张并发展现有的价值主张很少受到关注，这些研究主要关注服务创新的结果和类型或服务创新过程本身。SD 逻辑观点将服务创新与价值主张的创造和发展联系起来。因此，这一观点需要将重点从产品、流程和组织创新转移到包括这些创新类型（资源）的基本要素上。正如 Rubalcaba 等人（2012）所说："服务创新提供了新的资源，在价值星座中可供客户使用"，供客户用于改善自身的价值创造。Vargo 和 Lusch（2008a）认为，创新的价值"不是由企业生产的产出来定义，而是企业如何更好地服务。"因此，从 SD 逻辑的角度，对创新工作进行了界定，必须从关注"创新'产品'的生产转变为资源整合和增强的价值主张"，通过改善客户的状况来支持客户的价值创造。根据 SD 逻辑，服务是"有时是直接提供，有时是间接提供的，即通过提供有形商品；货物是提供服务的分配机制"（Vargo 和 Lusch，2004b）。因此，SD 逻辑阐明了适用于服务业和制造业的创新观点。实际上，SD 逻辑超越了商品和服务之间的二分法。

　　SD 逻辑从服务的角度进行服务创新。SD 逻辑专注于创造和发展价值主张，无论公司是通过服务还是产品进行生产，公司都通过这些主张来支持其客户的价值创造。公司可以利用某些实践将资源整合到价值主张中。从 SD 逻辑的角度来看，以前的研究将服务创新定义为公司创造新的价值主张或发展其现有价值主张。Per 等人（2015）认为，服务创新需要发展现有的或创建新的供应实践、代表性实践以及管理和组织实践，或将它们整合在一起的操作性资源和操作数资源。他们确定了完成服务创新的四种"典型方式"，即创建新方法和新资源以及开发现有方法和新方法创造价值主张的四种常见方法。四种方法：①适应，将现有资源以新方式整合到现有实践中；改编需要将公司现有的或稍有发展的操作性和操作数资源以新的方式集成到现有的或稍有发展的实践中。该情况下创新的范围是适度的，适度的修改可能会为客户创造新的有吸引力的价值主张。②基于资源的创新，其中将新资源整合到现有或稍做修改的实践中；通过实时新的操作性和/或操作数资源，可以创建一个新的价值主张或开发一个现有的价值主张。③基于实践的创新，其中将现有或略微修改的资源整合到新实践中；④组合创新，其中将新资源整合到新实践中。组合式创新需要将新的操作性或操作数资源集成到新的实践中，从而从根本上发展现有的价值主张或创造新的价值主张。这种服务创新类型要求公司向客户承诺与以前提供的产品有着截然不同的价值（如图 6-1 所示）。

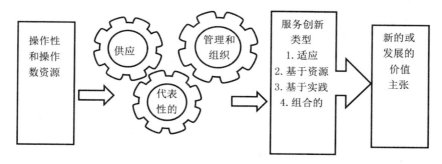

图6-1 服务创新形成新的价值主张过程

（资料来源：根据 Per 等人［2015］研究文献整理）

二、通过服务设计和服务创新实现共创

在服务主导逻辑理论的指导下，服务设计和服务创新正受到服务研究界的更多关注，因为它们在与客户、组织和整个社会参与者共同创造的新的价值创造形式中发挥着至关重要的作用。服务设计通过以人为中心的整体设计思维方法，将新的服务理念带入生活。服务创新涉及为服务网络中的一个或多个参与者创造价值的新流程或服务产品。通过推进服务设计和服务创新，建立企业的服务文化、优化服务流程和制度、鼓励顾客积极参与，同时，充分利用技术的作用来开展服务，帮助企业提升竞争力，实现价值共创。本文提出，通过以下三个方面加强服务设计和服务创新，以实现价值共创。

1. 加强服务设计与服务创新之间的联系

（1）服务设计是服务创新的关键过程，服务设计能够促进服务创新。

早期服务研究的重点是通过服务蓝图设计服务交付系统，以确保一致的服务体验并检测和纠正服务故障。进一步的服务研究涉及服务场景的设计和服务线索。服务蓝图也不断发展，以解决客户的行为和服务流程，并设计多渠道服务系统以提供客户体验。服务设计也已在服务运营中得到解决，着重于为客户设计流程和解决方案，例如，流程链网络。服务设计被视为以人为本，整体、创新和迭代的方式来创建新的服务未来。设计通过对用户体验的理解，可视化和设计过程，为创造性地设想新的服务未来提供了思路。设计还提供了参与性设计原则，使不同的参与者参与设计其过程以及原型试验。

服务设计在服务创新中起着关键作用，因为它通过设计思维了解客户及其背景，设想未来的服务解决方案并对其进行原型化来将创新思想带入生活。服务设计最初在服务研究中被视为新服务开发过程的特定阶段，介于想法生成和实施阶段之间。但是，在过去的十年中，服务设计在新服务开发的各个阶段巩固并扩展了其作用，对服务创新过程产生了广泛影响。服务设计采用一种设计思维方法，包括创建新服务未来的几个阶段。因此，服务设计现在贯穿并丰富了不同的新服务开发阶段。Yu 和 Sangiorgi（2018）描述了服务设计如何使新服务开发面向客户。他们提出了多个服务设计项目的案例研究，以及它们如何影响服务创新。他们发现，服务设计重新架构了用于价值创造的新服务开发流程，通过对用户体验的整体理解、代码设计实践、原型设计、使系统参与者与用户体验保持一致以及建立支持价值创造的长期能力。这项研究有助于转变新的服务开发过程和实践，从而通过使用服务设计方法更好地实现价值创造的观点。最近，服务设计已经成为一种创新，是以人为中心的迭代式服务创新方法。

（2）服务创新是服务设计的结果，服务创新促进价值共创。

产品创新与新设备相关，而服务创新则更广泛，通常与品牌（例如，宜家、星巴克、Skype 和 Spotify）相关。服务创新可能是商业模式、服务捆绑、社交产品、体验方面、流程变化、行为变化和品牌认知的创新。从服务逻辑的角度来看，创新服务不是从其新功能来看，而是在它们的工作方式上（例如，他们如何改变客户的思维、参与度以及创造和实现价值的能力）。

服务创新可以定义为一种新的流程或服务提供，它由组织实施，并被服务网络中的一个或多个参与者采用并为其创造价值（Snyder 等，2016；Witell 等，2016）。创新的服务产品通常是资源的新组合。服务创新通常与新服务开发相关。新服务开发最经常将重点放在开发新产品的实际过程上，而服务创新则集中在该过程的结果上。

随着服务创新从专注于创建新服务产品转变为实现新形式的共同创造价值，以人为中心，协作、整体的服务设计方法可以开启新的创新可能性。因此说，服务设计促进服务创新，服务创新促进价值共创。

2. 鼓励客户和其他参与者参与服务设计和创新

客户参与一直是服务设计和创新的重点。协同设计和用户参与是服务设计和服务创新的关键原则。客户是组织外部知识的来源，可以在设计过程中加以利用。Schaarschmidt，Walsh 和 Evanschitzky（2018）研究了客户互动和服务定制对混合产品创新成果的影响。他们的结果表明，客户互动有助于混合产品的有形（即商品）和无形（即服务）部分的创新。

从服务组织的角度来看，市场产品只有支持客户价值创造的过程，才具有吸引力。因此，服务创新的重点应该放在客户身上，以及为客户、向客户、与客户一起产生价值的要素。只有在客户将服务提供者的资源与其他资源结合起来并应用到他们自己的情境中才能创造价值。组织在开发各种产品时已开始将其客户视为积极的合作者。毕竟，客户最了解自己的环境，并且在大多数情况下都知道他们想要什么。这意味着组织不应"只是"倾听客户的声音，积极参与会更深入，这也可能意味着客户会根据自己的情况积极帮助创新。创新也可能源自公司花时间在客户环境中进行观察和试验，特别是目标为发展根本性的创新。

因此，让客户和其他参与者参与服务设计和创新过程可以遵循更专业的思维方式或更具参与性的思维方式。研究表明，在客户自己的背景下让客户参与创新过程更为有效。但是，这需要创建一个参与平台。该平台是有形和无形资源的动态配置，可作为价值创造系统的基础，网络成员通过一系列特定活动共同创造价值。在某些情况下，应让客户参与并成为主要客户贡献者（增量创新）；在某些情况下，他们应该成为重要的合作伙伴（将彻底的创新付诸实践）；在其他情况下，它们的作用应该更有限（开发根本性创新）。在处理更复杂的服务系统（如公共服务）时，服务设计会吸引客户和其他网络参与者，因为他们的经验是构想新服务的基本资源。

3. 利用技术进行服务设计和创新

技术从根本上改变了服务环境（Larivière 等，2017）。技术已经成为服务研究的变革者，并为创新服务带来了无数的机会（Ostrom 等，2015）。服务设计应探索技术创新服务的新方法。例如，物联网（IoT）会收集巨大且连续的数据流，并有可能以不可预见的方式影响消费者、企业和社会。物联网是一个实体网络，可以通过任何形式的传感器进行连接，从而进行定位，识别甚至运行这些实体（这些实体可以设计为与 Internet 连接的组件）（Ng 和 Wakenshaw，2017）。这代表了一种新的服务环境，其特征是由众多的互连世界组成，在这里，不断更新的信息流和数据分析的结果赋予人和设备力量。

服务创新的另一种破坏性类型是被称为合作经济的增长现象（Benoit 等，2017）。国外企业的例子包括 Airbnb、Uber 和 BlaBlacar 等。合作经济通常建立在互联网连接平台的使用上，该平台可以有效地使人们的需求与人们的需求相匹配。关键交换可以是点对点的，并可以更好地利用人们已经拥有的财产。从长远来看，更大程度地利用了现有资源，从而实现更可持续的生活方式。

我们需要关注技术发展所带来的新开放环境中的客户和其他参与者的行为变化。这种新环境为服务设计和创新带来了许多机遇，同时也带来了新挑战。一方面，技术发展在服务环境中产生了普遍的变化。因此，未来的研究应探索服务设计如何支持组织对技术变化做出反应，即探索如何创建新颖产品服务系统的解决方案，并在这种技术支持的网络环境中支持价值创造。另一方面，技术专家通常难以通过服务实现从技术突破到创新价值创造的过渡。服务设计和创新可以通过以人为中心的整体设计和服务设计来补充技术创新方法，从而利用技术来为客户和与客户一起创造新的价值，从而帮助弥合这种差距。这需要通过在技术开发中做出贡献并将其方法嵌入技术开发中，以将其转化为价值共同创造的解决方案，从而更加积极地对待服务设计和创新。为此，桥接技术、服务设计和创新方法对于在研究和实践中建立卓有成效的对话至关重要（Teixeira 等，2017）。

第二节　构建共赢的价值共创商业模式

一、通过商业模式创新促进价值共创

当前，不断发展的数字技术正在驱动商业模式的创新。Deloitte[①]《物联网生态系统》白皮书发现："这些发展将在企业内部和企业之间发挥作用，为能够持续创造价值的企业提供机会，甚至为那些可以想象到增量之外的可能性的人们提供机会。"物联网可以自然地重塑业务格局，以创建数字业务生态系统，其中：①每个人都同时是合伙人和竞争对手；②公司的存在是由于相互依赖；③价值是共同创造的；④每个组织都基于开源技术方法提供软件解决方案。

新兴的价值模型和商业模型出现，企业需要将自己置身于生态系统中，通过商业模式的不断创新提升价值创造。

凯文·凯利（2016）在他的《不可避免的书》中指出，工作的组织已经演变为从单个公司到该公司提供的更广泛的市场，这个市场进一步发展成为一个平台，这个平台由一个组织创建，可以让其他公司在其上构建产品或服务。由于它们都基于同一平台，因此这些产品通常相互高度依赖、相互开发或相互升级。随着时间的流逝，该平台将创建一个生态系统，这是一种生物相互依存的关系，是竞争与合作的结合。以一个自然的生态系统（如森林）为例，食物链中的所有事物都是相互联系的，一个物种的成功取决于其他物种。尽管这些生物生态系统与商业有相似之处且经济领域已经建立了很多年，但如今它们比以

---

① 物联网企业价值报告。

往任何时候都更加重要。商业生态系统具有高度复杂性、相互依存、合作、竞争和协同发展的特点。如今，苹果、微软、谷歌和 Facebook 等所有技术和商业巨头都是具有以下特点的多面平台：①雇用第三方供应商以增加其平台的价值；②鼓励其他人使用应用程序平台接口（API）；③实现强大的衍生产品而又相互依存的产品和服务的生态系统。

因此，超链接时代的数字化转型成为企业和社会环境变革的关键驱动力。价值流已扩展到包括新的价值创造参与者、技术以及跨互连的、不断发展的、由尖端技术支持的不断发展的价值驱动生态系统的新颖创造和创新过程。

1. 从线性到循环的参与式价值模型

从独立的公司到开放的集成生态系统，数字化转型标志着当今网络社会中创造，获取和分配价值的方式发生了重大的结构性转变。线性的、集中的价值创造过程（以公司为中心的价值创造和获取过程，即购买者通过消费产品和服务来获取价值）已经演变成分散的价值机制，嵌入在整个生态系统中，从而创造了价值并进行合作（Le 和 Tafardar，2009；Lehto 等，2013；Iivariet 等，2016；Letaifa，2014）。因此，价值不仅是共同创造的，并在网络参与者和合作方之间共同捕获，作为一个开放的"价值共享"过程，充当正在进行的循环和参与式价值模型（Ziouvelou 等，2016）。为了抓住这种新兴价值模型的全部潜力，至关重要的是，每个价值领域都必须高效运作，因为任何领域的弱点都会破坏整个价值驱动型生态系统的性能。

2. 从封闭的、静态的，以企业为中心的模型到开放的、动态的，以人群为中心的以生态系统为中心的商业模型

价值逻辑的这种变化与商业模型逻辑的变化保持一致。具体地说，技术先进的价值驱动型生态系统的出现重新定义了公司和行业的边界和运营，同时从根本上改变了商业模式的本质。商业模型的概念已经从公司的蓝图链接策略和业务流程发展到不断发展的网络体系结构，该体系结构描述了代表着创新的新维度的嵌入式互连价值过程，这在当今的超链接网络经济中至关重要（Ziouvelou 等，2018）。商业模式不再是工业时代以企业为中心，静态和封闭的结构，而是以开放和动态的生态系统为中心（Westerlund 等，2014；Rong 等，2015；Schladofsky 等，2016）以及人群驱动的生态系统结构（Ziouvelou 和 Mc-Groarty，2017，2018）的网络经济。

为了充分利用这种结构性转变的潜力，公司需要与新的价值驱动型业务逻辑保持一致，同时要有效地管理复杂性。仅产品、流程和组织创新已不足以使公司保持竞争力。商业模型是补充现有模型的关键创新组成部分（Zott 等，

2011），以促进在当今复杂的商业生态系统中取得成功。因此，业务模型必须是开放的、动态的、以生态系统为中心的结构，既要考虑到当今环境的需求和规格，又要使商业模型的重塑成为一个持续而包容的过程。

因此，企业需要与不同参与者共同创建新的业务模型和新的监管模型，以在开放和动态的生态系统中与各利益相关者一起更好地进行价值创造。

二、构建平台型价值共创商业模式

一个成功发展的生态系统，拥有众多的合作伙伴，带来了一系列互补的技能和服务，对于企业为顾客提供完善的解决方案至关重要。数字生态系统最大的力量是通过合作伙伴创造附加值。James F. Moore（2010）研究指出："在商业生态系统中，公司围绕一项新创新共同开发能力；它们相互合作并竞争以支持新产品，满足客户需求并最终整合下一轮创新。"摩尔补充说："经济共同体为客户提供有价值的商品和服务。"Michael Reimer 在谈到工业物联网中开放的数字生态系统对于"所有人的物联网"门户网站的重要性时，阐述了数字生态系统作为相互依存的行动者群体的角色，例如，企业、竞争对手、客户、监管者、个人、物联网设备以及其他利益相关者——共享标准化数字平台以实现互惠互利。

为了使数字生态系统成功，它需要一个采用开放技术方法的平台。因此，本研究提出，要实现价值共创的提升，需要构建平台型价值共创的商业模式。

1. C2B 商业模式

企业数字化转型的商业模式 C2B，可进一步具体为 C2B2B2C，即从顾客到平台，从平台到企业，再从企业到顾客（如图 6-2 所示）。首先，顾客将需求通过分销商或顾客自己反馈到平台；其次，平台将顾客的需求传递至上游供应伙伴；最后，由供应伙伴进行产品生产后再销售给顾客，真正实现了从需求侧反向推动供给侧，通过平台实现了供需双方的连接。同时，平台企业不仅可以向供应端传递需求，还可以向下游分销商进行产品和服务的分发，甚至向分销伙伴赋能，帮助分销渠道更好地服务 C 端。

为了最终实现 C2B 的商业模式转型，必须构建基础设施平台 B。能够获得最大倍数的平台模式已经成为大企业优先考虑的商业模式，通过互联互惠、充分利用数据、加强创新，实现平台的高效运作与共赢共享。大企业应以开放心态，培养自身能力，充分利用已有生态系统资源和优势，逐步打造平台模式。平台型商业模式已成为企业制胜关键。

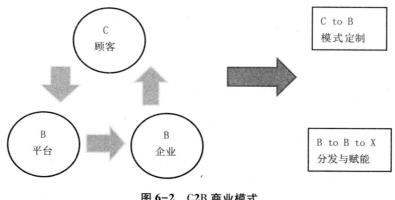

图 6-2　C2B 商业模式

（资料来源：作者绘制）

2. 构建平台型共创模型

本研究在前人对平台商业模式研究的基础上，结合第五章的案例实践，提出了平台价值共创商业模式的概念模型（如图 6-3 所示）。

如图 6-3 所示，价值共创是一个动态演进的过程。供需双方通过平台的直接互动进行品牌体验，最终实现价值创造。如图 6-3 所示，平台价值共创商业模式下包括三类基本角色：服务平台、平台供应方和平台需求方（产消者），三者之间相互共创价值。

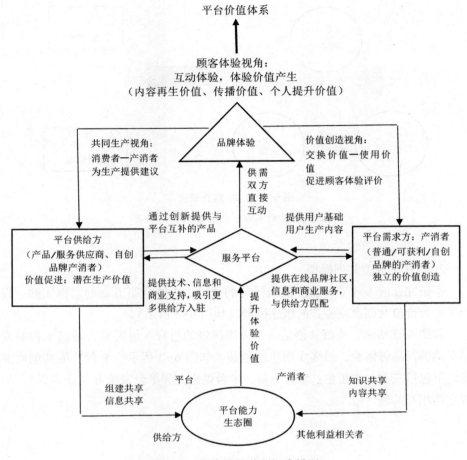

图6-3 平台价值共创概念模型

（资料来源：根据沈蕾等人［2018］研究文献改编）

模型的中间是服务平台。本章将平台定义为服务平台，即平台提供者通过平台向供给方、需求方以及其他利益相关者提供服务，服务包括资源整合和服务交换。服务平台符合有形的和可集成的组件（资源）。服务平台是价值共创的场所，通过整合供应方和需求方的资源，共同联合解决问题，为客户提供完善的解决方案，以实现最佳的使用价值。

模型的上方是通过供需双方的互动产生的品牌体验，在互动体验中实现价值创造。消费者通过共同生产转化为生产者和消费者，为生产提供建议。平台促进消费者生产内容。同时，通过互动体验，促进体验价值的产生。顾客的知识、资源和能力融入与体验，促进产品和服务的生产和提供，会促进平台价值体系的重构。

模型的左边是平台供给方，包括产品和服务提供商以及自创品牌的产消者。平台供应方的价值创造主要体现在：①与需求方共同创造价值。供应方利用自身的专业知识和经验来确定客户的真正需求，并为客户提供所需的产品和服务，在满足需求方需求的同时实现供给方自身的价值。②为其他供应方创造价值。通过平台，供应方之间实现了信息共享，供应方之间的资源互补可以促进潜在价值的生产。③为平台提供者创造价值。平台提供者为供给方提供了平台基础设施，供给方可以基于平台的属性开发自己的产品和服务，与平台形成互补（万兴等，2017）①。

模型的右边是平台需求方，需求方又可称为产消者，包括普通的、可获利的和自创品牌的产消者。需求方的价值创造主要体现：①与供给方共同创造价值。需求方反馈需求给供给方，参与供给方的产品和服务生产中，最终获得所需的产品和服务。②为其他需求方创造价值。需求方对产品和服务的评价（如点赞和分享）等，为其他需求方提供信息。③为平台提供者创造价值。需求方越多，就会帮助平台吸引更多企业入驻，同时，需求方登录平台所留下的注册信息、浏览数据和产品购买等行为轨迹，为平台提供者提供了宝贵的顾客数据，这些数据会成为平台重要的资产，为平台后续开展顾客精准营销奠定了基础。

模型的下方是平台能力生态圈。平台聚合了大量的供给方和需求方以及其他利益相关者，各方通过自身的资源和能力实现互补和价值创造。由服务平台、供给方、产消者及其他利益相关者构成了平台生态圈，平台能力通过多方的异质资源和多方互动逐步形成。

第三节 建立鼓励顾客参与的机制和流程

一、建立顾客参与的机制和流程

数字化为企业带来了巨大的变化。数字经济的复杂性源于其各种功能。数字经济提供了全球性的知识和信息访问渠道，因此影响了人们和组织之间互动和行为的方式。数字化世界中企业面临的当前挑战之一是与客户的长期深厚联

---

① 万兴，邵菲菲. 数字平台生态系统的价值共创研究进展［J］. 北京：首都经济贸易大学学报，2017（9）：89-97.

系（Wiersema，2013；Saunila 等，2017）。客户的参与可以提高客户对品牌或公司的忠诚度和满意度，这可能导致品牌和公司获得竞争优势或增加收入，有效的价值创造要求公司在服务过程中吸收客户的知识。

为了更好地吸引顾客参与，企业需要建立顾客参与的流程、制定吸引顾客参与的激励机制以及提供顾客参与的平台和技术支持等。

1. 建立顾客参与的流程

一般而言，顾客参与的流程包括顾客订购公司产品和服务的流程、对产品和服务进行投诉的流程以及参与企业产品和服务开发的流程等。

另外，根据 Saunila 等人（2018）的①研究表明，顾客参与的基础流程包括客户资源整合、客户知识共享和客户学习等。

（1）客户资源整合。客户资源整合是指客户的合并、同化和在品牌相关的效用优化过程中将客户操作性和操作数资源合并、吸收和应用到其他参与者的过程中。客户资源整合是顾客参与发展核心：一方面，通过互动将特定的客户资源与品牌整合在一起，从而形成顾客参与；另一方面，客户资源整合的创造价值的意图，这也是顾客参与所共有的。客户资源整合意味着价值是在服务系统中创造的，或者是在访问或获取稀缺资源的网络参与者群体中创造的。外在操作数资源在其网络中的个人之间进行交易，并在拥有、控制或共享时可用。客户操作数资源是先前客户动机和将资源集成到焦点对象交互中的能力的输出。所有客户在其资源整合活动中释放价值的方式均不相同。鉴于操作性资源是"战略利益的基本来源"，客户对操作性资源的整合尤为重要。客户资源整合还与客户知识共享和学习相互作用。

（2）客户知识共享。客户知识共享表示客户将特定的感知品牌知识（包括基于信息或基于经验的知识）传达给其网络中的其他人，以为其自身、接收者或两者创造价值。共享知识时，客户寻求以交互方式创造价值，因此，解释了客户知识共享对于 SD 逻辑告知的顾客参与的重要性。虽然客户知识共享有助于顾客参与，但顾客参与本身并不需要知识共享。信息和经验一旦被处理，通常会发展成特定形式的感知知识。因此，我们将信息和经验共享纳入客户知识共享的范畴。其中，经验共享具有最大的（但不是唯一的）倾向来涵盖客户对对象、活动等的高度主观的解释。客户倾向于与他们分享知识的各方包括其他客

---

① Saunila M, Ukko J, Rantala T. What Determines Customers' Engagement in the Digital Service Process? [J]. *Journal of Manufacturing Technology Management*，2018，30（8）：1216-1229.

户、朋友、服务员工和重点公司。客户知识共享的环境包括新产品开发、创新、数字环境和零售。Vargo 和 Lusch（2016）指出："机构……由行为者共享，导致网络效应，收益增加。……更多的行为者共享一个机构，对所有行为者的潜在协调利益就越大"。由于 Axiom 5（公理 5）认识到涉及多个制度化参与者和制度安排的互动的网络性质。因此，客户知识共享对于沟通和采取特定机构和机构安排很重要。分享的知识越广，其影响力就越大。

（3）客户学习。客户学习是一个反复的过程，涉及客户制定心智规则和准则以处理与品牌相关的相关信息，获取新的品牌知识或洞察力，并根据获得的新品牌知识或洞察力进行行为改变。"客户必须获得必要的技能和知识（学习）"，才能有效地进行品牌互动，从而证实了客户学习作为我们第三个以 SD 逻辑为依据的顾客参与基础流程的作用。

客户学习是一个包括认知、情感和行为各个方面的自愿过程，可能是由情境要求触发的，客户发现自己有学习的动力。因此，客户学习通常是自我发起、自我指导和自我控制的，反映了向自身提供服务的一种形式。为了刺激客户学习，许多公司都有可用的学习资源，可以使用传统媒体或新媒体（如在线视频、博客等）。客户学习活动包括客户社交、教育、培训和购买后学习，这可能反映了不同程度的感知任务复杂性。偶然的（意外的）客户学习也可能发生。随着个人变得越来越网络化，他们必须"学习如何成为价值网络中至关重要的和可持续的组成部分"。因此，适应性强的敏捷学习能力和技术（如体验式学习）对于维持战略优势的重要性日益提高。客户学习还可以随着时间的推移刺激客户体验（如通过减少客户乏味的互动），特别是当感知到良好的学习效果存在时。

通过客户资源整合、客户知识共享和客户学习等顾客参与，能够带来的好处包括客户个人操作性资源的开发、客户人际资源的开发和客户共创等（如图 6-4 所示）。因此，企业要围绕客户资源整合、客户知识共享和客户学习等方面建立相关的流程，以及提供相关的环境支持等。

2. 制定吸引顾客参与的激励机制

为了更好地吸引和鼓励客户积极参与，促进客户资源的整合、客户知识的共享以及客户学习等，企业需要制定吸引顾客参与的激励政策和机制，向顾客广泛宣传，并对积极参与的顾客提供及时的奖励，以及能让顾客感受到被认可、被尊重的激励方式和手段等。正如本文第五章案例企业所采取的激励方式一样。

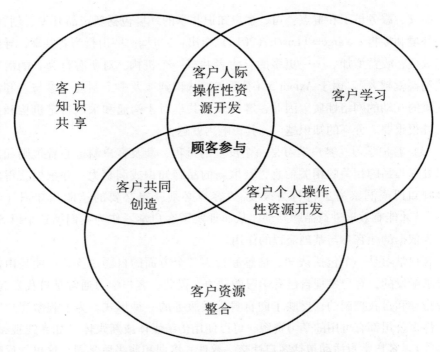

图 6-4　整合的基于 SD 逻辑的客户参与框架

（参考资料：根据 Saunila 等人［2018］研究）

第一是在供应端，制定吸引供应方参与的激励政策，吸纳更多的供应方积极参与，为客户提供更多丰富的产品和服务；第二是在销售端，制定分销商积极参与的销售奖励政策，吸纳更多的分销商愿意加入，扩大分销网络覆盖面和覆盖深度；第三是在顾客端，制定鼓励客户分享和传播公司品牌、产品和服务的激励政策，鼓励客户积极参与公司产品信息的转发、传播和分享等。

3. 参与的顾客及其相关资源支持

顾客参与还需要其他条件，如参与的顾客及其资源。有研究者提出，不仅需要将参与者视为人类，而且还应将其视为机器（技术或者包括组织在内的人类和机器技术的集合）。较早的研究（Maglio, Vargo, Caswell 和 Spohrer, 2009 年；Spohrer, Maglio, Bailey 和 Gruhl, 2007）将服务系统视为由相互互动或互动以创造价值的实体组成。这些实体是资源的集合或安排，包括人员、技术、信息和组织。

参与的顾客需要拥有相关资源，包括顾客的财务资源以及使用服务的知识和技能。如果客户缺乏这些资源，则不可能成为参与的客户。同时，如果看顾客拥有购买更全面服务的财务和知识资源，则他将更愿意参与购买或实施阶段，例如定制服务。客户的技能和资源是指客户使用服务的历史和经验。客户过去使用的服务越多，他使用附加服务的能力就越强，并且他将更愿意参与此阶段的产品开发。客户可以利用服务的技能或资源越多，就越愿意参与服务。

在本研究中，参与的顾客主要包括终端用户以及具有为终端用户提供服务的顾客（如分销商）等。要使顾客参与发生，企业需要有具备参与能力的顾客，如具有专业知识的领先用户或者是具有影响力的普通用户，以及具有代理资格的分销商和分销员。而这样的顾客是需要企业经过多年的发展沉淀和积累的。只有当具备参与能力的顾客数量达到一定规模，且这些顾客自身拥有的资源能为企业带来价值，那么顾客参与价值共创才能成为可能。

二、管理顾客参与的行为和结果

顾客参与的意愿、行为和结果受很多因素的影响，因此，为了更好地促进顾客参与企业共同开展价值共创活动，企业需要有计划地对顾客参与的行为和结果进行系统管理。对顾客参与的行为和结果的管理，包括以下内容。

1. 明确价值共创的环节和范围，确定价值共创的目标

价值共创的范围非常广泛，可以体现在设计、研发、生产、营销、服务和管理等不同的环节上，因此，企业需要根据所在行业的特点，结合企业实际需要，明确顾客参与的环节和范围，并确定价值共创的目标。根据所确定的共创环节和范围，设计相应的顾客参与流程，以及配置相应的资源。例如，本研究所选定的案例企业，是以销售环节作为价值共创的范围，通过吸引顾客参与企业产品的宣传、销售和服务来实现价值共创。

2. 选择合适参与价值共创的顾客群体，吸引并激励他们参与

顾客参与的意愿和能力不同，所产生的效果就不同。因此，企业需要根据所确定的价值共创的范围和目标，选择合适的顾客参与价值共创。这就要求企业一方面要明确顾客在价值共创中所承担的任务、角色以及发挥的作用；另一方面要对顾客需要具备的知识、经验、技能和资源进行分析，并根据需要确定选择的条件。例如，本文案例企业所开展的"分销合伙人"项目，要求顾客熟悉公司业务，具备一定的营销和服务技能，同时还需要顾客有使用自助渠道进行业务办理的能力等。另外，企业需要制定顾客参与激励措施，以吸引和鼓励"目标顾客"参与价值共创。目标顾客包括符合条件的、具有专业能力的顾客，也包括平民化的中心人物。在确定目标顾客后，企业可有针对性地向目标顾客开展宣传，吸引并鼓励他们积极参与企业价值共创。

3. 对参与价值共创的顾客提供培训和支持，帮助提升其价值共创能力

为了使顾客更好地参与价值共创，企业有必要为目标顾客提供宣传、教育和培训。以销售环节的价值共创为例，企业需要向参与价值共创的目标顾客提供（如企业产品和业务的）专业知识、销售推广和客户服务技能等，帮助顾客迅速掌握专业知识，拥有相关技能，成为业内的专家。例如，近年来发展比较迅猛的微商模式，微商群主每天都会通过向特定群组的销售伙伴发送大量的企业形象宣传、新产品图文、促销优惠政策，甚至客户使用产品前后效果对比的图片和视频等，目的是激发销售伙伴的热情，帮助销售伙伴掌握营销政策，更好地提升销量。

4. 提供顾客参与的资源支持，为顾客参与价值共创提供保障

顾客参与的资源支持包括财务、人力和技术资源等。一是财务资源。顾客参与企业价值共创需要投入成本，包括时间、精力和资源投入等，因此，为了吸引顾客参与价值共创，需要制定顾客参与的激励政策，对参与的顾客给予奖励，所以需要财务资源的支持。二是人力资源。为了做好参与顾客的运营，企业需要组建专门的团队或成立相应的机构，与顾客进行沟通，设计顾客参与的流程，制定顾客参与的激励措施，解决顾客参与带来的投诉等问题。三是技术资源。需要企业投入相应的技术资源，如建设平台等。

因此，企业需要投入一定的财务资源、人力资源和技术资源等，才能提供顾客参与的环境，为顾客参与价值共创提供保障。

5. 分析评估价值共创的效果，构建适合企业发展的价值共创模式

企业在与顾客开展价值共创过程中，应密切关注价值共创的过程，分析和评估价值共创的效果。总结价值共创中好的经验进行推广，对价值共创策略进行优化完善，构建与企业经营环境、顾客需求、企业自身能力相匹配的价值共创模式。

因此，要吸引顾客参与，企业需要制定顾客参与的机制和流程，包括宏观层面的服务生态环境和制度、中观层面的参与资源和平台以及微观层面的顾客参与流程等。如本研究前面章节案例研究中案例企业提供的"顾客使用自助渠道优惠""分销合伙人多层级利益分配机制"，以及分销平台工具等，为顾客参与提供制度保障和平台支持。

第四节　提供网络嵌入的环境和条件

一、提供支持参与者网络嵌入的环境

根据服务主导逻辑，所有提供者都是服务提供者，服务是交换的基本基础。价值是与客户共同创造的，并根据情境中的价值进行评估。根据 Edvardsson 等人（2011）的研究表明，服务交换和价值共同创造都受到社会力量的影响。他们认为，服务交换和价值观念已嵌入到社会系统中，在该系统中，客户和公司已经确立了地位和作用。他们通过将来自社会建构理论的概念（如社会结构和系统、交互作用、职位和角色）应用于 SD 逻辑，将客户定位于社会环境中，将其作为主体间的参与者和资源整合者，而不是作为个体参与者。社会环境构成了一个系统，在该系统中，服务交换了服务，并且交换了如何共同创造价值。不同的客户可能会以不同的方式看待相同的服务，并且同一客户在不同的社交环境中的各个场合之间可能会以不同的方式看待服务。Edvardsson（2012）提出的共创定义："共创涉及公司及其由各个实体（如客户、供应商和分销商）组成的网络共同创造价值"。

1. 为价值共创提供广泛的社会环境

根据社会建设理论，包括价值共同创造在内的所有活动都是在社会系统内进行的。因此，价值共创超越了个人和主观的环境。实际上，必须将价值本身理解为集体社会环境的一部分。如图 6-5 所示，服务交换、服务系统和价值配置存在于更广泛的社会环境中。

如图 6-5 所示，服务交换是在双方（"客户"和"提供者"）之间进行的，双方都是交换的资源整合者和受益者。这种服务交换发生在更广泛的价值配置空间中，因为双方也都参与了更广泛的网络。这些网络以及受益人本身可以理解为"通过与其他系统交换和应用资源（尤其是知识和技能）而生存，适应和发展的服务系统"（Vargo 等，2008）。图 6-5 中的虚线椭圆 1（围绕所有服务系统和服务交换）表明，受益人和服务系统之间的服务交换没有与更广泛的、对他们有影响的社会系统分离，但始终嵌入其中。职能性社会系统的特征是具有明确的目的（含义），角色明确（控制）和透明度（道德规则）的社会结构。在提供相互服务期间，所有共同创造价值的行为者通常都使用功能性服务系统，尤其是规则和资源（社会结构），这些规则和资源可以启用和限制服务交换（如

"社会结构"中的虚线箭头所示）。然后，该过程确保了社会结构的再现（有时是转变）（如"服务交换"中的虚线箭头所示）。点缀"服务交换"和"社会结构"的箭头以及"社会结构"周围的正方形，表示结构化过程和社会结构均不可观察。

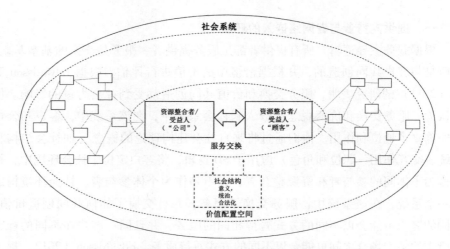

图 6-5 通过整合社会结构和服务/社会系统扩展 SD 逻辑

（资料来源：改编自 Vargo［2009a，b］）

因此，在设计用于服务交换的最佳服务系统时，在设计资源构架以实现价值主张时，必须注意参与者在社会结构中的位置、角色和社会互动。客户在社会系统中的位置、他们的角色、他们的互动方式以及所使用的语言都代表资源，在设计资源群以促进实现价值主张时，应将其包括在内。

2. 为价值共创参与者提供服务生态系统

第一，建立柔性的、完整的服务生态系统组织结构。结构柔性指的是组织参与者适应网络中各种创新机会的不同方式。具体而言，这意味着不同的参与者（以及他们的角色和责任）的配置可以适应生态环境以适应新的环境刺激和竞争压力，进而创造新的服务创新机会。例如，价值可以由服务生态系统中的两个或两个以上的参与者共同创建，而不需要牵头参与者的明确参与。类似地，新类型的创新中介机构可以配置不同的参与者专注于特定的问题解决和价值共创机会。这样的配置的更广泛的目标是确保整个系统（解决方案）在特定的情境中为用户提供最佳的使用价值。对这种结构灵活性和适应性的需求涉及关于数字基础结构的信息系统领域正在进行的讨论和它促进的业务灵活性。数字基础设施是高度可扩展的，因此，支持在生态系统内的行动者的不断进化。数字基础设施也表现出相当大的向上和向下的灵活性，并启用动态连接和其他功能来支持服务交换。结构完整性指的是纽带或关系的性质，将不同的行动者保持在一个网络中。从 SD 逻辑的角度来看，服务生态系统的社会和经济行动者被一个三位一体的资源保持在一起：能力、关系和信息。服务生态系统具有结构完整性，因为每个实体（经济和社会角色）具有能力（用于提供和提供服务给他人）、关系（与其他参与者）和通过共同标准和协议共享的信息。然后使用价值命题将一个参与者与服务生态系统中的其他感兴趣的参与者连接起来。为此，开发最有说服力的价值主张（提供能力和关系之间的联系）的企业将表现最好。然而，这种相对的性能优势将是短暂的，除非组织学会响应于不断变化的客户、供应商来修改其价值主张，以及其他利益相关者的要求。

第二，为网络嵌入的参与者建立以顾客价值为核心的共享的世界观。本文认为，共享的世界观是以顾客价值为核心的价值主张。首先的目标是为顾客创造价值，包括产品和服务使用的功能价值，以及良好的品牌体验感知的情感价值等。只有所有参与者都认同该价值主张，一个共享的世界观确保参与者能够一致地解释资源整合的机会，并迅速聚集在一起以改变或整合资源。那么，它的作用不仅仅是为了在不同行动者之间迅速共享信息，而且也促进了对环境变化的一致看法的发展。本章研究的目标是通过增强生态系统中服务创新的机会，并使服务生态系统在环境中快速和动荡的变化（技术和市场）中相对于其他生态系统获得优势，以更好地实现和提升价值共创。

第三，为网络嵌入的参与者提供服务生态系统的参与架构。必须提供一种参与的架构，使合作价值共创发生的方式清晰（由不同的行动者集）以及来自创新的"权利"（或价值）在参与者之间共享的方式。参与架构包括促使参与者贡献以及相互作用协调的透明的交换规则，如服务生态系统中采用开发的业务流程和标准等，以及参与者从交换中实现价值的方式（或者对他们的贡献进行奖励）。因此，参与的架构在很大程度上取决于共享的机构逻辑或参与者使用的手段和规则来协调他们的行动。

根据 Lusch 和 Nambisan（2015）的研究，服务创新能够提升价值共创，并提出要打造好服务生态系统、服务平台和价值共创这三个要素，他们之间的关系如图 6-6 所示。

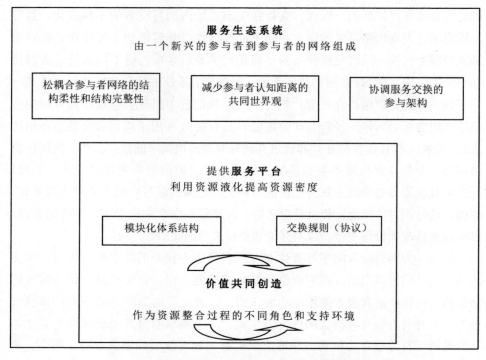

图 6-6　服务生态系统、服务平台与价值共创关系图

（资料来源：根据 Lusch 和 Nambisan［2015］参考文献整理）

二、提供支持参与者价值共创的条件

A2A（参与者到参与者）网络中的有效行动者和生态系统在不确定性下运行，因为它们适应和学习，并且当他们做出调整并采取行动来创造或共同创造价值。这些参与者开始知道他们是谁，他们知道什么，他们知道谁，这使他们能够决定他们可以做什么在他们所经历的不可预测和约束的世界。为了更好地促进参与者与资源之间的交互，还需要开发更丰富的价值创造环境，为参与者提供支持价值共创的相关条件。例如，需要通过提供参与者间互动的交互方式、建立能够促进参与者之间互动的价值共创机制和流程等，以更好地支持价值共创。

1. 促进参与者之间互动的机制。具体包括：第一，提供参与者间互动的交流平台或工具。要理解参与者之间的相互作用很重要，因为要通过相互作用来共享信息并产生知识，而有效的参与者则通过他们了解和认识的人来发挥作用。这里的交互性更多地是指参与者和资源之间的通信或交换的实际模式（交互性是积极的，而不是规范的），提供交互和交换的途径的性质直接影响服务创新。换句话说，参与者越容易访问其中的平台和资源，资源集成的机会就越丰富。因此，需要为参与者之间提供便捷的交流工具或平台支撑。第二，企业可以建立正式的和非正式的新的沟通机制。例如，正式的通信方法，如白皮书，使企业能够与服务生态系统中的其他参与者共享共同的愿景（或共同开发世界观），并支持他们的价值共创活动。非正式机制同样重要。社交媒体和工具如博客和维基有助于企业内部专家和其他参与者（包括用户或受益人）之间的互动，例如，微软的频道"9"以这样的目标促进用户和员工之间的对话。第三，帮助参与者获得相关的非结构化知识资源（如其他参与者之间的讨论和辩论）。一些公司正在尝试在线社区中的内容评级系统，例如，对等评级和其他社会指标，帮助参与者衡量交互中知识的深度和准确性。

2. 建立参与者适应的内部流程。参与者可能还需要调整其现有的（或采用新的）业务流程，以将各种其他参与者纳入服务生态系统。建立适当的内部流程来容纳（参与者）价值共创活动可以大大提高受益人的价值。这也可能涉及建立新的组织角色，以将客户与内部参与者联系起来。例如，微软特别指定了称为"伙伴"的员工，以充当在线社区用户和组织之间的桥梁。这种机制也应该被部署，通过识别涉及来自多个服务平台的资源和提供公共资源访问工具和过程的服务交换机会，使跨企业的不同服务平台（产品）的价值共创活动具有一致性。未来研究的另一个问题涉及这些过程适应和潜在的数字基础设施之间的潜在相互作用的价值共创。

3. 明确参与者角色，并增强价值共创活动的透明度。在价值创造中不同角色的清晰可以减少受益者对价值本质的错位期望，这些价值可以从这些活动中得到。先前的研究表明角色和过程透明度和客户期望之间的关系（如 Bowen，1986）。这对于提高价值共创活动的透明度具有重要意义，也为进一步的研究指明了方向。例如，它可以帮助提高角色的清晰度，在在线社区中通过嵌入的策略和准则来明确角色共建的角色和底层过程。同样，在价值共创中明确认识与知识产权相关的问题对于提高结果透明度至关重要。使"谁拥有什么样的智力资产"以及如何有效地与参与价值创造的参与者沟通的实践将是至关重要的。

第五节　提升价值共创的平台能力

一、提供参与价值共创的平台

要使顾客参与发生，企业需要提供参与平台，并为顾客参与提供必需的条件。

通过整合有关平台的主要研究结果，Thomas，Autio 和 Gann（2014）提出了平台的类型：①平台是一组可提供卓越性能的组织能力；②平台是一系列产品的稳定中心；③平台是两个或多个市场参与者之间的中介；④平台作为一个系统或架构，支持互补技术资产的集合。在本研究中，平台被视为连接的中介。

在战略和营销文献中，互动平台的概念源于 Prahalad 和 Ramaswamy（2004）的在体验环境中致力于服务创新。Ramaswamy 和 Gouillart（2010）将参与平台定义为包含信息、界面、流程和人员的基于 ICT 的专用环境；允许组织与客户共同创造价值。

Frow，Nenonen，Payne 和 Storbacka（2015）的研究认识到，有效的共创取决于参与者参与的平台。与 Ramaswamy 和 Gouillart（2010）相比，他们确定了 5 种类型的虚拟（启用 ICT 的）和/或物理参与平台："①数字应用程序，例如扩展与多个不同参与者互动的范围和速度的网站；②经常或连续用作连接参与者的工具或产品（如提供软件开发人员工具包的软件公司）；③物理资源，协作者偶尔会聚在一起以互惠互利，以分享和增强他们的知识（如 Apple 商店）；④涉及多个参与者的联合流程（如宝洁的"联系+发展"创新计划）；⑤专门的人员小组（如呼叫中心团队）。"

这些平台类型可以单独使用，也可以随着时间推移以各种组合形势使用。参与度是公司"进入市场"方法的代名词，即使用什么渠道与客户互动，该方法的资源密集程度（从在线销售到战略客户管理），购买前和购买后产生交换和互动的过程是什么？管理实践文献还强调了客户旅程的概念，它涉及客户和公司在时间和空间上如何互动或"接触"彼此的纵向和关系视图；公司旨在确保无缝的多渠道体验。

在对在线和实体购物环境中的价值共创进行调查时，Breidbach，Brodie 和 Hollebeek（2014）建议互动平台由多个接触点组成，这些接触点由虚拟和物理交互组成。参与平台不仅仅是多个接触点的集合，参与平台还是为参与者可用来与其他参与者进行整合以整合资源的多面中介。参与平台始终承担中介的角色。

最后，与参与相关的网络效应会带来可观的收益。在这种效应中，加入平台的其他参与者会增强它的利益，而加入平台会产生与已加入平台的其他参与者的数量有关的收益。这种收益或收益可以采取三种形式：关系收益、信息收益或动机收益。关系利益是指使用同一互动平台与其他参与者互动的能力。通过平台拥有的数据以及从该数据生成自定义信息的能力，可以获得信息收益。激励性利益刺激参与者在平台上的参与活动，如通过游戏化。

根据以上讨论，本研究确定了与参与平台的重要性和构成有关的三个问题。

①平台形式。参与平台（包含工件、界面、流程和人员的环境）通过提供参与机会来促进参与者参与。通过参与平台，参与者可以与焦点公司（如在客户关系过程中）或其他参与者（如围绕他们感兴趣的特定主题参与的参与者社区）进行接触。因此，参与平台可以由一家焦点公司或其他参与者提供。焦点参与者提供的平台往往更加具体，而其他平台则可以促进更广泛的参与。对于那些试图影响或设计其服务生态系统参与度的参与者而言，平台的提供是一个重要因素。

②平台与参与者的角色。在促进互动时，平台不会参与互动，而是促进两个或更多参与者之间的互动。这有助于区分将参与平台与服务生态系统中的参与者区分开来：参与者参与活动，而平台则不参与。此外，参与平台不会在参与者之间进行参与时修改或增强要整合的资源，而是将这些参与者及其资源整合在一起。

③平台和参与相关的网络效应。由于参与平台是参与者的聚集者，因此直接和双向网络效应都适用。因此，参与者数量的增加将为参与者增加平台的价值，但也使得管理平台的参与者有可能产生资源以进一步开发平台。在参与的背景下，研究重点应设法了解参与者加入或离开参与平台时关系、信息和动机利益的发展。

二、提升价值共创的平台能力

根据 Lusch 和 Nambisan（2015）的研究表明，服务平台上的资源交换可能导致不可替代的、可扩展的解决方案，要实现解决方案的输出需要技术创新能力作为重要的基础和支撑。因此，技术管理观点认为，平台作为一个模块化结构，提供有形和无形的组件（资源），并促进参与者和资源（或资源束）的交互。

1. 把服务平台建设成模块化体系结构，利用数字化技术使资源液化，提高资源密度。服务平台的结构塑造了参与者可以访问不同的资源，以便于资源整合和服务创新。具体来说，分层模块化结构比集成结构（甚至简单的模块化结构）能够提高资源密度水平。分层模块化架构是模块化体系结构和分层体系结构之间的混合。在模块化架构中，所有组件都源自单个功能设计层次结构。在分层架构中，每个层与不同的设计层次相关联，因此跨不同层的多个组件不受单个产品的限制。也就是说，它们与产品无关（如苹果 iPhone 的不同组件，它与不同的功能层次连接在一起，并允许与广泛的产品结合使用）。因此，在一个分层的模块化结构中，组件代表了一组以有形或无形的形式出现的专业知识和技能，这些组件很容易与异构产品的形式和类型进行交互。这样的架构意味着服务平台的潜力，以促进涉及功能设计层次内的组件（导致核心价值命题的变化）或跨越多个设计层次（导致完全不同的价值命题）的服务交换。

IT 作为操作数资源（对象性资源）和操作性资源的双重角色在提高服务平台的资源密度方面是必要的。作为操作数资源（对象性资源），它可以通过帮助参与者在服务平台内混合和匹配资源来发挥更为支持的作用。这包括搜索适当的资源（给定特定的值创建情境），并将资源捆绑（或传输资源）到一个位置，从而提高资源密度并促进服务交换和价值创造。同时，IT 作为操作性资源的作用突出了数字资源（组件）和数字化的程度的增加可以释放出泛化性，并为资源整合创造新的机会。例如，服务平台的数字组件可以自行寻找并追求独特的资源整合机会，并且在这个过程中，在价值共建中，与网络中的其他参与者进行接触（或行动）。这可能涉及挖掘数据和创建跨不同资源的桥梁，以发现新的机会。它也可能涉及将知识去情境化（将知识从一个领域转移到另一个领域），并在这个过程中创造新的服务交换机会。因此，共同的主题是 IT（或数字组件）独立地启动或触发生态系统中的服务交换或创新的能力。

2. 服务平台需要为参与者定义并提供交换协议（规则）。协议或规则的性质（参与者如何接口）可以影响价值共创的程度。实施可接受的（或期望的）行为，并指导参与者和资源之间的交互以进行服务交换。一方面，服务平台包含一组规则，这些规则形成或支配参与者的资源整合的性质。从这个角度来看，关键问题是企业应该如何调节或控制各种组件（资源）的数字接口规范，以促进更快、更经济、更有效的资源整合。另一方面，企业还需要定义管理服务平台中非结构化交互的规则，具体来说，参与者应该如何访问资源以及哪些类型的服务交换是有效的（或合法的）。

因此，未来调查和研究的一个更广泛的问题是信息技术在实现多样化和动态的规则和协议方面的作用（生态系统的制度结构）。因此，服务平台中的技术创新对于价值共创非常重要，因为它们有助于释放来自更高水平的资源液化和资源密度的衍生性。

第六节　建立价值共创的评估体系

为了更好地衡量顾客和服务提供商共同创造的活动和结果，促进顾客和服务提供商更多地进行价值共创，有必要建立价值共创的评估体系。研究人员建议，人们越来越需要从概念上对价值进行理解，以此来评估服务提供商和消费者之间的协作创造。

在当今的协作经济中，随着社交媒体的重要性不断提高，价值体现了社交、协作和共享的观点。基于 SDL 的价值共创过程被定义为通过多个参与者的自愿贡献而产生实质性和象征性的联合、协作、并发、同级的、产生新价值的过程，其结果是互惠互利。因此，Busser 等人（2018）① 将共同创造的价值定位为一种价值构造，定义为根据贡献的程度和通过创造过程实现的价值对目标（产品或服务，进一步称为服务）的意义进行个人评估。研究人员和从业人员呼吁人们更好地理解共同创造的价值结构，对消费者和服务提供商的意义以及它如何适应消费者价值体系。

一、共同创造的价值维度

根据 Busser 等人（2018）的研究结果表明，共同创造的价值维度包括有意义的、合作、贡献、认可、情感反应等五个方面。

1. 有意义的

"共同创造经验带来的个人意义决定了个人的价值"。SDL 假设，当客户通过个性化的社交互动（如价值共同创造过程）参与社交交流时，他们会在过程中积极地创造意义，从而创造价值。意义的产生发生在借助术语和图像的交流互动中。此外，当客户期望流程的结果不仅对他们而且对其他人都有价值时，他们会被驱使与服务提供商共同创建。研究文献表明，意义是个人（代理或受益人）对服务的意义、重要性和价值的信念。因此，当人们认为价值共同创造

---

① Busser J. A，Shulga L. V. Co - created Value：Multidimensional Scale and Nomological Network ［J］. Tourism Management，2018，65：69-86.

过程是有意义的时，所产生的结果将具有更大的价值。请注意，价值共创具有社会意义、特定的内容特征以及因此产生的消费者价值。

2. 合作

Vargo 和 Lusch（2016）认为价值是通过协作共同创造的。在"提供者……客户与其他价值创造合作伙伴的交汇点"所涉及的服务提供商和客户之间的关系级别上进行协作。在价值共创的背景下，协作称为与客户进行营销，而不是向客户进行营销。因此，协作有助于消除障碍，打开获取新机会和资源的途径，增进对如何有效整合资源的理解，创建新资源，提高服务质量并减少服务交付中的错误。SDL 建议通过所有参与者（始终包括客户）的资源整合共同创造价值。因此，合作是一种开放式的联盟意识，指的是参与共同创造的两个或多个参与者之间的互惠互利。它具有相互了解、共同的愿景和功能上的相互依存关系，将两个或多个参与者联系在一起，以实现一个人无法单独实现的共同目标。与价值创造相关联，当所有参与者为互惠互利、积极的总收益、系统活力和牢固的互惠关系进行协作时，过程和结果变得更有价值。积极地看待时，协作会创造价值，减少对服务失败的负面评价，并提高公司的绩效。因此，基于 SDL 的合作反映了所有参与者的共同投入，被认为是共同创造价值的当务之急。

3. 贡献

当服务提供商通过提出价值主张做出贡献时，客户将通过使用提供商资源、投资个人资源以及社交网络中其他可用资源来实现价值。但是，客户通过整合超出公司客户交换的资源（包括客户的自发活动），在价值共创过程中扮演着核心角色。此外，研究人员指出，如果各方未能投资资源并将其整合到协作过程中，则价值潜力将无法实现，甚至可能会受到负面评价。相反，资源贡献的正总和为所有参与者带来了优势，从而可以对共同创造的价值做出积极的评价。

在共同创造价值中，贡献是一种关于受益人共享自己的有形和无形资源、操作数和操作数资源以达到预期结果的程度的信念。资源对代理人越重要，结果将越有价值。在 SDL 中，随着消费和生产日益交织在一起，为了实现正向的价格合理性，必须将消费者对操作数和操作数资源进行整合，以评估参与者的最终价值。例如，参与众包的消费者将他们的财务资源与他人的思想和才能、技能和可用技术相结合，以促进投资项目的发展，从而为所有人创造价值。价值共创文献指出，对项目贡献的经营资源的程度或水平表明对 CCV 的评价更高。

4. 认可

尽管客户是其操作和操作数资源的投资者，但价值的实现取决于他们对服务过程的参与。SDL的规范化实践包括社交交流的规范和准则，工作评估以及协调工作的协作，这些协作使协作更加容易。实际上，服务提供商专注于通过与客户共同创造价值来建立持久的关系（Vargo和Lusch，2016）。通过成就感对客户的个人贡献进行积极评价，因此创意过程也得到积极评价，并补充了产品所具有的主观价值。社会价值的概念与促成承认、声誉获得、建立社区联系、被他人重视、归属感、交友和相互学习的因素有关。因此，通过多个参与者的社会认可来建立关系的要素以及对过程的情感评价是概念化共同创造价值的组成部分。

SDL研究人员发现，在对所有参与方都希望获得有价值且有意义的结果的推动下，认可以及乐趣、更好的产品成果和热情是促成价值共创成功的因素之一。认可归因于参与共同创造的客户与公司之间的关系价值，从而可以降低成本、访问方便、快速响应和长期合作关系。

认可是受益人对内在价值的内在和外在认可。在SDL中，认可规范了价值共创实践。换句话说，认可有助于对价值共创成果的积极评价。例如，在参与共同创造竞赛的背景下，一些消费者出于外在动力，需要对其想法和反馈进行补偿，而另一些则可能是关注着成名，寻求公众认可。研究人员发现，内在的认可以一种非经济的方式增强了对共同创新的评估，并提高了工人在此过程中对时间和精力的投入。认可是共同创造价值的一个重要方面，它反映了结构的关系和以消费者为中心的性质，对于消费者评估系统至关重要。

5. 情感反应

对价值共创的情感评估会影响行为意图，对服务、满意度和忠诚度的整体评估在服务共同生产之前和期间的情感反应应该纳入价值共同创造研究的范围，作为消费者对服务遭遇评估的一部分。此外，客户的情感努力可以被视为在服务联合生产中可以贡献的资源。

情感反应被定义为"一种基于特定感觉的特定刺激而产生的感觉状态，具有潜在的认知努力范围"。在这项研究中，情感反应被定义为一个人对共创的整体情绪反应。情感反应包括诸如兴趣、快乐、幸福和乐趣。情感反应与情感和享乐价值有关，习惯上是感知价值的子维度。较高的享乐价值会增加购物体验的情感价值。在价值与体验融合的旅游业中，情感价值已被确定为感知价值的一个子维度。因此，情感反应代表了共同创造价值评估中的情感成分和结构的本质。

二、共同创造价值的成果

在共同创造的背景下，确定了价值共同创造的三个领域：服务提供者、消费者和联合领域。在提供商领域，公司负责价值创造、生产资源和流程，这些资源和流程可能与消费者资源集成在一起，以成功实现价值共创。在此领域中，公司扮演着价值促进者的角色。消费者领域是一个个人空间，可以独立于提供者来创造价值，并将资源整合到消费者的社交网络中以创造内在的特定于消费者的价值。此领域对提供商不开放，不允许直接互动。在联合领域，服务提供商有机会承担价值共同创造者的角色，并通过直接互动与消费者建立联系，而消费者则承担资源和流程的共同生产者。作为价值共同创造的结果，这三个领域内的所有各方都应该变得更好，从而带来潜在的积极成果的三个领域：组织、个人、协作或共同创造的价值成果。基于 SDL 的价值共创实践，共同创造价值的成果体现：消费者幸福作为个人成果，服务优势作为组织成果，承诺和信任作为协作成果。

1. 幸福

价值共创推动了提高消费者福祉的过程。作为个人的结果，幸福被定义为在生活的多个领域中蓬勃发展。有两种提高幸福感的方法：享乐和友善。快乐的幸福感可以使人感觉良好，而快乐的幸福感则专注于良好的机能。在享乐主义的幸福感下，主观幸福感是研究人们对生活的情感和认知评估的构想之一。寓教于乐的方法将幸福定义为通过参与有意义的活动而不断发展的动态过程。参与共同创造和共同决策等联合活动被认为可以改善心理健康。此外，服务经验的净值是通过共同创造使用价值而产生的，从而为所有相关参与者带来福祉。因此，在价值共同创造的背景下，幸福可以细分为两个维度：对生活的整体情感评价和作为参与价值共同创造活动的直接结果的共同创造的幸福。因此，客户对共同创造价值的评估极大地影响了他们的主观幸福感。

2. 服务优势

服务优势，作为共同创造价值的组织成果，被定义为与可比竞争对手相比，公司在服务、经验和解决方案方面的客户领导水平。研究人员建议，为了通过共同创造来建立和保持服务优势，提供商应从战略上关注可能对共同创造开放的特定消费者群体。此外，基于关系的资源的整合有助于通过与消费者共同创造价值并为消费者创造价值的优势。服务优势在创新驱动的经济中扮演着越来越重要的角色。因此，与消费者的紧密合作会对服务优势产生积极影响，以及新产品或服务开发所带来的服务优势可带来更好的公司市场表现。从消费者的角度来看，获得服务优势是大多数创新计划的主要原因。因此，创建和要保持竞争优势，可以通过开发能力、流程和整合资源来改善公司绩效来实现。因此，客户对共同创造价值的积极评价导致他们对竞争服务优势的积极认识。

3. 共同创造的价值成果：承诺和信任

根据 SDL 关于价值创造的关系性质的命题，价值共同创造的成功取决于参与者之间关系的强度。信任和承诺是建立这种长期关系的基础，包括在相关各方之间创造价值。信任被定义为对服务提供商将兑现其业务实践、服务质量和可靠性的承诺的信心。信任在与服务提供商打交道时充当主观保证、信心收益和风险中介者，因此在建立和维护关系的过程中起着重要的作用。

承诺被视为信任的中介，因为它可以提高效率、生产力和绩效。承诺是"对保持珍贵关系的持久渴望"。当消费者出于内在动机在心理上保持一致，在不同情况下具有稳定和持久的关系并且终止关系的情感和物质成本很高时，他们便会选择服务提供商。

在价值共创研究中，承诺、信任、客户目标和资源整合与价值观念息息相关。品牌社区中客户与客户之间的互动是公司和参与者的价值之源，也与对社区及其成员的信任和承诺息息相关。此外，客户参与价值共创活动已与积极成果联系在一起，如满意度、信任、承诺和对价值成果的期望。此外，通过共享和协作，服务提供商可以建立相互的承诺和信任，从而促进未来的资源集成，尤其是无形的可操作资源。

第七节　本章小结

本章是在前面章节内容论述的基础上，对价值共创的要素、它们对价值共创的机理以及提升价值共创的策略进行归纳和分析。

一、基于服务主导逻辑建立共同的价值主张

基于服务主导逻辑建立共同的价值主张，是开展价值共创的关键。同时，在服务主导逻辑理论的指导下，服务设计和服务创新正受到服务研究界的更多关注，因为它们在与客户、组织和整个社会参与者共同创造新的价值创造形式中发挥着至关重要的作用。服务设计通过以人为中心的整体设计思维方法，将新的服务理念带入生活。服务创新涉及为服务网络中的一个或多个参与者创造价值的新流程或服务产品。通过推进服务设计和服务创新，建立企业的服务文

化、优化服务流程和制度、鼓励顾客积极参与。同时，充分利用技术的作用来开展服务，帮助企业提升竞争力，实现价值共创。

服务设计是服务创新的关键过程，服务设计能够促进服务创新。服务设计重新架构了用于价值创造的新服务开发流程，通过对用户体验的整体理解、代码设计实践、原型设计、使系统参与者与用户体验保持一致以及建立支持价值创造的长期能力。服务创新被认为是多种资源的重新组合，在给定的社会情境中创造一些有益的（价值体验）的新资源，这牵涉到一个行动者网络，包括受益者（如客户）。为了更好地实现价值共创，就必须要进行服务创新，包括通过服务创新建立新的价值主张和通过服务创新促进价值共创。当资源整合过程稳定下来，并且各实践之间存在稳定的关系时，就会存在旨在使客户的价值创造受益的价值主张。这些做法可以最大限度地利用公司的知识和技能，使其与其他各方进行互动。

二、企业需要构建共赢的价值共创商业模式来提升价值共创

不断发展的数字技术正在驱动商业模式的创新。新兴的价值模型和商业模型出现，企业需要将自己置身于生态系统中，通过商业模式的不断创新提升价值创造。超链接时代的数字化转型成为企业和社会环境变革的关键驱动力。价值流已扩展到包括新的价值创造参与者、技术以及跨互联的、不断发展的、由尖端技术支持的不断发展的价值驱动生态系统的新颖创造和创新过程。

从独立的公司到开放的集成生态系统，数字化转型标志着当今网络社会中创造，获取和分配价值的方式发生了重大的结构性转变。线性的、集中的价值创造过程（以公司为中心的价值创造和获取过程，即购买者通过消费产品/服务来获取价值）已经演变成分散的价值机制，嵌入在整个生态系统中，从而创造了价值并进行合作。因此，本研究提出，要实现价值共创的提升，需要构建平台型价值共创的商业模式。

三、企业需要建立鼓励顾客参与的机制和流程，同时管理顾客参与的行为和结果

为了更好地吸引顾客参与，企业需要建立顾客参与的流程、制定吸引顾客参与的激励机制以及提供顾客参与的平台和技术支持等。一般而言，顾客参与的流程包括顾客订购公司产品和服务的流程、对产品和服务进行投诉的流程以及参与企业产品和服务开发的流程等。另外，顾客参与的基础流程包括客户资源整合、客户知识共享和客户学习等。顾客参与的意愿、行为和结果受很多因素的影响，因此，为了更好地促进顾客参与企业共同开展价值共创活动，企业需要有计划地对顾客参与的行为和结果进行系统的管理。对顾客参与的行为和结果的管理：①明确价值共创的环节和范围，确定价值共创的目标。②选择合适参与价值共创的顾客群体，吸引并激励他们参与。③对参与价值共创的顾客提供培训和支持，帮助提升其价值共创能力。④提供顾客参与的资源支持，为顾客参与价值共创提供保障。⑤分析评估价值共创的效果，构建适合企业发展的价值共创模式等。

四、核心企业需提供支持参与者价值共创的网络嵌入服务生态系统

共创涉及公司及其由各个实体（如客户、供应商和分销商）组成的网络共同创造价值。社会环境构成了一个系统，在该系统中，服务交换了服务，并且交换了如何共同创造价值。不同的客户可能还会以不同的方式看待相同的服务，并且同一客户在不同的社交环境中的各个场合之间可能会以不同的方式看待服务。为了更好地促进参与者与资源之间的交互，还需要开发更丰富的价值创造环境，为参与者提供支持价值共创的相关条件。例如，需要通过提供参与者间互动的交互方式建立能够促进参与者之间互动的价值共创机制和流程等，以更好地支持价值共创。

五、提供价值共创的服务平台，并着力提升平台能力

服务平台的资源交换可能导致不可替代的、可扩展的解决方案，要实现解决方案的输出需要技术创新能力作为重要的基础和支撑。因此，技术管理观点认为，要建设服务平台，并通过平台提供有形和无形的组件，促进参与者和资源（或资源束）的交互。

六、建立价值共创的评估体系

共同创造的价值维度包括有意义的、合作、贡献、认可、情感反应五个方面。因此，为了更好地衡量价值共创的成效，企业需要围绕价值共创的维度建立价值共创的评估体系。同时，作为价值共同创造的结果，这三个领域内的所有各方都应该变得更好，从而带来潜在积极成果的三个领域：组织、个人、协作或共同创造的价值成果。基于 SDL 的价值共创实践，共同创造价值的成果体现：消费者幸福作为个人成果，服务优势作为组织成果，承诺和信任作为协作成果。

第七章

研究结论与未来展望

　　本研究是在相关理论和文献综述的基础上，结合服务企业面临的外部环境变化和内部发展需要，构建了基于服务主导逻辑视角的顾客参与企业价值共创的理论模型，根据理论模型提出研究假设，并通过问卷调研和案例分析分别对理论模型进行了验证和实证分析。

　　本章内容是对价值共创开展的研究结论进行总结，归纳本研究的可能的创新点和实践启示，同时也客观地指出对本研究的局限性，并为后续研究提出未来展望。

第一节　研究结论与理论贡献

　　价值共创是理论界和业界关注的焦点。在数字经济时代下，企业如何创新商业模式，吸纳顾客积极参与，构建新的价值创造方式已成为当前服务企业关注的重点。因此，本研究在对服务主导逻辑和价值共创相关文献进行分析的基础上，对影响价值共创的因素进行分析和思考，研究结论和理论贡献如下。

一、研究结论

根据前面章节对理论模型和研究假设的检验和实证，研究结论如下。

1. 服务主导逻辑不直接影响价值共创，但通过平台能力间接影响价值共创

第四章问卷调查检验结果表明，服务主导逻辑不直接影响价值共创，但通过作用于平台能力，通过平台能力影响价值共创。服务主导逻辑认为，服务是交换的核心目的，企业根据顾客需求提出价值主张，通过企业、顾客、供应商和利益相关者实现价值的共同创造。因此，要实现共同创造需要有平台作为支撑。

SD 逻辑是服务科学和服务系统价值创造研究的基础。首先，价值主张在服

务系统之间建立了连接和关系。服务系统内资源交换的关键在于服务系统之间能力（如知识和技能）的分布以及理解连接这些系统的价值主张。其次，价值是通过服务交换共同创造的。SD 逻辑以资源集成和相互服务提供为驱动力，专注于关系、协作和系统性价值创造，指出需要从动态服务生态系统角度进行思考。最后，参与者之间是通过语言、机制和技术的使用开展服务交换实现价值共创的。服务生态系统这些时空结构主要是通过制度、技术和语言进行互动以共同生产服务产品、进行互服务供应以及共同创造价值。在 SD 逻辑的生态系统观点中，各种参与者直接或间接地联系在一起，并通过一种超越传统的交易和经济交换概念的关系网络变得相互依存。服务生态系统通过为服务提供服务，资源整合参与者之间的关系而出现和发展。要实现服务系统之间的服务交换，需要有平台为服务系统之间提供服务交换的支撑，并且平台需要具备服务系统之间的价值链整合能力、组织服务系统之间进行交换的组织核心能力以及支撑服务系统更好地进行价值共创的技术创新能力。

2. 服务主导逻辑不仅直接影响平台能力，同时还通过顾客参与和网络嵌入间接影响平台能力

第一，服务主导逻辑认为，企业不能创造和交付价值。他们只能提出价值主张（FP7），并提供服务作为服务受益人（通常是客户）实现价值的输入。价值始终是需要在公司、其客户和其他利益相关方积极参与的互动过程中共同创造的。具体来说，顾客不仅是价值的接收者，更是价值创造的共同参与者。顾客可以通过运用自身的专业技能和知识，参与到企业的价值共创行动中。不同的顾客拥有不同的资源和信息，企业可以将顾客作为异质资源，在价值共创中进行信息分享、共同学习和资源整合。第二，服务主导逻辑认为，网络和互动在价值创造和交换中具有核心作用。价值是通过公司、员工、客户等利益相关者共同创造的，但价值始终由受益人确定。这些参与实体构成了社会网络，而这些社会网络为企业价值共创提供了异质的信息和资源。首先，它确认了价值创造是在网络中进行的；其次，它暗示着这些网络的动态组成部分，因为资源（服务）的每次集成或应用都会以某种方式改变网络的性质；最后，它与动态系统导向一起，表明存在通过参与者之间的协调来促进所有这些资源集成和服务交换的机制。因此，服务主导逻辑通过影响顾客参与和网络嵌入间接影响平台能力。

3. 顾客参与不直接影响价值共创，但通过平台能力间接影响价值共创

顾客参与能促进平台能力的提升，包括顾客参与对价值链整合能力的提升、顾客参与对组织核心能力的提升以及顾客参与对技术创新能力的提升。第一，

顾客参与有利于平台能力中价值链整合能力的提升。基于对企业生态系统中不同类型的利害关系人有意义的品牌体验，同业企业将更广泛的品牌价值视图纳入其运营中，从产生有意义的品牌体验的互动角度出发，关注利益相关者在品牌参与中的价值，以及更好的管理通过利用个人和社区所有人的知识和技能来建立利益相关者与品牌之间的关系。第二，顾客参与有利于平台能力中组织核心能力的提升。从从业者的角度来看，管理者需要营造一种信任的环境，使参与者的参与度不断提高，参与者可以自由地进行创造，并创造共同的品牌价值。第三，顾客参与有利于平台能力中技术创新能力的提升。在数字化世界中，产品需要以技术为基础的实物商品和零售环境的增强，以及专门设计为品牌参与平台的纯数字服务。通过交互式平台的可扩展性，交互创建的实践跨越了跨活跃项目和组织结构的交互。由于个性化体验的需要，顾客参与将会对平台的技术创新能力提出更高的要求，同时，要实现顾客参与的良好体验，就需要有数字化的 IT 技术创新能力提供数智化的服务支撑。顾客向企业提交信息、反馈需求以及参与产品或服务开发时，将会促进顾客与企业之间、平台提供者与供应商多方的联动和协同，通过多方的资源整合和协同，满足客户的需求，同时促进企业绩效的提升。

4. 顾客参与不仅直接影响平台能力，还通过网络嵌入间接影响平台能力

整体模型结构方程中的路径系数及假设检验数据表明，H6、H7、H9 均通过了显著性检验。在 SD 逻辑中，关系的这种含义在基础前提（FP）8 中被描述为："以服务为中心的视图本质上是面向客户的和关系的"。"嵌入式关系：对网络、创新和生态系统的影响"进一步阐述了这种关系的概念，因为它被嵌入到其他价值共同创造关系的复杂网络中。服务交换和价值共同创造的概念已嵌入到社会系统中。价值共同创造是由社会力量决定的，是由顾客和参与者在不断变化的角色中通过动态的服务交换而创造的。顾客参与能够提升网络嵌入水平。第一，顾客参与影响认知嵌入。顾客参与使他们从使用经验中获得了满足感和归属感，增强了他们对产品或品牌的认同，因此顾客参与对认知嵌入有正向影响。第二，顾客参与影响结构嵌入。结构嵌入主要指网络规模、网络密度以及顾客连接社会的数量。品牌社区可以成为有价值的创新来源。品牌社区成员被认为是在整个创新过程中增加价值并为各种创新活动做出贡献的理想手段，这些活动包括确定需求、提出想法、修改概念、开发原型和测试产品。品牌社区的形成和认同是通过讨论消费活动和品牌含义而发生的。对品牌的关系和态度从根本上取决于集团成员之间的社会互动。品牌社区提供了与品牌和其他消费者之间的关系网络，消费者通过互动交流过程交流产品信息并互相影响。因

此，顾客对品牌社区的信任和认同，将促进顾客更多地参与，有利于扩大网络连接规模，促进网络嵌入结构的优化，实现更多的资源连接和整合。第三，顾客参与影响关系嵌入。Brodie 等人（2011）认为，CE 状态发生在共同创造价值的动态、反复的服务关系过程中。此类共同创造的价值的示例包括良好感知的客户、公司沟通、服务交付和对话，这可能有助于确保客户忠诚度结果。关系嵌入能够提升顾客体验感知。

5. 网络嵌入不直接影响价值共创，但通过平台能力间接影响价值共创

结构方程模型分析表明，H9、H10 通过显著性检验，但 H8 未通过显著性检验。网络嵌入提升对平台能力具有正向的影响，并通过平台能力间接影响价值共创。第一，网络嵌入有利于价值链整合能力的形成。网络嵌入有助于平台企业实现对上游供应商、下游分销商以及顾客等价值链整合，对平台提升价值链整合能力提供了有力支持。第二，网络嵌入有利于组织核心能力的形成。根据 Mcintyre 和 Srinivasan（2017）的研究结果，组织间网络的研究主要集中在管理选择和控制网络合作伙伴之间关系的建立和成功的行动上。通过平台提供商和第三方互补者有意识和持续的资源投入来增强网络效应的影响。平台公司进行投资以创建一个互补的生态系统，互补者随后会评估并投入其资源来支持一个或多个平台。网络嵌入通过嵌入在网络上的社会关系实现了信息、资源和技术的分享和互动。第三，网络嵌入有利于技术创新能力的提升。随着数字化和嵌入式智能增强非人类技术（如交互传感技术）的交互能力，它带来了新的创造潜力。网络嵌入要实现客户资源（客户的知识和技能）和公司资源的整合，对平台的技术创新能力提出了更高的要求，因此，网络嵌入会促进平台技术创新能力的提升。

6. 平台能力的中介作用

实证分析结果表明，平台能力整体在服务主导逻辑与价值共创、顾客参与和价值共创以及网络嵌入与网络平台的价值共创的关系中均起到中介作用。同时，平台能力的 3 个一阶潜变量，即价值链整合能力、组织核心能力和技术创新能力在服务主导逻辑、顾客参与、网络嵌入与价值共创的关系中也起到中介作用。

（1）互动平台是价值创造的源泉。数字化参与平台已成为企业产品不可或缺的一部分。Ramaswamy 和 Ozcan（2018）研究提出，通过互动来实现共同创造，并将平台概念化为交互式平台。互动创造的信号由于技术和数字化催化的新的互联时代而得到增强。一个交互式平台需要在组成它的组件（工件、人员，流程和接口，简称 APPI）之间建立多级异构关系，从而提供了多种交互式系统

环境。交互式平台将创造性互动与资源能力如何产生结果联系起来。根据一个实体通过交互平台作用于另一个实体所激活的组件的不同组合，可能会出现不同的结果。参与者通过交互平台进行交互，即通过交互平台进行价值创造，因此说，互动平台是价值创造的源泉。

（2）平台能力对价值共创的影响。平台需要具备一定的能力，不仅平台能力在价值共创中发挥了中介作用，而且包括价值链整合能力对价值共创的作用、组织核心能力对价值共创的作用以及技术创新能力也对价值共创发挥中介作用。第一，价值链整合能力对价值共创具有显著影响。价值链整合能力是指利益分配机制，该机制能够吸纳更多的伙伴参与。通过价值共创主体间的资源整合和互补，形成新的竞争优势。第二，组织核心能力对价值共创具有中介作用。社交媒体平台的资源整合能力即平台的组织核心能力。这要求平台提供者要构建以顾客为中心，以顾客价值创造为核心目标的运营流程；构建"人+技术"的服务中台，通过人力资源、财务和数据的共享支撑，实现对前端多个触点的统一支撑，为后端专业化的运营做好连接。第三，技术创新能力对价值共创具有中介作用。Singaraju 等人（2016）认为，社交媒体平台所提供的功能与客户和公司所提供的资源不同，它们本身并不是资源或功能，而是实际上具有模块化特征的技术功能。价值创造模式从过去的企业单一创造向顾客与企业共创转变，很大程度上是由于技术的进步。技术创新能力是平台能力的重要基础能力，一方面，企业需要提供价值共创的平台和工具，支持顾客参与，并为顾客提供良好的体验，实现对顾客和供应商的连接，这就需要平台企业具备良好的技术创新能力；另一方面，在价值共创活动开展过程中，平台需要不断进行技术迭代，才能支撑价值共创主体之间进行资源整合和服务交换，实现对旧服务和旧产品的改造和重构，研发新产品和新服务，因此，需要平台企业拥有强大的技术创新能力。平台能力在价值共创中起到中介作用。

二、理论贡献

通过以上的研究结论，总结本文的理论贡献如下。

1. 价值共创影响因素和作用机理

本研究提出，影响价值共创的因素包括服务主导逻辑、顾客参与、网络嵌入和平台能力，他们之间相互联系、相互促进、共同对价值共创产生影响。本研究认为，价值共创遵循"理念-行动-结果"的逻辑，价值共创的作用机理是以服务主导逻辑为理念，以顾客参与、网络嵌入、平台能力为行动，四者之间的相互作用，最终产生价值共创的结果。价值共创是理念对行动的指导以及行动之间相互作用的结果。影响价值共创的四个因素之间关系如下：服务主导逻辑是价值共创的理念，指导各参与方以为其他参与者提供服务开展价值共创；平台是参与者互动并进行价值创造的场所；顾客参与是价值共创的基础；网络嵌入是各参与者参与价值共创的过程的行动；顾客参与和网络嵌入是侧重于供需双方和利益相关者采取行动对平台价值共创过程的影响。

第一，服务主导逻辑是价值共创的理念。共享意识对于生态系统利用网络中不同行动者的专业知识和能力之间的协同作用是至关重要的。从服务生态系统的角度来看，一个共享的世界观确保了参与者能一致地解释资源整合的机会，并迅速聚集在一起以改变或整合资源。那么，它的作用不仅仅是为了在不同行动者之间迅速共享信息，而且也促进了对环境变化的一致看法的发展。服务主导逻辑为价值共创主体提供了理念指导，该理念指出，价值不是在交换中实现的，而是在顾客使用中实现的；服务主导逻辑理念革新了服务理念，统一了价值网络上各主体对顾客价值的认知，价值创造的过程是以顾客及其创造体验为中心的过程。因此，服务主导逻辑在消除参与者认知距离，统一对世界的认识起到了根本性的指导作用，它将参与者对产品和服务的认知统一起来，并对参与者在开展价值共创过程中的行为进行统一指导。

第二，顾客参与是价值共创的微观基础。本研究提出，顾客参与是价值共创的行动，顾客参与是促进平台价值共创的微观基础，顾客参与可以为企业提供异质的资源，促进企业的新产品和新服务开发，帮助企业更好地实现价值创造。因此，要实现顾客参与价值共创，就要建立三种机制：即情景机制（宏观—中观—微观）、行动形成机制（微观—微观）和转化机制（微观—中观—宏观）。①情境机制。特定的服务生态系统的制度逻辑是构成情境机制的基础。为了使顾客参与发生，需要有顾客参与和参与平台来实现。因此，企业为了吸引顾客参与价值共创，需要从宏观上建立服务生态系统的制度和环境，从中观上建立顾客参与的平台。②行动形成机制。为了鼓励顾客参与，企业需要制定激励顾客参与的激励机制，如顾客通过自助渠道进行自服务相比通过人工服务可以获得优惠；顾客向其他顾客提供服务获得企业提供的酬金奖励；顾客通过分享传播企业的产品和服务获得企业提供的奖励等。通过激励机制，鼓励顾客有意愿并采取行动参与企业价值共创。③转换机制。具有各种性格、不断变化的参与者主体，各种参与平台和各种活动产生的参与性质构成了不断发展的资源整合要素模式，定义为这些要素的独特组合。中观水平的转化机制在"微观-宏观-宏观"的解释中起着关键作用，这种解释将顾客参与的微观过程与价值的宏观共同创造联系起来。作用的关键机制是资源集成过程。因此，企业需要确定有效的资源整合模式，并使用此类模式设计有效的顾客参与流程，帮助顾客参与和资源整合，实现价值共创。

第三，网络嵌入是价值共创的关键行动。首先，建立共同的愿景、价值观和认同的文化，实现认知嵌入。在平台生态系统中，平台上的成员企业和伙伴都需要拥有共同的愿景和共同的价值共创目标，让生态系统中的人在未来的事业中找到共鸣，激发出每一个人认同、激情、承诺、奉献和忠诚。其次，在服务主导理念的指导下保持开放的心态，优化网络结构、扩大网络规模，获取更多的信息。最后，通过参与者的关系嵌入，促进价值网络主体的资源整合。平台聚集了供应方和需求方，供求之间通过平台进行了连接，价值是在供求之间通过资源和关系互动，并通过供应方、平台企业、顾客和利益相关者等利益主体通过资源整合和服务交换共同创造的。通过关系和资源的嵌入，实现价值创造。各参与者提供资源进行价值共创的机理是创造主体提供的基于财产的资源和基于知识的资源，在平台上相互嵌入，通过平台的动态整合、重构和提取能力实现价值共创。因此，各参与方在价值网络上，通过结构嵌入和关系嵌入促进资源整合实现价值共创。

第四，平台能力是价值共创的核心能力。平台是为供需双方提供交易的场所，平台是价值共创的重要载体。因此，平台能力是价值共创的核心。有平台支持才能实现顾客与企业之间、顾客与顾客之间的互动。本研究认为，平台能力包括价值链整合能力、组织核心能力和技术创新能力。其中，价值链整合能力是指建立价值共创的协同机制，吸引更多的参与者参与，为平台企业构筑差异化和领先的竞争优势营造了环境和氛围；组织核心能力通过组织内部长期积累的客户服务、市场运营和人财物管理能力，将网络嵌入获得的资源、技术和知识转化为自身的优势，对价值共创提供了很好的能力支撑；技术创新能力通过运用先进的技术不断创新，将外部资源和内部优势进行有效整合，为平台价值共创提供技术支撑。

2. 价值共创的提升策略和建议

（1）通过服务设计和服务创新来提升价值共创

在服务主导逻辑理论的指导下，服务设计和服务创新正受到服务研究界的更多关注，因为它们在与客户、组织和整个社会参与者共同创造新的价值创造形式中发挥着至关重要的作用。服务设计是服务创新的关键过程，服务设计能够促进服务创新。服务设计和服务创新能够实现多种资源的重新组合，创造更多的价值共创机会，提升价值创造。

（2）构建共赢的价值共创商业模式来提升价值共创

新兴的价值模型和商业模型出现，企业需要将自己置身于生态系统中，通过商业模式的不断创新提升价值创造。超链接时代的数字化转型成为企业和社会环境变革的关键驱动力。价值流已扩展到包括新的价值创造参与者，技术以及跨互连的、不断发展的、由尖端技术支持的不断发展的价值驱动生态系统的新颖创造和创新过程。从独立的公司到开放的集成生态系统，数字化转型标志着当今网络社会中创造、获取和分配价值的方式发生了重大的结构性转变。以公司为中心的价值创造和获取过程，已经演变成分散的价值机制，嵌入在整个生态系统中，从而创造了价值并进行合作。因此，本研究提出，要实现价值共创的提升，需要构建平台型价值共创的商业模式。

（3）建立鼓励顾客参与的机制和流程，同时管理顾客参与的行为和结果

为了更好地吸引顾客参与，企业需要建立顾客参与的流程、制定配套的激励机制以及提供顾客参与的平台和技术支持等。顾客参与的流程包括顾客订购公司产品和服务的流程、对产品和服务进行投诉的流程以及参与企业产品和服务开发的流程等。另外，顾客参与的基础流程还包括客户资源整合、客户知识共享和客户学习等。因此，企业需要有计划地对顾客参与的行为和结果进行系统的管理。对顾客参与的行为和结果的管理：①明确价值共创的环节和范围，确定价值共创的目标。②选择合适参与价值共创的顾客群体，吸引并激励他们参与。③对参与价值共创的顾客提供培训和支持，帮助提升其价值共创能力。④提供顾客参与的资源支持，为顾客参与价值共创提供保障。⑤分析评估价值共创的效果，构建适合企业发展的价值共创模式等。

（4）提供支持参与者价值共创的网络嵌入服务生态系统

共创涉及公司及其由各个实体（如客户、供应商和分销商）组成的网络共同创造价值。社会环境构成了一个系统，在该系统中，服务交换了服务，并且交换了如何共同创造价值。不同的客户可能会以不同的方式看待相同的服务，并且同一客户在不同的社交环境中的各个场合之间可能会以不同的方式看待服务。需要建立共享的制度逻辑，以使具有不同认知的行动者之间共享共同的世界观。同时，需要建立和维护一套共同的规则和原则以协调行动者之间的服务交换。为了更好地促进参与者与资源之间的交互，还需要开发更丰富的价值创造环境，为参与者提供支持价值共创的相关条件。例如，需要通过提供参与者间互动的交互方式、建立能够促进参与者之间互动的价值共创机制和流程等，以更好地支持价值共创。

（5）提供价值共创的服务平台，并着力提升平台能力

服务平台的资源交换可能导致不可替代的、可扩展的解决方案，要实现解决方案的输出需要技术创新能力作为重要的基础和支撑。因此，技术管理观点认为，要建设服务平台，通过平台提供有形和无形的组件，并促进参与者和资源（或资源束）的交互。

（6）建立价值共创的评估体系

共同创造的价值维度包括有意义的、合作、贡献、认可、情感反应等 5 个方面。因此，为了更好地衡量价值共创的成效，企业需要围绕价值共创的维度建立价值共创的评估体系。同时，作为价值共同创造的结果，这三个领域内的所有各方都应该变得更好，从而带来潜在的积极成果的三个领域：组织、个人、协作或共同创造的价值成果。基于 SDL 的价值共创实践，共同创造价值的成果体现在：消费者幸福作为个人成果，服务优势作为组织成果，承诺和信任作为协作成果。

3. 本研究对价值共创的理论突破和创新点

本研究结论对价值共创的理论突破和创新点主要体现在以下几个方面：

（1）以多学科研究丰富价值共创研究视角。本研究应用哲学、管理学、经济学和电子商务管理等多学科理念和方法，多学科交叉研究的方法对企业开展价值共创进行研究。一是从马克思主义哲学理论层面探讨生产力和生产关系，如本研究中的平台能力属于生产力范畴，顾客参与、网络嵌入等属于生产关系范畴，通过对代表生产关系和代表生产力的相关维度的研究，探讨影响企业价值共创的因素，以及它们之间的关系和对价值共创的作用机理；二是运用管理学相关理论和工具，对价值共创的商业模式进行探讨，同时，讨论了价值共创多主体突破企业边界，通过开展服务交换和资源整合等活动，提升价值共创的路径和方法；三是运用经济学相关理论，讨论了如服务与营销的关系，讨论了服务主导逻辑、服务交换、使用价值等内容；四是运用人力资源相关理论如组织建设等研究价值共创平台；五是运用电子商务相关理论如电子商务平台等研究平台能力的中介作用。实证研究结果显示，多学科交叉研究对于更加科学、合理地构建企业价值共创理论模型，推动价值共创理论发展做出了积极的贡献和有益的探索。同时，多学科研究视野和方法的交叉，一定程度上弥补了以往价值共创研究成果中缺乏多元化的思考，推动价值创造从"企业单独创造""企业-顾客二元创造"到"企业、顾客和合作伙伴等多元化主体"参与创造的转变，通过多学科研究视野和方法的交叉，一定程度上弥补了以往价值共创研究成果中缺乏多元化主体的思考，丰富了价值共创的研究视角。

（2）构建了顾客参与企业价值共创的理论模型。本研究按照"理念—行动—结果"逻辑，构建了企业价值共创的理论模型，该理论模型把服务主导逻辑、顾客参与、网络嵌入和平台能力等要素纳入企业价值共创的影响因素框架中，并分别对他们影响价值共创的机理作用进行了理论分析，使价值共创的影响因素从单一因素扩展为多个因素，丰富了价值共创的研究维度。一是构建服务企业价值共创的理论模型，以服务主导逻辑为理念指导，分析价值共创的影响因素，构建服务企业价值共创的理论框架模型。二是分析影响服务企业价值共创关键因素之间的相互作用机制，通过理论模型框架的构建，设置模型中各变量，根据各变量的关系，用定量研究的方法分析影响服务企业价值共创的关键因素之间的相互作用机制。

（3）创新提出了平台能力在价值共创中的中介作用。平台能力在过去价值共创的研究中比较少，本研究是价值共创研究中的有益补充。本研究创新提出了平台能力的概念，尤其是提出了平台能力在价值共创中发挥了中介作用，并将平台能力作为价值共创中的中介变量进行了研究和实证。通过问卷调查检验结果和企业案例实证结果都表明该假设验证通过，这是价值共创研究领域中的重要突破。本研究通过验证价值共创理论模型发现，平台能力在服务主导逻辑理念、顾客参与和网络嵌入与价值共创之间起到中介作用。这为后续价值共创的研究奠定了重要的基础，平台能力的中介效应是否会由于环境的变化以及行业的不同而发生改变，这些思考为今后的研究提供了方向指引。

（4）对服务企业开展价值共创提供理论指导和实施参考。本选题选择通信行业的服务企业为案例，针对企业管理实践中的真实问题，运用相关理论，对顾客参与企业价值共创进行了研究。同时，理论指导开展了大量的实践活动，对价值共创的内在机理进行了尝试探索，对理论模型进行了验证。该研究成果为其他服务企业实施价值共创提供了理论指导。

第二节 管理启示

本研究的内容和结论对企业开展价值共创实践活动具有很好的指导作用。具体体现在：一是宏观上，企业需要构建共赢的商业模式，同时，建设服务生态系统，以为价值共创提供环境支持和战略指导；二是中观上，需要建设统一的服务平台，以实现对顾客、供应方和合作伙伴的有效连接；三是微观上，需要制定顾客参与的机制和流程，鼓励顾客积极参与企业价值共创活动中，并为顾客参与提供的资源支持，管理顾客参与的行为和结果，不断提升价值共创。

一、构建共赢的商业模式

宏观上，需要构建共赢的商业模式，营造共生的服务生态环境。一个成功发展的生态系统，需要拥有众多的合作伙伴，带来了一系列互补的技能和服务，以便为顾客提供完善的解决方案和良好的服务体验。

（1）构建共赢的平台商业模式。为了最终实现 C2B 的商业模式转型，必须构建基础设施平台 B。能够获得最大倍数的平台模式已经成为大企业优先考虑的商业模式，通过互联互惠、充分利用数据、加强创新，实现平台的高效运作与共赢共享；大企业应以开放心态，培养自身能力，充分利用已有生态系统资源和优势，逐步打造平台模式。因此，构建平台型商业模式已成为企业制胜关键。

（2）为价值共创参与者提供服务生态系统。第一，建立柔性的、完整的服务生态系统组织结构。为不同的参与者配置专注于特定的问题解决和价值共创机会。这样配置的更广泛的目标是确保整个系统（解决方案）在特定的情境中为用户提供最佳的使用价值。从 SD 逻辑的角度来看，服务生态系统的社会和经济行动者被一个三位一体的资源保持在一起，即能力、关系和信息。服务生态系统具有结构完整性，因为每个实体（经济和社会角色）具有能力（用于提供服务给他人）、关系（与其他参与者）和通过共同标准和协议共享的信息。第二，为网络嵌入的参与者建立以顾客价值为核心的共享的世界观。本研究认为，共享的世界观是以顾客价值为核心的价值主张，首先的目标是为顾客创造价值，包括产品和服务使用的功能价值，以及良好的品牌体验感知的情感价值等。只有所有参与者都认同该价值主张，一个共享的世界观确保了参与者能够一致地解释资源整合的机会，并迅速聚集在一起以改变或整合资源。第三，为网络嵌入的参与者提供服务生态系统的参与架构。必须提供一种参与的架构，使合作价值共创发生的方式清晰（由不同的行动者集）以及来自创新的"权利"（或价值）在参与者之间共享的方式。参与架构包括促使参与者贡献以及相互作用协调的透明的交换规则，如服务生态系统中采用开发的业务流程和标准等；以及参与者从交换中实现价值的方式（或者对他们的贡献进行奖励）。

二、提供统一的服务平台

中观上，为参与者提供统一的服务平台，并提升价值共创的平台能力。要使顾客参与发生，企业需要提供参与平台，为价值共创提供场所，同时还要打造平台能力，以更好地支持价值共创。

1. 提供参与价值共创的平台

Ramaswamy 和 Gouillart（2010）将参与平台定义为包含信息、界面、流程和人员的基于 ICT 的专用环境，允许组织与客户共同创造价值。Frow，Nenonen，Payne 和 Storbacka（2015）的研究认识到，有效的共创取决于参与者参与的平台。Thomas，Autio，和 Gann（2014）提出了平台的类型：①平台是一组可提供卓越性能的组织能力；②平台是一系列产品的稳定中心；③平台是两个或多个市场参与者之间的中介；④平台作为一个系统或架构，支持互补技术资产的集合。这些平台类型可以单独使用，也可以随着时间推移以各种组合使用。在本研究中，平台被视为连接的中介。因此，为了促使顾客参与成为可能，企业需要建设统一的服务平台，为参与者参与价值共创提供支持。

2. 提升价值共创的平台能力

服务平台上的资源交换可能会导致不可替代的、可扩展的解决方案，要实现解决方案的输出需要提升平台能力。

（1）提升价值链整合能力。Cova 等人（2008）的研究指出，在 SD 理论的基础上，服务不只是提供产品或服务，而是提供解决方案。集成解决方案实质上是指产品将许多集成服务整合到客户的价值链中，并形成了不可分割的整体（Davies，Brady 和 Hobday，2006）。因此，解决方案似乎是众多要素的独特组合，将有助于为客户创造价值（Stremersch，Wuyts 和 Frambach，2001）。因此，解决方案不是产品和服务的简单组合，这些产品和服务"捆绑在一起，可以节省成本、提高效率、缺乏冗余等形式提供一定的利润增长，但是并不能创造新的价值。"（Sharma 和 Molloy，1999）。解决方案代表了价值主张的类型，它最能使进化与价值链中的更多集成和构成产品要素之间的更多集成结合起来。价值链整合能力包含了两个维度，一个是价值共创主体之间达成的默契和学习"软能力"，另一个是各方资源形成集合的"硬能力"。因此，提升价值链整合能力包括提升软实力和硬能力两个方面。

（2）提升组织核心能力。与公司和顾客提供的资源不同，平台提供的功能通过公司和客户的积极互动在接收信息时获取其资源属性。即信息是为社交媒体平台提供的模块化功能（身份、存在、群体、关系、声誉、共享和对话）提供价值的货币。组织核心能力由传统的"管控"转变为"赋能"，服务和驱动价值共创主体为顾客创造价值，为供应商、分销商的成长赋能"组织能力"，帮助价值链伙伴在平台上高效运营。这要求平台提供者要构建以顾客为中心，以顾客价值创造为核心目标的运营流程；构建"人+技术"的服务中台，通过人力资源、财务和数据的共享支撑，实现对前端多个触点的统一支撑，为后端专业化的运营做好连接。

（3）提升技术创新能力。IT作为操作数资源（对象性资源）和操作性资源的双重角色在提高服务平台的资源密度方面是必要的。因此，一是把服务平台建设成模块化体系结构，利用数字化技术使资源液化，提高资源密度。服务平台的结构塑造了参与者可以访问不同的资源，以便于资源整合和服务创新。具体地说，分层模块化结构比集成模块化结构（甚至简单的模块化结构）能够提高资源密度水平。二是为参与者定义并提供交换协议（规则），制定支持价值共创的协议（规则），将能有效促进参与者之间的资源整合，实现更好地价值创造。

三、建立参与的机制流程

微观上，需要建立顾客参与价值共创的机制和流程，并提供相关资源支持。

1. 革新服务理念，统一顾客价值认知。服务主导逻辑强调：所有经济都是服务经济；产品是向顾客提供服务的载体；知识和技能等操作性资源是竞争优势的源泉；价值不是在交换中实现的，而是在顾客使用中实现的；价值不是企业独立创造的，而是根据顾客需求提出价值主张，并通过企业、顾客、供应商和利益相关者共同创造的。因此，价值共创活动首先是从顾客的需要和偏好出发；其次根据顾客的需要和偏好，选择拥有相应资源或能力的合作伙伴或供应商；再次利用相应的技术和资源，实现产品的开发和服务的提供；最后通过贴近顾客的分销商或顾客自身将产品或服务传递给客户。因此，服务主导逻辑理念革新了服务理念，统一了价值网络上各主体对顾客价值的认知，价值创造的过程是以顾客及其创造体验为中心的过程。

2. 建立顾客参与的机制和流程，引导顾客参与。顾客是竞争能力的源泉。一是建立"以顾客为中心"的服务理念，营造顾客参与的文化氛围，实现顾客与企业价值共创。提供顾客与企业共同完成新产品开发以及产品销售和服务提供的平台和环境，更好地满足顾客需求，提升顾客的满意度和忠诚度。二是建立顾客参与的激励机制和运营流程。建立顾客参与的激励制度，吸引顾客积极参与。同时，规范顾客参与流程，吸引顾客参与企业的生产、销售和服务，通过平台实现客户的自服务和互服务。三是提供顾客参与的工具和平台。通过向顾客、上游供应商、下游渠道商等提供统一的工具，为价值共创主体之间的互动提供平台支撑，实现价值共创主体之间的资源整合，聚合各方力量共同完善平台能力。

3. 优化网络结构，鼓励更多的参与者参与。首先，建立共同的愿景、价值观和认同的文化，实现认知嵌入。认知嵌入可以促使价值共创主体对共创行为形成共识，这些共识有助于成员对价值共创的投入。其次，在服务主导理念的指导下，保持开放的心态，优化网络结构、扩大网络规模，鼓励更多的参与者参与，获取更多的信息和异质资源。第三，提升参与者的关系质量，加强顾客、供应商、平台提供者以及利益相关者等伙伴之间的沟通联系和互动频率，通过良好的关系质量，促进价值共创活动的开展。

第三节　研究局限与未来展望

一、研究局限

本研究在前人研究的基础上，通过对大量的国内外文献阅读和学习，结合理论研究和实践需要提出了理论模型，根据模型假设进行问卷设计，通过调研问卷收集收据的方式进行验证。同时，将理论模型内容在企业的具体实践中进行了运用，通过调研数据验证和企业真实案例实证得出了研究结论。但由于人力、财力的问题以及作者接触企业有限，因此本研究仍存在以下的局限。

1. 案例企业的行业选择存在局限

所选择的案例企业是通信行业的服务企业，因通信行业服务企业大多数产品和服务都是信息类的虚拟产品，因此案例企业的行业选择存在具有局限性。该行业所研究的价值共创因素对其他行业是否适用，需要今后研究进一步探讨。

2. 案例企业的研究数量局限

本研究仅为单一案例研究，研究结论是否适用其他企业，这是今后研究需要关注的问题。

3. 顾客参与研究维度存在局限

顾客参与因素的研究仅是整体，未细分维度到顾客参与意愿和顾客参与行为对价值共创的影响。因此，顾客参与的研究维度不够细分，存在一定的局限性。

4. 网络嵌入研究维度存在局限

本研究对网络嵌入的研究也是整体展开，尚未细分对认知、结构和关系等嵌入维度对价值共创的影响进行深入研究，因此网络嵌入研究维度细分存在局限。

5. 服务主导逻辑的视角存在局限

目前，服务主导逻辑正在不断向服务生态系统发展和研究，因此研究视角存在一定的局限性。

6. 价值共创的商业模式存在局限

价值共创的商业模式正在从平台型向生态型发展和演变，因此，未来的研究可更多关注生态型商业模式下的价值共创。

二、未来展望

通过以上研究局限的分析可知，未来研究可以从以下方面来开展。

1. 对多个行业的价值共创进行研究

分析不同行业价值共创的影响因素以及各影响因素之间的关系；对不同行业的价值共创内在机理进行分析和比较，进一步验证价值共创的研究结论，指导相应的行业开展价值共创活动。

2. 开展多企业案例研究

未来的研究可选择多个企业进行多案例研究，通过对不同企业价值共创活动的研究，进一步深入研究分析影响价值共创的因素以及各因素之间的相互作用机理，丰富和完善价值共创理论。

3. 对顾客参与的意愿和行为等子维度进一步研究

分别从顾客参与意愿和顾客参与行为等具体内容进行深入研究，分析顾客参与意愿对参与行为的影响，以使顾客参与企业价值共创的研究结论更可靠。

4. 对网络嵌入影响价值共创的子维度开展研究

未来的研究可细分到认知嵌入、结构嵌入和关系嵌入等维度对价值共创的研究，进一步验证网络嵌入对价值共创影响的结论。

5. 从服务生态系统视角来开展价值共创研究

服务生态系统是服务主导逻辑发展的方向，因此，未来的研究可从服务生态系统视角来开展，同时对企业开展价值共创提供更好的理论指导。

6. 从生态型的价值共创商业模式来开展研究。价值共创的商业模式正在从平台型向生态型发展和演变，因此，未来的研究可从生态型的价值共创商业模式开展研究，促进价值共创在理论界和实践界的不断发展。

后　记

　　本书是在我的博士论文的基础上改写而成的。在云南大学在职攻读博士学位是一个充满幸福和艰辛的漫长历程。回顾这六年来的点点滴滴，感触良多。在拙作即将落笔之时，怀着一颗感恩的心，向对我的著作写作时提供关心和帮助的每一个人表示最真挚的谢意，一路走来，要感谢的人太多太多。今天的成果不属于我一个人，它属于众多关心、支持我的师长、亲人和朋友们，谨在此对所有关心和帮助过我的人表示感谢。

　　首先，感谢恩师杨路明教授的教育之恩，我对他多年来的教诲和指导表示深深的谢意。我不仅被恩师严谨的治学态度所感动，还被他平易近人、为人正直的性格所感染，恩师的以身作则为我在学习研究、为人处事方面所做的示范，将使我受用不尽。论文从选题、构思、开题、写作、修改、答辩等方面都得到了导师的悉心指点，每一次讨论、每一次指出写作中存在的问题、每一次对论文的修改无不凝结着导师的心血，这些场景可谓历历在目。此外，导师还在著作撰写和论文评阅方面给了我很多锻炼的机会，使我在科研方面掌握许多经验，他帮助我梳理我的知识体系，使其更加系统、合理。千言万语归于简单的一句话：我一旦有些许进步都是导师关心、支持和帮助的结果。

　　感谢六年来培养我的云南大学工商管理与旅游管理学院的各位领导和老师，感谢田卫民教授、吕宛青教授、秦德智教授、锁箭教授、杨红英教授、杨桂华教授、王克岭教授等，衷心感谢你们在平时授课过程中对我的指导和帮助。

　　感谢杨先明教授、段万春教授、吕昭河教授、陈渝教授和可星教授，感谢你们百忙之中抽出时间参加我的开题和答辩，你们在我的论文开题和答辩中给予了我非常宝贵的指导、帮助和鼓励。没有你们的鼓励，我难以顺利完成学业。

　　在此还要特别感谢我单位的领导，他们是中移在线服务有限公司李康副总经理、云南分公司王绍才总经理和李鹏举副总经理。感谢你们给予我的工作机会，感谢你们在工作中给予我的指导和帮助，感谢你们为我提供良好的工作氛围和独立的思考空间，让我能够按照自己的思考和想法去开展工作，如分销平台的建设和推广，为我的博士论文研究提供思想灵感和实践探索的支持。

要特别感谢我的同事许文东，感谢你在我论文写作中给予我数据分析方面的帮助和支持，帮助我解决最棘手的数据分析问题。同时，也感谢你对本书内容第四章和第五章内容撰写的参与和贡献。感谢我的同事们，是你们的理解和对工作的付出，支持我在兼顾工作的同时完成我的论文写作，感谢你们陪我一路前行。

感谢我的博士同学、师兄、师姐、师弟，他们是陈昱、马小雅、马孟丽、徐旻、朱建定、孙伟光和张冬等，感谢你们在我学习、生活和论文写作过程中的帮助、鼓励和指导，让我感受到了学习和生活的美好，你们是我人生道路上结伴而行的知己，在我论文写作期间你们给予了我极大的关心和鼓励。尤其要特别感谢陈昱师姐，在我报考博士时给予推荐意见，在我撰写论文过程中给我提供的数据分析指导和鼓励，没有你的鼓励就没有我今天的成就！

感谢我的家人，感谢父母、哥哥、姐姐和姐夫，感谢你们用多年的操劳支持我走完多年的求学之路，尤其要特别感谢我的母亲，感谢您对我这么多年的理解、包容与支持，感谢您帮我照顾家和孩子，感谢您在我需要您的时候对我提供的支持和帮助；感谢我的丈夫——赵先志先生，感谢你默默地为家庭付出，感谢你作为我坚强的后盾，感谢你对儿子和女儿的陪伴和照顾，让我免去后顾之忧专心投入写作中！感谢我亲爱的儿子，你永远是妈妈的骄傲，你在妈妈心目中是专注、独立和优秀的，感谢你能独立完成自己的学习，感谢你在妈妈需要帮助时给妈妈提供的帮助！感谢我可爱的女儿，感谢你给予妈妈的陪伴，妈妈博士论文的成果与你的出生和成长是并行的，是你的到来给妈妈带来了好运，你永远是妈妈的贴心小棉袄！

祝你们幸福、快乐！

"谨以此书献给我逝去的父亲张聪"

张惠恒

附　录

调研问卷

尊敬的先生/女士，您好！

非常感谢您在百忙之中参与我们的问卷调查！本问卷是研究"服务主导逻辑下顾客参与企业价值共创研究"的问卷，主要目的是探讨影响价值共创的因素、它们之间的关系以及它们对价值共创机理作用等相关问题，您的意见对于本次研究非常重要，希望您能够根据实际情况填写。

本问卷的调查说明：

1. 研究背景和目的：在国家关于"以人民为中心，为人民谋幸福"的奋斗目标下，为了更好地满足顾客需求，与顾客实现价值共创，拟通过研究价值共创的影响因素和价值共创主体之间的协同机制，构建顾客、合作伙伴和企业共生共赢的生态链系统，实现顾客、平台提供者和供应商等多方主体共赢。

2. 本研究内容：平台化企业价值共创的影响因素和机制。

（1）平台化企业是指为双方（双方平台）或者多方（多边平台）主体提供交互场所、交易环境，主要承担连接者、匹配者、市场设计者的角色，即平台化企业具备交易功能、聚合功能、撮合功能、连接功能、服务功能，同时具有企业职能、市场职能和"政府"职能。

（2）平台化企业价值共创的影响因素和机制。在服务主导逻辑的理念下，运用平台商业模式，通过顾客参与、网络嵌入和平台能力建设和机制建立，打造共生型生态链系统，实现顾客、平台提供者、供应商等多主体价值共创。

本问卷调查以国内某运营商下属专业服务公司作为平台提供者为例来开展调查的。

3. 调查对象：有该公司使用经验的个人或企业（如客户、代理商、分销员、合伙人等）。

本问卷采用匿名的方式收集数据，请您放心填写。非常感谢您的合作与支持！

第一部分 个人基本信息

1. 您的性别是：□男 □女

2. 您的年龄是：□18 岁以下 □18 ~ 25 岁 □26 ~ 30 岁 □31 ~ 40 岁 □41 ~ 50 岁 □51 ~ 60 岁 □60 以上

3. 您的学历：□初中及以下 □高中/中专/技校 □大专 □本科 □硕士及以上

4. 您的职位：□企业从业人员 □个体经营者 □政府机关、事业单位人员 □学生 □自由职业者 □其他

5. 中移在线服务使用经验或相关经历（可多选）：
□客户 □分销员/直销员 □渠道代理商 □运营商工作人员
□运营商合作伙伴人员 □在线合作伙伴人员 □其他

第二部分 调查问卷

请根据您的判断，选择您认为合适的分值，在您最认同的数字前方框"□"中打"√"。

具体数字含义如下：

1 分——非常不同意；2 分——不同意；3 分——不确定；4 分——同意；5 分——非常同意。

一、服务主导逻辑（SL：Service leading logic）

服务主导逻辑的核心主张包括：（1）服务是一切经济交换的根本性基础，所有经济都是服务经济。（2）价值是通过企业和其拥有的客户、供应商、雇员、利益相关者和其他网络合作伙伴互动中共同创造的。（3）操作性资源（包括知识、技能和经验等）是竞争优势的根本源泉。Vargo 和 Lusch（2016）将服务主导逻辑的过程描述为所有参与者通过资源整合和服务交换，由制度和制度安排的约束和协调，在嵌套和重叠的服务生态系统的体验中共同创造价值。

此部分问卷旨在了解您对服务主导逻辑理念的认同情况，请根据您的判断，在非常不同意（1 分）和非常同意（5 分）之间选择您认为合适的分值。

1——非常不同意；2——不同意；3——不确定；4——同意；5——非常同意。

（SL1）1. 我认同"价值是由顾客和多个参与者（总是包括受益人）决定并共创的"　　　　　　　　　　　□1 □2 □3 □4 □5

（SL2）2. 我认同"价值创造是交互的"　　□1 □2 □3 □4 □5

（SL3）3. 我认同"操作性资源（如知识和技能等）是竞争优势根本来源"　　　　　　　　　　　　　　　□1 □2 □3 □4 □5

（SL4）4. 我认同"服务是交换的根本基础，所有经济都是服务经济"　　　　　　　　　　　　　　　□1 □2 □3 □4 □5

（SL5）5. 我认同"服务生态系统的形成"　□1 □2 □3 □4 □5

二、顾客参与（CP：Customer Participation）

顾客参与是指顾客投入各种资源与企业进行价值共创的行为，顾客投入的资源包括顾客在时间上、精神上、智力上、实体上以及情感上的努力与投入。参与行为包括产品和服务的生产和传递等。

此部分问卷旨在了解您作为顾客，参与平台企业价值共创的组织认同、参与意愿、参与成就、获得利益以及价值共创行为等，请根据您的判断，在非常不同意（1分）和非常同意（5分）之间选择您认为合适的分值。

（一）组织认同感（OI：Organization Identity）

1——非常不同意；2——不同意；3——不确定；4——同意；5——非常同意。

（CP-OI1）1. 公司的价值观与我个人的价值观具有相似性（中移在线的价值观：客户第一，服务领先；拥抱变化，持续进步；真诚服务，有责无界）

　　　　　　　　　　　　　　　　　□1 □2 □3 □4 □5

（CP-OI2）2. 我认可公司的使命（中移在线的使命：让我们为客户创造便捷和快乐）　　　　　　　□1 □2 □3 □4 □5

（CP-OI3）3. 我认同公司的愿景（中移在线的愿景：成为客户满意、社会信赖的服务专家）　　　□1 □2 □3 □4 □5

（CP-OI4）4. 我关注公司的相关信息和发展情况　□1 □2 □3 □4 □5

（二）参与感（SP：Sense of Participation）

1——非常不同意；2——不同意；3——不确定；4——同意；5——非常同意。

（CP-SP1）1. 我愿意参与公司价值共创的活动（产品研发、宣传和服务等）

□1 □2 □3 □4 □5

（CP-SP2）2. 我愿意投入时间和精力去做与公司价值共创等相关的工作

□1 □2 □3 □4 □5

（CP-SP3）3. 我对公司的业务很感兴趣，愿意花更多的时间去学习相关知识

□1 □2 □3 □4 □5

（三）自我效能感（SE：Self Efficacy）

1——非常不同意；2——不同意；3——不确定；4——同意；5——非常同意。

（CP-SE1）1. 我具备参与价值共创的专业知识和技能（如服务意识、业务熟练、人际技能等）　　　　　　　　　　　　　□1 □2 □3 □4 □5

（CP-SE2）2. 我具有购买和使用公司产品和业务的丰富经验

□1 □2 □3 □4 □5

（CP-SE3）3. 我有能力参与到公司价值共创工作中（如沟通能力、学习能力、人际交往能力等）　　　　　　　　　　　　□1 □2 □3 □4 □5

（四）利得感（SG：Sense of Gain）

1——非常不同意；2——不同意；3——不确定；4——同意；5——非常同意。

（CP-SG1）1. 我期望在参与公司价值共创活动后能获得额外的奖励

□1 □2 □3 □4 □5

（CP-SG2）2. 参与公司价值共创活动使我获得成就感和愉悦感

□1 □2 □3 □4 □5

（CP-SG3）3. 参与公司价值共创活动获得的收获符合我的预期

□1 □2 □3 □4 □5

（五）顾客价值共创行为（CA：Customer Action）

1——非常不同意；2——不同意；3——不确定；4——同意；5——非常同意。

（CP-CA1）1. 我会为公司开发新产品和新服务提供自己的创意或想法

□1 □2 □3 □4 □5

（CP-CA2）2. 我愿意与公司的员工共同完成某项任务

□1 □2 □3 □4 □5

（CP-CA3）3. 我愿意主动向公司反馈我的消费体验和感受

☐1 ☐2 ☐3 ☐4 ☐5

（CP-CA4）4. 我愿意通过各种途径向其他顾客宣传和推荐公司的产品和服务

☐1 ☐2 ☐3 ☐4 ☐5

（CP-CA5）5. 我愿意为其他顾客提供公司产品和业务的信息咨询和问题解答

☐1 ☐2 ☐3 ☐4 ☐5

三、网络嵌入（NE：Network Embeddedness）

网络嵌入是指价值共创主体之间合作关系与相互影响程度，其目的是促进价值共创主体间资源互补性与相互学习以创造资源价值，并同时降低交易成本，以使网络平台产生最好的利润（价值共创主体包括：顾客、平台提供者、供应商等）。例如，顾客需求不能通过一个公司来解决，要为客户提供全方位的解决方案，须通过几家公司合作，在相互支持及资源互补情况下共同努力才能完成，因此，价值共创主体之间是合作伙伴关系。

此部分问卷旨在了解网络嵌入中的认知嵌入、结构嵌入和关系嵌入在平台企业价值共创中的情况等，请根据您的判断，在非常不同意（1分）和非常同意（5分）之间选择您认为合适的分值。

（一）认知嵌入（CE：Cognitive Embeddedness）

认知嵌入指的是共有的价值观及典范，促使价值共创主体共同认可的行为成为共识，而这些共识则有助于成员对组织的价值投入。

1——非常不同意；2——不同意；3——不确定；4——同意；5——非常同意。

（NE-CE1）1. 我认为平台上价值共创主体间有共同的愿景与规范

☐1 ☐2 ☐3 ☐4 ☐5

（NE-CE2）2. 我认为价值共创主体间有文化的认同与融合

☐1 ☐2 ☐3 ☐4 ☐5

（NE-CE3）3. 我认为价值共创主体间有知识的传播与共享

☐1 ☐2 ☐3 ☐4 ☐5

（二）结构嵌入（SE：Structural Embeddedness）

结构嵌入指的是整个网络结构的影响，亦指网络成员联结的密度。以网络紧密度衡量平台的结构嵌入，即以平台为中心对外网络联结的伙伴多少来衡量，若平台的连接伙伴多，则平台的资源更丰富。

1——非常不同意；2——不同意；3——不确定；4——同意；5——非常同意。

（NE-SE1）1. 我认为价值共创主体各种关系网络具备一定的规模

□1 □2 □3 □4 □5

（NE-SE2）2. 我认为价值共创主体各种关系网络具有一定的密度

□1 □2 □3 □4 □5

（NE-SE3）3. 我认为价值共创主体各种关系网络的位置是合适且有利的

□1 □2 □3 □4 □5

（三）关系嵌入（RE：Relational Embeddedness）

关系嵌入指的是多边关系对行为者与经济活动的影响，亦指其互动与资源承诺的程度。具体包括价值共创主体之间彼此关系的紧密程度、信息分享、互动、承诺与共同解决问题的默契等。

1——非常不同意；2——不同意；3——不确定；4——同意；5——非常同意。

（NE-RE1）1. 我认为价值共创主体间的互动和合作是紧密的

□1 □2 □3 □4 □5

（NE-RE2）2. 我认为价值共创主体与外部的联系是有情感的

□1 □2 □3 □4 □5

（NE-RE3）3. 我认为价值共创主体间是相互依赖、协同互补的

□1 □2 □3 □4 □5

（NE-RE4）4. 我认为价值共创主体彼此之间是有互惠承诺的

□1 □2 □3 □4 □5

四、平台能力（PC：Platform capability）

平台是聚集顾客、供应方、互补方、平台支持者等多方主体的现实或虚拟场所，为供需双方提供交易环境。平台不仅要连接顾客和供应方，还要协同互补方为顾客提供更加优质、个性化的产品和服务。

此部分问卷旨在了解平台企业的平台能力，包括平台的价值链整合能力、组织核心能力和技术创新能力对平台企业价值共创的影响等情况，请根据您的判断，在非常不同意（1分）和非常同意（5分）之间选择您认为合适的分值。

（一）价值链整合能力（VCIC：Value chain integration capability）

1——非常不同意；2——不同意；3——不确定；4——同意；5——非常

同意。

（PC-VCIC1）1. 我认为平台具有跨界资源整合的能力（有共赢的利益分配机制，能够吸纳更多的伙伴参与等）　　　　　　□1 □2 □3 □4 □5

（PC-VCIC2）2. 我认为价值共创主体间有建立良好的沟通协同机制（价值共创主体间资源互补，有效协同）　　　　　　□1 □2 □3 □4 □5

（PC-VCIC3）3. 我认为平台有保持战略弹性和适应的能力（平台有柔性，能快速响应客户需求等）　　　　　　□1 □2 □3 □4 □5

（二）组织核心能力（OCC：Organizational core competence）

1——非常不同意；2——不同意；3——不确定；4——同意；5——非常同意。

（PC-OCC1）1. 我认为平台具备客户服务和市场运营的专业能力

□1 □2 □3 □4 □5

（PC-OCC2）2. 我认为平台具有内外部人力资源的整合能力

□1 □2 □3 □4 □5

（PC-OCC3）3. 我认为平台具有人与系统结合的运营能力

□1 □2 □3 □4 □5

（PC-OCC4）4. 我认为平台具备线上线下协同的触点整合能力

□1 □2 □3 □4 □5

（三）技术创新能力（TIC：Technological innovation capability）

1——非常不同意；2——不同意；3——不确定；4——同意；5——非常同意。

（PC-TIC1）1. 我认为平台提供了价值共创的工具和平台（如人人分销工具等）　　　　　　□1 □2 □3 □4 □5

（PC-TIC2）2. 我认为平台具有创造新产品和新服务的研发能力

□1 □2 □3 □4 □5

（PC-TIC3）3. 我认为平台具有改进旧产品和旧服务的重构能力

□1 □2 □3 □4 □5

（PC-TIC4）4. 我认为平台推出新产品和新服务的速度是很快的，且质量是可靠的　　　　　　□1 □2 □3 □4 □5

五、价值共创（VCC：Value Co-Creation）

价值共创指顾客、供应方、平台提供者等多方主体利用该平台，通过相互之间的合作和资源共享，创造网络效应，共同实现价值创造，包括提升价值创造效率，拓展价值创造空间，如降低交易成本、扩大用户群体规模、增加关系密度，创造新的增长空间等。

此部分问卷旨在了解该平台企业价值共创的情况，请根据您的判断，在非常不同意（1分）和非常同意（5分）之间选择您认为合适的分值。

1——非常不同意；2——不同意；3——不确定；4——同意；5——非常同意。

（VCC1）1. 我认为价值共创主体的目标和期望是一致的，即以顾客需求来设计产品和服务，为客户提供满意服务，致力于建立顾客的忠诚度

☐1 ☐2 ☐3 ☐4 ☐5

（VCC2）2. 我认为价值共创主体通过平台能实现共赢，包括成本降低、效率提高和收入增加等　☐1 ☐2 ☐3 ☐4 ☐5

（VCC3）3. 我认为价值共创主体间的资源流动和协同配合是良好的

☐1 ☐2 ☐3 ☐4 ☐5

（VCC4）4. 我认为通过该平台有良好的互动体验

☐1 ☐2 ☐3 ☐4 ☐5

参考文献

中文

一、专著

［1］曹仰锋．第四次管理革命［M］．北京：中信出版社，2019．

［2］陈春花，赵海然．共生：未来企业组织进化路径［M］．北京：中信出版社，2018．

［3］方军，程明霞，徐思彦．平台时代［M］．北京：机械工业出版社，2018．

［4］杰奥夫雷 G．帕克（美），马歇尔 W．范・埃尔斯泰恩（美），桑基特・保罗・邱达利（美）．平台革命：改变世界的商业模式［M］．志鹏，译．北京：机械工业出版社，2017．

［5］曾鸣．智能商业［M］．北京：中信出版社，2018．

［6］赵晓煜．顾客价值共创行为的管理策略［M］．北京：经济管理出版社，2018．

二、期刊

［1］陈寒松，陈金香．创业网络与新企业成长的关系研究——以动态能力为中介变量［J］．经济与管理评论，2016（2）．

［2］邓少军，焦豪，冯臻．复杂动态环境下企业战略转型的过程机制研究［J］．科研管理，2011，32（1）．

［3］董保宝，葛宝山．新创企业资源整合过程与动态能力关系研究［J］．科研管理，2012，33（2）．

［4］贺小刚，李新春，方海鹰．动态能力的测量与功效：基于中国经验的实证研究［J］．管理世界，2006（3）．

［5］黄海艳，武蓓．交互记忆系统、动态能力与创新绩效关系研究［J］．科研管理，2016，37（4）．

［6］黄江圳，谭力文．从能力到动态能力：企业战略观的转变［J］．经济管理，2002（22）．

［7］简兆权，令狐克睿，李雷．价值共创研究的演进与展望——从"顾客体验"到"服务生态系统"视角［J］．外国经济与管理，2016，38（9）．

［8］江积海，李琴．平台型商业模式创新中连接属性影响价值共创的内在机理——Airbnb的案例研究［J］．管理评论，2016，28（7）．

［9］姜尚荣，等．价值共创研究前沿：生态系统和商业模式创新［J］．管理评论，2020，32（2）．

［10］焦豪，崔瑜．企业动态能力理论整合研究框架与重新定位［J］．清华大学学报（哲学社会科学版），2008，23（s2）．

［11］李大元，项保华，陈应龙．企业动态能力及其功效：环境不确定性的影响［J］．南开管理评论，2009，12（6）．

［12］李雷，简兆权，张鲁艳．服务主导逻辑产生原因、核心观点探析与未来研究展望［J］．外国经济与管理，2013，35（4）．

［13］李巍．营销动态能力的概念与量表开发［J］．商业经济与管理，2015，35（2）．

［14］林萍．企业资源、动态能力对创新作用的实证研究［J］．科研管理，2012，33（10）．

［15］林萍．组织动态能力与绩效关系的实证研究：环境动荡性的调节作用［J］．上海大学学报（社会科学版），2009，16（6）．

［16］鲁开垠．产业集群社会网络的根植性与核心能力研究［J］．广东社会科学，2006（2）．

［17］罗珉，刘永俊．企业动态能力的理论架构与构成要素［J］．中国工业经济，2009（1）．

［18］罗仲伟，任国良，焦豪，等．动态能力、技术范式转变与创新战略［J］．管理世界，2014（8）．

［19］乔晗，胡杰，张硕兰，等．商业模式创新研究前沿分析与评述——平台生态系统与价值共创［J］．http：//kns. cnki. net/kcms/detail/11. 5286. G3. 20200320. 1615. 004. html，2020-03-23．

［20］阮爱君，卢立伟，方佳音．知识网络嵌入性对企业创新能力的影响研究——基于组织学习的中介作用［J］．财经论丛（浙江财经大学学报），2014，179（3）．

［21］唐孝文，刘敦虎，肖进．动态能力视角下的战略转型过程机理研究

[J]. 科研管理，2015，36（1）.

[22] 万兴，邵菲菲. 数字平台生态系统的价值共创研究进展 [J]. 首都经济贸易大学学报，2017（9）.

[23] 汪秀婷，程斌武. 资源整合、协同创新与企业动态能力的耦合机理 [J]. 科研管理，2014，35（4）.

[24] 魏江，徐蕾. 知识网络双重嵌入、知识整合与集群企业创新能力 [J]. 管理科学学报，2014，17（2）.

[25] 吴航. 动态能力的维度划分及对创新绩效的影响——对 Teece 经典定义的思考 [J]. 管理评论，2016，28（3）.

[26] 武柏宇，彭本红. 服务主导逻辑、网络嵌入与网络平台的价值共创：动态能力的中介作用 [J]. 研究与发展管理，2018，30（1）.

[27] 武文珍，陈启杰. 价值共创理论形成路径探析与未来研究展望 [J]. 外国经济与管理，2012，34（6）.

[28] 肖静华，谢康，吴瑶，等. 企业与消费者协同演化动态能力构建：B2C 电商梦芭莎案例研究 [J]. 管理世界，2014（8）.

[29] 熊胜绪，崔海龙，杜俊义. 企业技术创新动态能力理论探析 [J]. 中南财经政法大学学报，2016（3）.

[30] 徐宁，徐鹏，吴创. 技术创新动态能力建构及其价值创造效应——来自中小上市公司的经验证据 [J]. 科学学与科学技术管理，2014，35（8）.

[31] 薛捷，张振刚. 动态能力视角下创新型企业联盟管理能力研究 [J]. 2017，38（1）.

[32] 杨路明，张惠恒，许文东. 服务主导逻辑下价值共创影响研究：平台能力的中介作用 [J]. 云南财经大学学报，2020，36（5）.

[33] 姚琦，邓玉成，Web2.0 下顾客参与共创品牌价值研究 [J]. 企业管理，2016（6）.

[34] 易加斌，王宇婷. 组织能力、顾客价值认知与价值共创关系实证研究 [J]. 科研管理，2017（38）.

[35] 原磊. 商业模式体系重构 [J]. 中国工业经济，2007，231（6）.

[36] 袁野，蒋军锋，程小燕. 动态能力与创新类型——战略导向的调节作用 [J]. 科学学与科学技术管理，2016，37（4）.

[37] 张婧，何勇. 服务主导逻辑导向与资源互动对价值共创的影响研究 [J]. 科研管理，2014，35（1）.

[38] 张秀娥，姜爱军，张梦琪. 网络嵌入性、动态能力与中小企业成长关

系研究 [J]. 东南学术, 2012 (6).

[39] 朱良杰, 何佳讯, 黄海洋. 数字世界的价值共创：构念、主题与研究展望 [J]. 经济管理, 2017, 39 (1).

三、学术论文

[1] 黄先锋. 顾客价值与企业价值共创价值模式之研究 [D]. 台南：长荣大学, 2008.

[2] 涂科. 共享经济模式下的价值共创机理研究 [D]. 北京：北京邮电大学, 2019.

英文

一、专著

[1] BURT R S. *Structural Holes：The Scocial Structure of Competition* [M]. Cambridage, MA：Harvard University Press, 1992.

[2] CONSTANTIN J A, LUSCH R F. *Understanding resource management* [M]. Oxford, OH：The Planning Forum, 1994.

[3] LUSCH R F, VARGO S L. *Service-dominant logic：Premises, perspectives, possibilities* [M]. Cambridge, UK：Cambridge University Press, 2014.

[4] PENROSE E T. *The theory of the growth of the firm* [M]. Oxford：Oxford Universit Press, 1995.

[5] POLANYI K. *The great transformation：The political and economic origin of our time* [M]. Beacon Press：Boston, 1944.

[6] VARGO S L, LUSCH R F. Service-dominant logic：What it is, what is not, what it might be [A]. LUSCH R F, VARGO S L. *The Service-dominant Logic of Marketing：Dialog, Debate and Directions* [M]. Armonk, NY：ME Sharpe, 2006.

[7] VARGO S L, LUSCH R F, AKAKA M A. Advancing service science with service-dominant logic：Clarifications and conceptual development [A]. MAGLIO P P, KIELISZEWSKI C A, SPOHRER J C. *Handbook of Service Science* [M]. New York：Springer, 2010.

[8] ZUKIN S, DIMAGGIO P. *Structures of capital：The social organization of the economy* [M]. Cambridge University Press：Cambridge, 1990.

[9] CARL S, HAL R. Varian, Information Rules [D]. Cambridge, MA：Harvard Business School Press, 1999.

二、期刊

［1］ AARIKKA S L, JAAKKOLA E. Value co — creation in knowledge intensive business services: A dyadic perspective on the joint problem solving process ［J］. *Industrial Marketing Management*, 2012, 41 (1).

［2］ ABBOTT K W, GREEN J F, KEOHANE R O. Organizational ecology and institutional change in global governance ［J］. *International Organization*, 2016, 70 (2).

［3］ Akaka M A, Vargo S L. Extending the context of service: From encounters to ecosystems ［J］. *Journal of Services Marketing*, 2015, 29 (7).

［4］ Akaka M A, Vargo S L. Technology as an operant resource in service (eco) systems ［J］. *Information Systems and e – Business Management*, 2014, 12 (3).

［5］ Akaka M A, Vargo S L, Lusch R F. The complexity of context: A service ecosystems approach for international marketing ［J］. *Journal of International Marketing*, 2013, 21 (4).

［6］ AMIT R, ZOTT C. Value Creation in E – business ［J］. *Strategic Management Journal*, 2001, 22 (6).

［7］ APPLEGATE, L M. Emerging networked business models: lessons from the field. HBS No. 9–801–172 ［D］. Boston: Harvard Business School, 2001.

［8］ Astyne M W V, Parker G G, Choudary S P. Pipelines, Platforms, and the New Rules of Strategy ［J］. *Harvard Business Review*, 2016, 94 (4).

［9］ BARNEY J B. Firm resources and sustained competitive advantage ［J］. *Journal of Management*, 1991, 17 (1).

［10］ BARRETO I. Dynamic capabilities: a review of past research and an agenda for the future ［J］. *Journal of Management*, 2010, 36 (1).

［11］ BECKERS S F M, VAN DOORN J, VERHOEF P C. Good, Better, Engaged. The Effect of Company–Initiated Customer Engagement Behavior on Shareholder Value ［J］. *Journal of the Academy of Marketing Science*, 2018, 46.

［12］ BHARADWAJ A, UNIVERSITY E, EL SAWY O A, et al. Digital Business Strategy: Toward a next Generation of Insights ［J］. *MIS Quarterly*, 2013, 37 (2).

［13］ BIJMOLT T H, LEEFLANG P S, BLOCK F, et al. Analytics for Customer

Engagement ［J］. *Journal of Service Research*, 2010, 13 (3).

［14］ BOWDEN J, CONDUIT J, HOLLEBEEK, L D, et al. Engagement Valence Duality and Spillover Effects in Online Brand Communities ［J］. *Journal of Service Theory and Practice*, 2017, 27 (4).

［15］ BOWDEN J. The Process of Customer Engagement: A Conceptual Framework ［J］. *Journal of Marketing Theory and Practice*, 2009, 17 (1).

［16］ BRODIE R J, HOLLEBEEK L D, JURI B, et al. Customer Engagement: Conceptual Domain, Fundamental Propositions, and Implications for Research ［J］. *Journal of Service Research*, 2011, 14 (14).

［17］ BUSSER J A, SHULGA L V. Co—created Value: Multidimensional Scale and Nomological Network ［J］. *Tourism Management*, 2018, 65.

［18］ CHAN H C, SUMEE G. Value — based adoption of mobile internet: An empirical investigation ［J］. *Decision Support Systems*, 2007, 43 (1).

［19］ CHANDLER J D, VARGO S L. Contextualization and value-in-context: How context frames exchange ［J］. *Marketing Theory*, 2011, 11 (1).

［20］ CHRISTIAN GRÖNROOS. Service Logic Revisited: Who Creates Value? And Who Creates Value ［J］. *European Business Review*, 2008, 20 (4).

［21］ COVA B, SALLE R. Marketing Solutions in Accordance With The SD Logic: Co-Creating Value With Customer Network Actors ［J］. *Industrial Marketing Management*, 2008, 37 (3).

［22］ DANIEL E M, WILSON H N. The role of dynamic capabilities in e-business transformation ［J］. *European Journal of Information Systems*, 2003, 12 (4).

［23］ DESSART L, VELOUTSOU C, MORGAN-THOMAS A. Capturing Consumer Engagement: Duality, Dimensionality and Measurement ［J］. *Journal of Marketing Management*, 2016, 32 (5).

［24］ DOVING E, GOODERHAM P N. Dynamic capabilities as antecedents of the scope of related diversification: the case of small firm accountancy practices ［J］. *Strategic Management Journal*, 2008, 29 (8).

［25］ DRNEVICK P L, KRIAUCIUNAS A P. Clarifying the conditions and limits of the contributions of ordinary and dynamic capabilities to relative firm performance ［J］. *Strategic Management Journal*, 2011, 32 (3) .

［26］ DULEEEP DELPECHITREA, LISA L, BEELER - CONNELLY, et al. Customer value co-creation behavior: A dyadic exploration of the influence of salesperson emotional intelligence on customer participation and citizenship behavior [J]. *Journal of Business Research*, 2018 (92).

[27] DWIVEDI, A. A Higher-Order Model of Consumer Brand Engagement and Its Impact on Loyalty Intentions [J]. *Journal of Retailing and Consumer Services*, 2015, 24.

[28] ECHOLS A, TSAI W. Niche and performance: The moderating role of network embeddedness [J]. *Strategic Management Journal*, 2005, 26 (3).

[29] EDVARDSSON B, TRONVOLL B, GRUBER T. Expanding Understanding of Service Exchange and Value Co—Creation: A Social Construction Approach [J]. *Journal of the Academy of Marketing Science*, 2011, 39 (2).

[30] EISENHARDT K M, MARTIN J A. Dynamic capabilities: what are they? [J]. *Strategic Management Journal*, 2000, 21 (10).

[31] FANG E, PALMATIER R W, EVANS K R. Influence of customer participation on creating and sharing of new product value [J]. *Journal of the Academy of Marketing Science*, 2008, 36 (3).

[32] FEHRER J A, WORATSCHEK H, BRODIE R J. A Systemic Logic for Platform Business Models [J]. *Journal of Service Management*, 2018, 29 (4).

[33] FITZPATRICK M, VAREY R J, GRÖNROOS C, et al. Relationality in the service logic of value creation [J] . *Journal of Services Marketing*, 2015, 29 (6).

[34] FOSS N J, SAEBI T. Fifteen Years of Research on Business Model Innovation [J]. *Journal of Management*, 2017, 43 (1).

[35] FROW P, MCCOLL-KENNEDY J R, HILTON T, et al. Value propositions-a service ecosystems perspective [J]. *Marketing Theory*, 2014, 14 (3).

[36] FÜLLER J. Refining Virtual Co-Creation From a Consumer Perspective [J]. *California Management Review*, 2010, 52 (2).

[37] FÜLLER J, MATZLER K, HOPPE M. Brand Community Members As a Source of Innovation [J]. *Journal of Product Innovation Management*, 2008, 25 (6).

[38] GRANT R M. The resource-based theory of competitive advantage: implications for strategy formulation [J]. *California Management Review*, 2009, 33 (1).

[39] GRÖNROOS C, GUMMERUS J. The service revolution and its marketing implications: Service logic vs service-dominant logic [J]. *Managing Service Quality*,

2014, 24 (3).

[40] GRÖNROOS C, HELLE P. Adopting a Service Logic in Manufacturing [J]. *Journal of Service Management*, 2010, 21 (5).

[41] GRÖNROOS C, RAVALD A. Service as business logic: Implications for value creation and marketing [J]. *Journal of Service Management*, 2011, 22 (1).

[42] GRÖNROOS C. Service logic revisited: Who creates value? And who co-creates? [J]. *European Business Review*, 2008, 20 (4).

[43] GRÖNROOS C. Valueco – creationinservicelogic: Acriticalanalysis [J]. *MarketingTheory*, 2011, 11 (3).

[44] GRÖNROOS C, VOIMA P. Critical service logic: Making sense of value creation and co-creation [J]. *Journal of the Academy of Marketing Science*, 2013, 41 (2).

[45] HACKLIN F, MARXT C, FAHMI F. Coevolutionary cycles of convergence: An extrapolation from the ICT industry [J]. *Technological Forecasting and Social Change*, 2009, 76 (6).

[46] HARMELING C, MOFFETT J, ARNOLD M, et al. Toward a Theory of Customer Engagement Marketing [J]. *Journal of the Academy of Marketing Science*, 2017, 45 (3).

[47] HENDLER J, GOLBECK J. Metcalfe's Law, Web 2.0, and the Semantic Web [J]. *Web Semantics Science Services & Agents on the World Wide Web*, 2008, 6 (1).

[48] HIENERTH C, HIPPEL E V, JENSEN M B. User community vs. producer innovation development efficiency: A first empirical study [J]. *Research Plolicy*, 2011, 43 (1).

[49] HOLLEBEEK L D. Demystifying Customer Brand Engagement: Exploring the Loyalty Nexus [J]. *Journal of Marketing Management*, 2011, 27 (7).

[50] HOLLEBEEK L D, GLYNN M S, BRODIE R J. Consumer Brand Engagement in Social Media: Conceptualization, Scale Development and Validation [J]. *Journal of Interactive Marketing*, 2014, 28 (2).

[51] HOLLEBEEK L D, SRIVASTAVA R K, CHEN T. SD Logic – Informed Customer Engagement: Integrative Framework, Revised Fundamental Propositions, and Application to CRM [J]. *Journal of the Academy of Marketing Science*, 2016.

[52] HOYER. Consumer Co – creation in New Product Develpoment [J].

Journal of Service Research, 2010, 13 (3).

[53] HUDSON S, LI H, ROTH M S, et al. The Influence of Social Media Interactions on Consumer—Brand Relationships: A Three—Country Study of Brand Perceptions and Marketing Behaviors [J]. *International Journal of Research in Marketing*, 2016, 33 (1).

[54] JAAKKOLA E, ALEXANDER M. The Role of Customer Engagement Behavior in Value Co-creation. A Service System Perspective [J]. *Journal of Service Research*, 2014, 17 (3).

[55] KARPEN I O, BOVE L L, LUKAS B A. Linking Service—dominant Logic and Strategic Business Practice: A Conceptual Model of a Service—dominant Orientation [J]. *Journal of Service Research*, 2012, 5 (1).

[56] KASTALLI I V, VAN LOOY B. Servitization: Disentangling the Impact of Service Business Model Innovation on Manufacturing Firm Performance [J]. *Journal of Operations Management*, 2013, 31 (4).

[57] KIM M, SONG J, TRICHE J. Toward an Integrated Framework for Innovation in Service: A Resource—based View and Dynamic Capabilities Approach [J]. *Information Systems Frontiers*, 2015, 17 (3).

[58] KULL A J, HEATH T B. You Decide, We Donate: Strengthening Consumer—Brand Relationships Through Digitally Co—Created Social Responsibility [J]. *International Journal of Research in Marketing*, 2016, 33 (1).

[59] KUMAR V, AKSOY L, DONKERS B, et al. Undervalued or Overvalued Customers: Capturing Total Customer Engagement Value [J]. *Journal of Service Research*, 2010, 13 (3).

[60] KUMAR V, PANSARI A. Competitive Advantage Through Engagement [J]. *Journal of Marketing Research*, 2016, 53 (4).

[61] KYRIAKI K, CHRISTINE V. A structural analysis of destination travel intentions as a function of web site features [J]. *Journal of Travel Research*, 2006, 45 (3).

[62] LAURIE D L, DOS Y L, SHEER C P. Creating new growth platforms [J]. Harvard Business Review, 2006, 8 (5).

[63] LIN H, FAN W, CHAU P Y K. Determinants of Users' Continuance of Social Networking Sites: A Self—Regulation Perspective [J]. *Information and Management*, 2014, 51 (5).

［64］LUSCH R F, NAMBISAN S. Service innovation: A service – dominant logic perspective ［J］. *Management Information Systems Quarterly*, 2015, 39 (1).

［65］MAGLIO P P, SPOHRER J. Fundamentals of service science ［J］. *Journal of the Academy of Marketing Science*, 2008, 36 (1).

［66］MAGLIO P P, VARGO S L, CASWELL N, et al. The service system is the basic abstraction of service science ［J］. *Information Systems and e–Business Management*, 2009, 7 (4).

［67］MASLOWSKA E, MALTHOUSE E C, COLLINGER T. The Customer Engagement Ecosystem ［J］. *Journal of Marketing Management*, 2016, 32 (6).

［68］MCCOLL – KENNEDY J R, CHEUNG L, FERRIER E. Co – creating service experience practices ［J］. *Journal of Service Management*, 2015, 26 (2).

［69］MCINTYRE D P, SRINIVASAN A. Network, platforms, and strategy: emerging views and next steps ［J］. *Strategic Management Journal*, 2017, 38 (1).

［70］MCKELVIE A, DAVIDSSON P. From resource base to dynamic capabilities: an investigation of new firms ［J］. *British Journal of Management*, 2009, 20 (s1).

［71］MÄKINEN S J, KANNIAINEN J, PELTOLA I. Investigating adoption of beta applications in a platform–based business ecosystem ［J］. *Journal of product innovation management*, 2013, 31 (3).

［72］PANSARI A, KUMAR V. Customer Engagement: The Construct, Antecedents, and Consequences ［J］. *Journal of the Academy of Marketing Science*, 2017, 45.

［73］PATTERSON P, YU T, DE RUYTER K. Understanding Customer Engagement in Services ［J］. *Proceedings of ANZMAC 2006 Conference, Brisbane*, 2006.

［74］PAVLOU P A, SAWY O A E. Understanding the elusive black box of dynamic capabilities ［J］. *Decision Sciences*, 2011, 42 (1).

［75］PER S, GUMMERUS J, KOSKULL C V, et al. Exploring Value Propositions and Service Innovation: A Service–dominant Logic Study ［J］. *Journal of the Academy of Marketing Science*, 2015, 43 (2).

［76］PILLER F, VOSSEN A, IHL C. From Social Media to Social Product Development: The Impact of Social Media on Co–Creation of Innovation ［J］. *Die Unternehmung*, 2011, 66 (1).

［77］PRAHALAD C K, HAMEL G. The core competence of the corporation

[J]. *Harvard Business Review*, 1990, 68 (3).

[78] PRAHALAD C K, RAMASWAMY V. Co - Creation Experiences: The Next Practice in Value Creation [J]. *Journal of Interactive Marketing*, 2004, 18 (3).

[79] PRAHALAD C K, RAMASWAMY V. Co-Opting Customer Competence [J]. *Harvard Business Review*, 2000, 78 (1).

[80] RAMASWAMY V, CHOPRA N. Building a culture of co-creation at Mahindra [J]. *Strategy & Leadership*, 2014, 42 (2).

[81] RAMASWAMY V, OZCAN K. Brand Value Co-Creation in a Digitalized World: An Integrative Framework and Research Implications [J]. *International Journal of Research in Marketing*, 2016, 33 (1).

[82] RAMASWAMY V, OZCAN K. Strategy and co - creation thinking [J]. *Strategy & Leadership*, 2013, 41 (6).

[83] RAMASWAMY V, OZCAN K. What is co-creation? An interactional creation framework and its implications for value creation [J]. *Journal of Business Research*, 2018, 84.

[84] RITALA P, GOLNAM A, WEGMANN A. Coopetition - based Business Models: The Case of Amazon. com [J]. *Industrial Marketing Management*, 2014, 43 (2).

[85] RUPIK K. Customer Engagement Behavior in Fashion Industry [J]. *International Conference on Marketing and Business Development Journal*, 2015, I (1).

[86] SAUNILA M, UKKO J, RANTALA T. What Determines Customers' Engagement in the Digital Service Processö [J]. *Journal of Manufacturing Technology Management*, 2018, 30 (8).

[87] SINDHAV B. Co-creation of Value: Creating New Products Through Social Media [J]. *Social Science Electronic Publishing*, 2011 (1).

[88] SINGARAJU S P, QUAN A N, NIININEN O, et al. Social Media and Value Co-Creation in Multi - Stakeholder Systems: A Resource Integration Approach [J]. *Industrial Marketing Management*, 2016, 54.

[89] SO K K F, KING C, SPARKS B A, et al. Enhancing Customer Relationships with Retail Service Brands: The Role of Customer Engagement [J]. *Journal of Service Management*, 2016, 27 (2).

[90] SPOHRER J, MAGLIO P P, BAILEY J, et al. Steps toward a science of

service systems [J]. *Computer*, 2007, 40 (1).

[91] STORBACKA K, BRODIE R J, B HMANN T, et al. Actor Engagement as a Microfoundation for Value Co—creation [J]. *Journal of Business Research*, 2016, 69 (8).

[92] SUZUKI, J, KODAMA, F F. Technological diversity of persistent innovations in Japan: Two case studies of large Japanese firms [J]. *Research Policy*, 2004, 33 (3).

[93] TEECE D. Explicating dynamic capabilities: the natural and microfoundations of sustainable enterprise performance [J]. *Strategic Management Journal*, 2007, 28 (13).

[94] TEECE D J. Business Models, Business Strategy and Innovation [J]. *Long Range Planning*, 2010, 43 (2).

[95] TEECE D J, PISANO G. The dynamic capabilities of firms: an introduction [J]. *Industrial And Corporate Change*, 1994, 3 (3).

[96] TEECE D J, PISANO G, SHUEN A. Dynamic capabilities and strategic management [J]. *Strategic Management Journal*, 1997, 18 (7).

[97] THOMAS L D W, AUTIO E, GANN D M. Architectural Leverage: Putting Platforms in Context [J]. *Academy of Management Perspectives*, 2014, 42 (4).

[98] TIWANA A, KONSYNSKI B, BUSH A A. Research commentary—Platform evolution: Coevolution of platform architecture, governance, and environmental dynamics [J]. *Information Systems Research*, 2010, 21 (4).

[99] UZZI B. The sources and consequences of embeddedness for the economic performance of organizations: The network effect [J]. *American Sociological Review*, 1996, 61 (4).

[100] VARGO S L, LUSCH R F. Evolving to A New Dominant Logic for Marketing [J]. *Journal of Marketing*, 2004, 68 (1).

[101] VARGO S L, LUSCH R F. From Goods to Service (s): Divergences and Convergences of Logics [J]. *Industrial Marketing Management*, 2008, 37 (3).

[102] VARGO S L, LUSCH R F. From repeat patronage to value co—creation in service ecosystems: A transcending conceptualization of relationship [J]. *Journal of Business Market Management*, 2010, 4 (4).

[103] VARGO S L, LUSCH R F. Institutions and Axioms: an Extension and Update of Service—dominant Logic [J]. *Journal of the Academy of Marketing Science*,

2016, 44 (1).

［104］VARGO S L, LUSCH R F. It's all B2B…and beyond: Toward a systems perspective of the market ［J］. *Industrial Marketing Management*, 2011, 40 (2).

［105］VARGO S L, LUSCH R F. Service-dominant Logic: Continuing the Evolution ［J］. *Journal of the Academy of Marketing Science*, 2008, 36 (1).

［106］VARGO S L, LUSCH R F. The Four Service Marketing Myths: Remnants of a Goods-Based, Manufacturing Model ［J］. *Journal of Service Research*, 2004, 6 (4).

［107］VARGO S L, MAGLIO P P, Akaka M A. On value. and value co-creation: A service systems and service logic perspective ［J］. *European Management Journal*, 2008, 26 (3).

［108］VARGO S L, WIELAND H, AKAKA M. Institutions in Innovation: A Service Ecosysems Perspective ［J］. *Industrial Marketing Management*, 2015, 44 (1).

［109］VERHOEF P, REINARTZ W, KRAFFT M. Customer Engagement as a New Perspective in Customer Management ［J］. *Journal of Service Research*, 2010, 13 (3).

［110］VERLEYE K, GEMMEL P, RANGARAJAN D. Managing Engagement Behaviors in a Network of Customers and Stakeholders: Evidence from the Nursing Home Sector ［J］. *Journal of Service Research*, 2014, 17 (1).

［111］VIVEK S D, BEATTY S E, DALELA S E, et al. A Generalized Multidimensional Scale for Measuring Customer Engagement ［J］. *The Journal of Marketing Theory and Practice*, 2014, 22 (4).

［112］VIVEK S D, BEATTY S E, MORGAN R. Customer Engagement: Exploring Customer Relationships Beyond Purchase ［J］. *Journal of Marketing Theory and Practice*, 2012, 20 (2).

［113］WANG C L, AHMED P K. Dynamic capabilities: a review and research agenda ［J］. *International Journal of Management Reviews*, 2007, 9 (1).

［114］WERNERFELT B. A resource-based view of the firm ［J］. *Strategic Management Journal*, 1984, 5 (2).

［115］WILHELM H, SCHLOMER M, MAURER I. How dynamic capabilities affect the effectiveness and efficiency of operating routines under high and low levels of environmental dynamism ［J］. *British Journal of Management*, 2015, 26 (2).

[116] WINTER S G. Understanding Dynamic Capabilities [J]. *Strategic Management Journal*, 2003, 24 (10).

[117] WU L. Entrepreneurial resources, dynamic capabilities and start-up performance of Taiwan's high-tech firms [J]. *Journal of Business Research*, 2007, 60 (5).

[118] ZOTT C, AMIT R. Business Model Design: An Activity System Perspective [J]. *Long Range Planning*, 2010, 43 (2).